普通高等学校公共课教材

社会研究方法

魏建国 卿菁 胡仕勇 编著

清华大学出版社
北京

本书封面贴有清华大学出版社防伪标签，无标签者不得销售。
版权所有，侵权必究。举报：010-62782989，beiqinquan@tup.tsinghua.edu.cn。

图书在版编目(CIP)数据

社会研究方法/魏建国，卿菁，胡仕勇编著. —北京：清华大学出版社，2016(2023.8重印)
(普通高等学校公共课教材)
ISBN 978-7-302-42662-2

Ⅰ. ①社… Ⅱ. ①魏… ②卿… ③胡… Ⅲ. ①社会学－研究方法－高等学校－教材
Ⅳ. ①C91-03

中国版本图书馆CIP数据核字(2016)第014138号

责任编辑：李　莹
封面设计：傅瑞学
责任校对：宋玉莲
责任印制：沈　露

出版发行：清华大学出版社
网　　址：http://www.tup.com.cn，http://www.wqbook.com
地　　址：北京清华大学学研大厦A座　　　　邮　编：100084
社 总 机：010-83470000　　　　　　　　　　邮　购：010-62786544
投稿与读者服务：010-62776969，c-service@tup.tsinghua.edu.cn
质量反馈：010-62772015，zhiliang@tup.tsinghua.edu.cn
印 装 者：涿州市般润文化传播有限公司
经　　销：全国新华书店
开　　本：185mm×235mm　　印　张：17.75　　字　数：376千字
版　　次：2016年2月第1版　　　　　　　　　印　次：2023年8月第3次印刷
定　　价：59.00元

产品编号：059156-02

前言

《社会研究方法》是公共管理、社会学、法学、新闻学、教育学等社科类专业的一门重要的方法性课程,为社会科学类各专业的学生和科研工作者研究社会问题提供有力的工具和手段。工欲善其事,必先利其器。

本书以教育部对《社会研究方法》课程教学内容组织的多次协商会议达成的共识为依据,吸取了国内外最新出版的相关教材的精华,结合作者长期的教学与研究经验编写而成。

本书将定性研究方法和定量研究方法有机地融合在一起,注重理论性与实用性相结合。

在定性研究方法中,除了介绍社会研究中最常用的一些重要方法外,还引入了制度分析法,它为研究制度设计、制度结构、制度变迁、交易成本、制度创新等,提供有效的手段。

目前,众多的数学方法越来越多地应用到社会研究领域。我们选取了西方国家的社会研究中广泛应用的统计分析方法、决策分析法、博弈理论,将它们纳入本书之中。对统计分析方法的学习只需要读者具备最基础的高等数学知识即可。对定量研究方法的学习,离不开做习题,为此本书在相关章节设置了练习题,帮助读者检验学习效果。书末附有习题答案。

本书还就研究报告、学术论文写作的基本原则与方法、期刊特性等,作了较为详尽的叙述,帮助读者掌握这些专门性写作的基本技能。

本书使用了大量国内外研究的实际案例,每章设置了拓展阅读,它们丰富了本书的内容,增强了本书的可读性。

本书可供公共管理硕士(MPA),以及法学、教育学、社会学、新闻学、政治学、社会工作等社科类专业的硕士研究生和本科生,用作相关课程的教材和参考书。教师在讲授时,可以根据学生层次和课时安排来选取教学内容。本书还可作为广大社会科学工作者的研究方法工具书。

本书是多位作者共同合作的成果。各位作者的写作分工如下:魏建国撰写第十、十一、十二、十三、十五章;卿菁撰写第一、三、七章;胡仕勇撰写第四、五章;司昀鑫撰写第六章;刘昕雨撰写第十四章;卿菁、魏建国撰写第二章;程玉平、张铮分别撰写第八章第一、二、三节和第四、第五节;魏建国、董登珍撰写第九章。魏建国编写第一至四章、六至十三章、第十五章的拓展阅读内容,第五、第十四章的拓展阅读内容由该章作者编写。

要真诚地感谢多位文章作者,他们的作品为本书的案例和拓展阅读提供了很好的素材,给本书增光添彩;还要真诚地感谢清华大学出版社的大力支持,谢谢编辑们为本书出版提供的热情帮助和做出的无私奉献。

由于作者水平有限,本书中如有错误和不足之处,恳请各位读者批评指正。

魏建国
2016 年 1 月

目录

第一章 社会研究的特征及其理论建构模式 ········· 1
- 第一节 社会研究的概念与特征 ············· 1
- 第二节 社会理论的基本特征 ··············· 4
- 第三节 社会理论的构成要素 ··············· 7
- 第四节 理论建构与理论检验 ·············· 11
- 拓展阅读：哈佛教授谈如何加入社会科学转型大潮 ··· 16

第二章 社会研究的方法体系 ··············· 18
- 第一节 社会研究方法论 ················· 18
- 第二节 社会研究方式概述 ··············· 20
- 第三节 社会研究的技术和工具概述 ········· 22
- 第四节 社会研究的主要类型 ············· 27
- 拓展阅读：数学方法在社会科学中的应用 ····· 35

第三章 社会研究的一般程序 ··············· 38
- 第一节 确定选题 ······················· 38
- 第二节 研究设计 ······················· 41
- 第三节 资料收集 ······················· 44
- 第四节 资料整理与分析 ················· 47
- 第五节 研究成果 ······················· 50
- 拓展阅读：互联网技术给学术研究带来了革命 ··· 53

第四章 调查研究法 ······················· 56
- 第一节 调查研究法概述 ················· 56
- 第二节 调查研究过程 ··················· 59
- 第三节 测量与问卷设计 ················· 62
- 第四节 调查报告的撰写 ················· 74

拓展阅读：美国人怎样搞民意调查 ……………………………………………… 79

第五章 文献研究法 …………………………………………………… 82
第一节 文献研究法概述 ………………………………………………… 82
第二节 文献研究法的类型与应用 ……………………………………… 85
第三节 文献研究法的优缺点 …………………………………………… 94
拓展阅读：社会科学研究常用数据库介绍 …………………………… 95

第六章 比较研究法 …………………………………………………… 99
第一节 比较研究法概述 ………………………………………………… 99
第二节 比较研究法的运用 ……………………………………………… 103
第三节 比较研究法的运用原则 ………………………………………… 106
拓展阅读：德国和日本实力的百年对比分析 ………………………… 107

第七章 实验研究法 …………………………………………………… 111
第一节 实验的概念与基本要素 ………………………………………… 111
第二节 实验的逻辑和程序 ……………………………………………… 113
第三节 实验的基本类型 ………………………………………………… 117
第四节 实验研究的基本特点 …………………………………………… 123
拓展阅读：麻省理工教授用实验揭示婚恋真相 ……………………… 127

第八章 制度分析法 …………………………………………………… 130
第一节 制度、制度系统与制度分析法概述 …………………………… 131
第二节 制度的起源与功能 ……………………………………………… 137
第三节 制度变迁理论 …………………………………………………… 139
第四节 交易费用理论 …………………………………………………… 145
第五节 产权理论 ………………………………………………………… 152
拓展阅读：制度的力量及其对权力的约束 …………………………… 160

第九章 数据的采集与处理方法 ……………………………………… 164
第一节 采集数据的方法 ………………………………………………… 164
第二节 数据分布的分析 ………………………………………………… 166
第三节 动态分析指标 …………………………………………………… 169
第四节 数据集中趋势的度量 …………………………………………… 173

第五节　数据离中趋势的度量 ·· 175
　　拓展阅读：用大数据看春运热点线路 ································ 177
　　习题九 ·· 180

第十章　抽样与抽样估计方法 ·· 182

　　第一节　总体与样本及其数量特征 ···································· 182
　　第二节　抽样方法 ·· 185
　　第三节　抽样估计方法 ·· 187
　　拓展阅读：生活中无处不在的正态分布 ····························· 192
　　习题十 ·· 194

第十一章　假设检验方法 ··· 195

　　第一节　假设检验概述 ·· 195
　　第二节　总体均值的假设检验 ··· 198
　　第三节　总体成数的假设检验 ··· 201
　　拓展阅读：常用的统计分析软件介绍 ································ 202
　　习题十一 ··· 205

第十二章　相关分析与回归分析方法 ···································· 206

　　第一节　相关关系及其测度 ·· 206
　　第二节　一元线性回归分析 ·· 209
　　第三节　多元线性回归与曲线回归分析 ····························· 214
　　拓展阅读：女性服饰心理与文化价值观相关分析 ················ 216
　　习题十二 ··· 218

第十三章　决策分析方法 ··· 220

　　第一节　决策概述 ·· 220
　　第二节　不确定条件下的决策方法 ··································· 223
　　第三节　风险型决策方法 ··· 227
　　拓展阅读：赫尔伯特·西蒙：管理决策理论的创始人 ·········· 230
　　习题十三 ··· 232

第十四章　博弈论基础 ·· 234

　　第一节　博弈论概述 ··· 234

第二节 完全信息静态博弈与纳什均衡 …………………………………… 238
第三节 合作与重复博弈 …………………………………………………… 241
第四节 完全信息动态博弈及信息传递 …………………………………… 243
第五节 多人博弈 …………………………………………………………… 246
拓展阅读：美国 FCC 频谱牌照拍卖中的博弈策略 ……………………… 248

第十五章 学术论文的写作 …………………………………………………… 252

第一节 学术研究的选题与文献综述 ……………………………………… 252
第二节 论文的基本构件、层次与格式 …………………………………… 254
第三节 学术期刊的分类与论文检索 ……………………………………… 259
拓展阅读：提高学术文章写作水平的十条建议 ………………………… 264

习题参考答案 …………………………………………………………………… 271

参考文献 ………………………………………………………………………… 274

第一章 社会研究的特征及其理论建构模式

人类社会是由许多个人通过各种各样的社会关系连接在一起组成的一个共同生活的群体。

社会关系有许多具体的表现形式,如社会成员之间,就有血缘关系、地缘关系、经济关系、工作关系、政治关系,等等。社会关系可以分为个体之间的关系、个体与群体之间的关系、个体与国家之间的关系、群体与群体之间的关系、群体与国家之间的关系,等等。这里的群体范畴,小到村落、车间班组,大到国家政党、政府、国际机构。

社会中个体和群体的行为,以及由此产生的各种社会关系、社会产品,构成社会研究的对象。将社会研究各个细分领域的成果予以升华,就得到了各种社会科学理论,如政治学、法学、经济学、社会学、伦理学、教育学、管理学、人类学、民俗学、新闻传播学,等等。

社会研究离不开科学的研究方法。社会研究方法是人们在长期的社会研究活动中探索出来的、研究社会现象时所使用的基本理论、原则、方式。目前许多自然科学研究方法如多种基础数学方法、博弈论、决策理论、协同学、神经网络理论、最优化理论等,也被移植到社会研究之中,由此极大地丰富了传统的社会研究方法。

第一节 社会研究的概念与特征

一、社会研究的概念

社会研究是通过采用科学的研究方法,系统地收集和分析关于社会现象的相关资料,以揭示社会现象的本质及其内在规律的过程。研究者在确定了研究对象和研究目标的基础上,通过特定的方法收集反映社会现象的事实资料,对这些事实资料进行思维加工,从感性认识上升到理性认识,最终达到对社会现象本质规律的认识。

在社会研究领域,人们常常将"社会研究"与"社会调查"的概念相提并论,但这两者还是有所区别的。

社会调查是指运用一定的调查手段,搜集反映社会现象的有关事实资料,以把握社会现象基本情况的一个工作过程。社会调查通常采用问卷法或访谈法,由研究者直接与被调查对象或被访者接触,掌握第一手信息,获取所需要的事实资料。

社会研究的概念比社会调查的概念更为宽泛。首先,从概念的内涵来看,社会调查就是收集关于研究对象的事实资料,必要时还会对这些资料作一些简单的整理和分析,它是社会研究的早期工作阶段之一;社会研究既包括社会调查环节的资料收集工作,更多的是对所获得的多种资料,运用科学的研究方法,进行深入的分析,以得出关于研究对象的本质及其规律性的结论;其次,从实现的手段来看,社会研究运用的方法更为多样,除了问卷法和访谈法这些以获取第一手资料为主要目的的方法以外,还包括用观察法、实验法、文献分析法等方法获取的第二手资料,在研究过程中应结合需要选择恰当的研究方法。因此,社会研究包括社会调查的主要内容,同时在概念的内涵和研究的手段上要更广泛,内容更为深刻。

二、社会研究的特征

社会研究的目的是通过采用科学的方法收集和分析社会事实资料,得到关于社会世界的系统认识,增加对人类所处的社会世界的理解。社会研究有明确的研究对象和研究目的,有严谨的工作程序,采用科学的研究方法,得出的关于社会世界的认识会更准确、更客观、更系统、更科学。

社会研究具有以下基本性质:

(一)社会研究的内容具有社会性

所谓社会性,是指社会研究的对象是社会现象,它处在一定的社会环境之中,而且社会研究活动本身也是一种社会性的活动。首先,社会研究的对象是各种各样的社会现象。由于人是社会活动的主体,因此社会现象包括人的行为和由此产生的各种社会关系,由人组成的群体的行为及其社会关系,以及群体与群体之间、群体与社会之间的各种社会关系,它们都是社会研究的对象。其次,社会研究的目标是通过对社会现象的探究来认识社会,社会研究的选题往往是为了解决某一现实社会问题或促进社会发展。最后,社会研究活动本身也是一项社会活动,在研究中会掺入人的主观因素,带有价值判断,由此会影响社会研究结论的客观性。

总之,社会研究的内容非常丰富,涉及人类社会活动的各个方面,以整个社会世界为研究内容。在这个过程中,不可避免地会涉及一部分自然现象和社会活动所处的自然环境,但是社会研究的目的、焦点、内容等与各种自然科学对这些事物的关注点是截然不同的。自然科学关注的是自然现象本身,社会研究则是以研究社会世界为主,可能会涉及自然现象与社会世界之间的关系。

(二) 社会研究方式具有经验性

所谓经验性,指社会研究是通过了解可感知的社会事实来获取对社会现象的认识。经验性意味着根植于经验,即社会研究只对那些可以感知、可以直接度量的社会事实感兴趣。社会研究通过收集大量的经验性资料,掌握关于社会事实的相关信息,继而通过理论和逻辑的方法加工,形成对社会现象的理论解释。在研究过程中,要求所收集的社会事实资料和得到的社会理论都建立在基于客观事实的经验观察之上,而非建立在纯粹思辨的基础上。正是由于经验性是社会研究方法的重要特征,因此,有学者甚至直接将社会研究方法称为"经验性社会研究方法"。

在社会研究活动中,研究者可以通过观察、访谈、实验等经验的方法来获取有关社会事实的第一手资料,但是并不排除社会研究中使用第二手资料,只是需要明确的是,第二手资料最初也是通过经验方法获得的。

(三) 社会研究的科学性

所谓科学性,是指社会研究的内容符合客观实际,能够正确地反映事物的本质和内在规律。从理论上来说,社会研究要求概念明确,论点正确,论据充分,逻辑合理,结论可信。对于一个问题能否进行科学的讨论,首先依赖于这个问题是否是一个可以由科学来回答和解释的问题。在社会研究中,所探讨的问题一定是可以由科学来回答的。在社会研究中,不应该探讨"这个现象是否应当如此?"而应该研究"这个现象的状况究竟如何?"或者探讨"这个现象为什么如此?"之类的问题。例如,在社会研究中,以下问题是合适的研究选题:"社会中有哪些人笃信宗教?""有宗教信仰的人有哪些特质?""为什么随着现代化的发展,家庭规模在逐渐缩小?"等等。而另外一类问题,则不是合适的社会研究问题,例如"宗教是愚昧的吗?""家庭的存在是合理的吗?"等等,它们之所以不是合适的社会研究问题,在于这类问题超出了科学能够回答的范围,无法通过经验观察来验证和回答。

三、社会研究的对象

社会研究的对象是社会世界中的个人、群体、组织及其他社会单位,以及这些要素内部及其之间所发生的社会关系。每一项具体的研究课题,都有其特定的研究对象,可以是社会活动中的个体、群体、组织及其内部,或彼此之间的各种关系,等等。在理解社会研究对象时,需要明确"研究对象""研究内容"和"调查对象"这些概念之间的区别。

(一) 研究对象与研究内容

如前所述,研究对象是社会世界的个体或群体,以及他们的活动所产生的社会关系。不同的研究问题往往有不同的研究对象。研究内容是依据研究目的,对研究对象的相关方面展开研究,而得到的关于研究对象的各种信息、本质及其规律性的认识。每项社会研究都会形成特定的研究内容。

从二者的关系来看,研究内容是对研究对象的本质和规律性的认识,以研究对象为载体,表现为研究活动中收集的信息与资料、得出的研究结论。在研究过程中,研究内容通常用指标和变量、各种判断、命题等表示出来。例如,以某大学生群体的就业意向研究为例,此项研究的研究对象是某一大学生群体的全体学生,研究内容则是与这些大学生就业意向相关的内容,如就业地区、就业行业、就业岗位、收入预期、职业预期,等等。

(二)研究对象与调查对象

社会研究对象与社会调查对象是两个不同的概念。社会研究是以了解社会事实状况、揭示社会现象的本质规律为目标。社会研究对象是在研究过程中被描述、被分析与被解释的对象,这个对象按照社会研究的需要不同,可能表现为个人,也可能表现为群体或组织,以及存在的各种社会关系,等等。然而在实际社会调查中,即在社会研究的资料收集环节,常常以单个的人或特定的组织为具体的调查对象。因此,社会调查对象是指在社会研究的调查活动中被直接调查和观察的一个一个具体对象。

例如,以对某市居民家庭生活状况的研究为例,其研究对象是该城市的所有居民家庭;而在收集资料环节,调查对象是该市一个一个的居民家庭。从各个家庭那里获取调查资料,然后将调查资料统计汇总,经过资料分析之后,得出关于城市居民家庭生活状况的研究结论。如要研究某一个企业的员工的业余生活情况,该企业的全体员工就是研究对象,而每一个员工就是一个调查单位。因此,从两者的关系来看,社会研究的研究对象可能表现为个人,也可能表现为群体,是依据具体研究目的来确定的,而社会调查的对象则通常表现为直接调查和观察的个体。

第二节 社会理论的基本特征

社会研究的目的是通过对社会现象的观察,达到对社会现象的本质及其规律性的认识。这种认识是建立在对客观现象的准确描述,以及对这些现象发生原因的深刻认识的基础之上的。将这些关于社会现象的认知加以抽象、概括,使之规范化、条理化、系统化,就得到了关于社会现象的一般性理论,即社会理论。通过社会理论构建和理论检验,实现从有限的经验资料中得出普遍性的理论命题的跨越,使人们对社会现象有更加深刻的认识和理解。

一、社会理论的内涵

"理论"是在科学研究和社会生活中经常用到的一个概念,有着广泛的含义。理论是相对于事实而言的,是对事实的抽象和概括,具有一般性。杰弗里·亚历山大指出,"所谓理论,就是脱离个别事物的一般化,脱离具体事例的抽象"[①];我国《现代汉语词典》中对"理论"一词的定义是:"人们由实践概括出来的,关于自然界和社会的知识的有系统的结论。"美国《哈帕柯林斯社会学词典》中对理论的定义是:(1)由概念的或数字的陈述所连接的一组假设或命题,它对经验现实的某一领域或某一类现象提出解释;(2)在不太严格的意义上,有关现实某一领域的任何抽象的、一般性的陈述都可称之为理论,它通常包括对一般性概念的详细阐述。

所谓社会理论,是对某种社会现象的科学解说和系统解释。从内容上看,社会理论是人们对社会现象的本质及其规律的认识;从形式上看,社会理论是人们在社会活动中认识和反映社会现象的一种方式。社会理论具有如下特征:

首先,社会理论来源于社会事实,是社会经验的实践总结。人们在社会实践中,都会观察到一些具体的社会事实,从而形成对某种社会现象的初步反映,而当这种反映积累到一定程度时,就会形成对该社会现象的一般性概括。社会研究正是基于这种一般性概括,通过科学的方法在思维中将反映社会现象的事实资料加以梳理、抽象、升华,从中可以发现该社会现象的本质及其基本规律性。

其次,社会理论是对社会事实的抽象和概括。为了从表面上看起来杂乱无章的各种社会事实中发现社会现象的本质和规律性,需要将各种社会现象进行清理、分类,按照某种特征将同类事实进行归类,并用特定的概念来描述这个社会现象,在这一过程中,需要运用理论抽象和理论概括的方法。所谓理论抽象,是指研究者单纯提取社会现象的某一特性,而暂时忽略社会现象的其他特性,来认识现象的规律性的一种思维方法。所谓理论概括,则是从某类事物中个别或少数对象所具有的某种属性入手,推广到这类事物的全体对象都具有这种属性。通过理论抽象和理论概括,实现了从表面无序的社会现象到其隐藏的本质和一般规律的认识上的跨越,由此所形成的有序的思维和一系列命题就构成了社会理论。

最后,社会理论的目的是对社会现象作出解释。从社会研究的角度来看,社会理论的主要功能是对社会现象进行理论解释,便于我们从纷繁复杂的社会世界中抽丝剥茧,找出社会现象背后的本质和内在规律,并在此基础上对社会现象的发展方向作出判断。通过科学的方法建立起来的社会理论,具有普遍的适用性,不仅可以解释和预测特定的社会现象,同时还能够推演到与之关联的社会现象。从社会研究的实践来看,社会理论所具有的解释和预测社会现象的功能,使之能够用于指导人们的社会实践。

二、社会理论的层次

社会理论是一个具有层次性的命题体系,可以分为宏观社会理论、中观社会理论和微

---

① 杰弗里·亚历山大:《社会学二十讲:二战以来的理论发展》,北京,华夏出版社,2000。

观社会理论三个层次。

（一）宏观社会理论

宏观社会理论又称为一般性社会理论，是对宏观层次的社会现象及其本质规律的反映，以宏观层面的社会现象作为研究对象。宏观社会理论最基本的特征是它反映社会现象的一般特征和普遍规律，提供一种高度概括的、具有普遍适用性的理论框架。由于宏观社会理论针对的是社会现象的一般特征与普遍规律，往往采用高度概括性的概念和表述，理论体系非常庞大，结构十分复杂，因此这种社会理论常常被称为"巨型理论"。

由于宏观社会理论具有高度的抽象性和概括性，并不直接与具体的、经验性的社会研究发生联系，往往难以通过经验事实来直接验证。因此，宏观社会理论更多地是作为研究者观察社会现象、分析社会问题的一种指导性的理论视角或理论依据，通常作为进行社会研究的理论背景，为中观和微观社会理论作理论指导。马克思的国家和社会理论，以及马克思社会生产理论、社会交换理论、社会结构理论和社会冲突理论，国家人口政策研究、社会保障的国际比较研究等，都属于宏观社会理论。

（二）中观社会理论

中观社会理论又称为中层理论，是指理论抽象和概括程度介于宏观与微观之间，反映某一类或某一方面社会现象的理论。正如美国社会学家罗伯特·默顿所指出的："中观社会理论既非日常研究中大批涌现的微观而且必要的操作性假设，也不是一个包罗一切、用以解释所有我们可观察到的社会行为、社会组织和社会变迁的一致性的自成体系的统一理论，而是介于这两者之间的理论。"①

中观社会理论使用的概念的抽象与概括程度、理论命题的复杂程度一般都低于宏观社会理论，但是又高于微观社会理论，关注的是某一方面的社会现象，某种特定类型的社会行为，它提供一种相对于宏观社会理论更为具体的理论框架。因此，中观社会理论通常以相应的宏观社会理论作为理论指导，能够通过直接的经验检验来进行理论的验证。区域经济理论、长三角城市群研究、国家综合配套改革试验区研究、移动互联网与人们的生活方式研究等，就属于中观社会理论。

（三）微观社会理论

所谓微观社会理论，是指关于某一具体的社会现象和社会行为的理论。微观社会理论所反映的社会事实通常是具体的，发生在个人或特定群体等微观社会层次上的。从表现形式上来看，微观社会理论由陈述若干概念之间的关系、并且在逻辑上有相互联系的一组命题组成，可以通过社会经验直接验证。在实际中，大量的社会研究属于微观层次的社会问题研究，如社区治安问题、某贫困县的脱贫规划问题、网络犯罪防控问题、企业发展战

---

① 罗伯特·默顿：《论理论社会学》，54页，北京，华夏出版社，1990。

略研究,等等。

微观社会理论所使用的概念抽象程度较低,理论命题与理论模型往往较为简单,容易通过经验事实来进行验证。微观社会理论常用于为某一具体的社会问题提出解决方案,可以为中观社会理论和宏观社会理论提供更细致、坚实的微观基础。

第三节　社会理论的构成要素

社会理论的构成要素,是从形式上构成一个社会理论的基本元素。了解理论的构成要素,可以帮助研究者在实际研究中正确地构建理论,更好地运用理论。

尽管社会理论有不同的研究内容和研究层次,但是构成它们的基本要素是大体相同的,主要包括:概念、变量、指标、理论命题和理论假设。

一、概念与变量

(一) 概念

在社会研究中,常常使用概念来概括和表述同类社会现象的共同的本质特性。

所谓概念,是人们把所感知的客观事物的共同本质特点抽象出来,加以概括,而形成的对事物本质特征的一种认识,以词或词组的形式表达出来。因此,可以说,概念是对事物的抽象。概念是人类所认知的思维体系中最基本的构筑单位。比如"社区""种族"等概念,尽管它们有不同的具体表现形式,但是提及这些概念,人们在头脑中就会浮现出这类事物的基本特征。因此,这些概念是对具体的、各不相同的"社区"形式或"种族"类别的抽象,抽取出其中主要的、具有代表性和共同性的特征。人们通常使用概念来表示现实生活中的事物、现象及其特征。

在社会研究中,研究者可以通过对概念加以界定,由此得到其定义。这种定义通常是以语言的,或以数字的、符号的形式来指明和限定概念的含义。

在逻辑学的角度看,概念的逻辑结构分为"内涵"与"外延"。内涵是指一个概念所概括的思维对象所特有的本质属性的总和;外延是指一个概念所概括的思维对象的数量或范围。一个概念的内涵越大越丰富,则其对应的外延就越小;反之亦然。例如,"物质财富"是指人类在生产过程中创造的,或者从自然界直接取得的对人有用的物品,这是其内涵;而"物质财富"的外延就十分丰富,有各种具体表现形式,如房屋、土地、家具、衣物,等等。而"网民"这个概念的内涵较浅,它包括各个年龄层次、各种职业的喜欢上网的人。

概念既可以用来表示社会中各种有形的事物和现象,也可以用来表示社会中许多难以直接观察和测量的事物和现象,因此,社会研究中所涉及的概念的抽象程度是不一样的。如对社区、学校这些概念人们容易感知,但是对政治制度、文化遗产等概念人们就不容易感知。一般说来,概念的抽象程度越高,概念涵盖的范畴就越大,而概念的准确性就

越低;反之,概念的抽象程度越低,概念涵盖的范畴就越小,其准确性就越高。概念的特性可用图1-1表示:

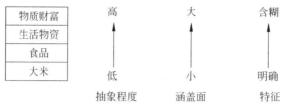

图1-1 概念的特性图

在社会研究中运用概念,一方面可以抓住事物的本质特征,建立一个将研究对象与其他事物或现象区分开来的途径;另一方面可以对同类事物或现象进行概括。因此,概念的运用实际上是对社会研究中的事物或现象进行抽象,抓住其最主要的、本质性的特征,而舍弃它的次要特征的思维活动过程。对于社会研究而言,概念提供了一种观察或勾勒那些在现实世界中无法直接描述的事物或现象的方式。

(二)变量

研究者运用概念来描述和说明社会现象时,不仅需要理解各种概念在社会研究中的确切含义,还需要明确这些概念在社会研究中的表现程度。因此,对于概念而言,除了质的含义,往往还有量的含义。很多概念可以用数量来测度,在实际测量中会表现出量上的一个变化范围。例如,"年龄"这个概念,在测量中有多种具体表现。正是由于概念具有这样多值性的特征,表现为不同的测量值,因此在社会研究中,借用了数学中的术语,把可以用数字来测度的概念称为变量。

所谓变量,就是指在实际中可以测量的,具有两个或两个以上不同取值的概念。与变量相对应的,如果概念只有一个固定不变的取值,就称其为常量。例如,如果在女子中学进行测量,其性别的测量结果表现为女生,在此处它是一个取值不变的常量。

为了进一步理解变量的含义,需要将变量与概念进行对比。就所代表的社会现象而言,变量与之对应的概念是同一的,而它们之间的区别在于:

首先,概念是从质上反映社会现象,而变量则是从量上反映现象在质上的变化程度。概念抽取出同类现象之间的本质特征,而变量则是概念在数量上的表现,它在测量中有不同的取值。

其次,概念是高度抽象的,而变量是具体可测的。在社会研究中使用概念,是为了更好地描述和理解同类社会现象,更多在于概念的抽象性和概括性,而不需要考虑这个概念是不是可以测量。在使用变量时,需要考虑其在实际中是否可以测量,取值情况如何。也就是说,变量是在实际中能够测量的那些概念,但并不是每一个概念都可以被直接测量,即并不是每一个概念都可以直接转化为变量。如"心理素质"这个概念,直接测量就有一些困难；而对"财政收入"这个概念，就可以直接测量，用变量表示出来。对一些不能直接测量的概念，可以通过操作化处理，转换为可以测量或部分被测量。

最后，在社会研究中概念与变量的适用阶段不同。一般而言，当需要对某些社会现象进行综合性的理论概括和阐述时，多运用概念进行表述；而当需要在经验研究中对一个概念进行测量时，必须将概念转化为一个变量。在社会研究的不同阶段，概念与变量的适用情况也不一样。在最初的理论构建阶段和最终的理论成果总结阶段，多使用抽象的概念；而在研究设计、资料收集与资料分析处理阶段则更多使用变量。

二、理论命题与理论假设

（一）理论命题

概念是构成理论命题的基本元素，但是并非由概念就可以直接组成理论，还需要对概念进行加工。事实上，概念与理论之间还有一个理论命题的环节，具体而言，由概念直接构成的是理论命题，而理论则由有一定逻辑关系的一组理论命题构成。

理论命题（proposition），就是判断某一件事物的特征的一个陈述句；或者说，理论命题是说明各个概念或变量存在及表现的程度、彼此之间的关系的一个陈述性语句。理论命题用陈述句表示，而命令句、疑问句和感叹句都不是命题。例如，"收入与受教育水平之间存在正相关关系"，"工业化进程加快，带来了人际关系的疏离"，等等，这些都是社会研究中理论命题的基本形式。

理论命题有不同的表现形式。按照社会研究的目的不同，可以将理论命题划分为不同的类型：描述性命题以客观地描述社会现象为目的；比较性命题以比较不同社会现象之间的异同，从中找出相关规律为目的；解释性命题以科学地解释社会现象为目的；预测性命题以预测社会现象发展的方向、提出相应的解决对策为目的。

这些理论命题之间的差异，一方面表现在它们所反映的社会研究的层次不同；另一方面也表明了它们所包含的概念与概念之间的关系不同。不同理论命题中涵盖的概念的数量，以及概念之间的相互关系有所不同，具体见表1-1。

表1-1 理论命题类型

命题类型	概念数量	概念关系	研究层次
描述性命题	单一概念	无	描述性研究
比较性命题	多个概念	平行关系	比较性研究
解释性命题	多个概念	因果关系	解释性研究
预测性命题	多个概念	预测关系	预测性研究

(二) 理论假设

所谓理论假设,是需要用经验事实来检验的一个命题,它是根据已有的事实材料和科学原理,对现象的未知属性和规律提出的一种不完备的、尚待验证的设想与推测。从形式上看,理论假设是一种关于变量之间关系的尝试性陈述。

理论命题与理论假设之间的区别在于:首先,理论命题中的基本元素是抽象的概念,而理论假设中的基本元素则是相对可以具体可测的变量;其次,理论假设中的变量关系在经验事实中是可以测量的,是可以通过经验的观察加以验证的。因此,如果说变量是概念在经验层面的具体体现,那么理论假设就是理论命题在经验层面的特殊形式,是尚待检验的命题。

例如,我们通过经验观察,提出理论命题"生育意愿与受教育水平有关",其中"生育意愿""受教育水平"是这个理论命题中包含的两个概念。而进一步,当我们想验证这个理论命题时,我们会提出:"生育子女数与受教育年限相关",这是一个理论假设。在这个假设中,"生育子女数"与"受教育年限"是这个理论假设中出现的两个变量。显然,理论假设相对于理论命题来说,在现实中是可测的。

在社会研究中,我们接触更多的是理论假设,而并非理论命题,因为人类已经认识清楚的事物毕竟还是少数。理论假设需要在现实中进行检验,验证假设的正确性。一般而言,在研究中提出的理论假设应符合以下条件:

第一,理论假设不应该与该领域中已经证实为正确的理论相违背。理论假设的提出,必须在已经公认为正确的理论框架下提出,不能与大家公认的正确的理论相矛盾,这是理论假设能够成立必须具备的基本条件。

第二,理论假设不应该与已知的和验证过的社会事实发生矛盾。在已知的事实中,如果理论假设与其中的某一些事实不相符,那么这样的理论假设应该被抛弃或被修改。例如,提出理论假设"经济收入与受教育水平无关"这一假设,显然与我们已知的社会事实相矛盾,这样的理论假设不能成立。

第三,理论假设需具备一定的创新性。如果所提出的理论假设只是在重复前人已经验证的、已有的理论,则这样的理论假设没有研究意义。科学研究的生命力在于创新。理论假设也必须具备一定的想象力和创新性,要大胆突破已有的惯例,善于发现已有理论的缺陷,提出新假设,以期丰富和发展之前的理论体系。

第四,理论假设必须是可以通过经验验证的。理论假设是可以通过实际资料和社会事实来检验的,不能用社会事实来验证的命题不能称之为假设。因此,理论假设中涉及的变量只能是社会事实,而不是人们主观的喜好、价值观、意愿或猜想,因为只有社会事实才是经验可以验证的。例如,对所作出的命题:"未来家庭必然走向消亡",这一命题无法用事实来进行验证,反映的只是人们的一种主观猜想,因而它不是理论假设。

理论假设作为对某种社会现象的推测性说明,可以在研究中将其归结为两个或多个变量之间的关系。根据变量之间关系的不同表达形式，可以将理论假设分为以下三类：

一是函数式，即 y 是 x 的函数，$y=f(x)$。在函数式关系中，两个变量间有严格的一一对应关系，例如，销售收入是商品价格的函数。函数式理论假设在自然科学研究中很常见。但是社会研究中，由于研究对象受到了社会、文化、心理等诸多因素的影响，变量之间往往不存在明确的函数关系，而一般表现为相关关系，但通过相关关系和回归分析，可以近似描述变量间的对应关系。如广告费对销售收入的影响，就是相关关系。相关关系和回归分析的内容将在本书第十二章详述。

二是条件式，即如果有 x，则有 y。例如，随着城市化进程的加快和人们文化程度的普遍提高，整个社会中的离婚现象增多。条件式理论假设提出了，当出现条件 x 时，相应的会有结果 y 产生。

三是差异式，即如果 x 不同，则 y 也不同；或者如果 x 不同，则 y 也会相同。例如，不同年龄的人群，有着不同的消费习惯；或，不同年龄的人群，有着相同的消费习惯。差异式理论假设提出了不同个体差异情况下，变量之间的差异性情况。

第四节　理论建构与理论检验

在社会研究中，如何使用经验材料对理论假设进行验证，并由此得出理论命题，是整个研究工作的主要内容。这个过程可以划分为两个环节：首先，研究者通过理论建构的方法从经验观察和经验概括中提出理论假设，这就是理论建构；其次，研究者用事实材料来验证这些理论假设是否能够成立，判断其正确与否，通过验证的理论假设就上升为理论命题，这就是理论检验。因此，社会研究的工作过程包含了理论建构与理论检验两个环节。

简单来说，理论建构就是研究者根据经验观察和经验概括而建构理论假设的过程；理论检验就是研究者借助经验事实去论证社会研究中提出的理论假设是否符合社会实际情况。符合社会实际情况的理论假设就会被接受为理论命题，成为社会理论的基本构件；不符合社会实际情况的理论假设就被抛弃。

社会理论的形成包括理论构建和理论检验两个环节，下面分别介绍这两个环节的基本内容。

一、理论建构的过程——由经验事实到理论假设

（一）理论建构的两个阶段

理论构建可以分为两个阶段：首先是从经验观察到经验概括的跨越，即对大量的经验观察进行总结，提炼出有规律性的经验概括；其次从得出的经验概括上升到理论假设。

1. 从经验观察到经验概括

理论建构的起点是对社会事实的经验观察。对于社会现象的观察,可以是自发的、原始的,可以不需要过多的有意识的思维加工,比如观察周边不同人群的生活方式,可以总结出不同文化程度、不同职业、不同性别的人群的生活特点与规律,这样的观察是当社会事实积累到一定程度时,就会形成对社会事实的一些共性认识,即经验概括。

在对所观察到的经验事实进行总结与提炼时,研究者需要采用特定的研究手段。通过调查研究的方法来收集大量的事实材料,对材料进行定量分析和定性分析,从中找出带有规律性的内容,抽取出现象的内涵,形成对各个具体现象的描述和认识。例如,研究者可以采用实地访谈方法,走访被访者,深入了解实际情况,形成对经验现象的深刻认识,通过对访问资料的分析、比较、归纳与综合,概括出现象背后带有共同性和规律性的内容。通过对经验观察中得到的资料的分析和研究,可以形成对经验事实的概括性认识,即经验概括。

所谓经验概括(empirical generalizations),是指对社会现象反复出现的规律或特征的总结,或者是对变量之间反复出现的某种相互关系的一种描述。需要指出的是,经验概括更多地描述某种现象或不同现象之间关系的或然性,而非必然性。比如,人们观察经济收入与受教育程度之间的关系这类社会现象,发现受教育程度越高,经济收入高的可能性越大。但是经验概括并非指出,受教育程度高的人一定会有更高的经济收入。因此,我们只能说经验概括提供了社会现象或社会现象之间的某种规律性,但是不能以此来预测和说明某一具体的社会现象发生的实际状况。

2. 从经验概括到理论假设

从经验观察到经验概括这一阶段比较容易实现。在我们通过对社会现象的特性的大量、具体的经验观察和思考,上升到一般性的经验概括之后,在这一阶段实际上已经完成了对现象不同特性的一种舍弃,从现象不同的表现上抽取其共性特征,这些共性特征在一定程度上说明了现象内在的规律性。例如,我们观察文化程度与生育意愿,通过对大量育龄夫妇的观察,可以概括出一个结论:文化程度越高,生育意愿相对越低。这个阶段完成的是从经验观察到经验概括的跨越,实现了对社会生育现象的抽象与概括,而舍弃了个体上的差异,如有些育龄夫妇的生育愿望比较强的事实,但并未揭示生育意愿与文化程度间为什么会呈现这样一种关系。要进一步弄清楚现象的本质,需要对我们所观察的现象寻求一种理论上的解释,而这一阶段就是从经验概括到理论假设的跨越。然而,从经验概括到理论假设这一阶段则相对比较困难,需要专门的理论建构程序才能完成。

在理论建构过程中,要将经验概括得出的结论,转化为一个可以用经验事实来验证的一般性命题即理论假设,它是对社会现象的未知属性和规律提出的一种不完备的、尚待验证的设想与推测。

(二) 理论建构的方式

理论建构的目标是形成理论假设。就理论建构的方式而言,对于研究者较为熟悉的领域,可以直接将经验概括上升为理论假设;在研究者相对不熟悉的领域,需要通过前期探索性研究,收集大量事实资料,获取足够多的经验观察素材,在此基础上形成经验概括,再上升为理论假设。此外,研究者也可以借助已有的理论和文献分析,结合经验资料,提出理论假设。

从形态上看,理论假设已经初步具备了理论命题的形式,然而理论假设毕竟是从有限的经验观察和经验概括中得出的,未经过实践检验,只是对事物属性的一种推测和假定,而非社会理论。因此,要将理论假设上升为理论命题,还需要通过一定的程序,借助社会事实,对已经建立的理论假设进行检验,以验证理论假设是否成立。

二、理论检验的过程——由理论假设到理论命题

(一) 理论检验的含义

在形成理论假设之后,研究者需要对理论假设进行验证,以判断理论假设的正确性和真实性。通过理论检验,符合社会实际情况的理论假设就被认为是真实性命题,会被上升为理论命题;而不符合社会实际情况的理论假设会被否定和抛弃。

在理论检验过程中,研究者需要通过操作化推演将理论假设转化为操作化命题,然后通过收集的经验资料来论证和检验命题。因此,理论检验一般分为两个步骤:一是进行命题推演;二是对理论假设命题进行经验检验。

(二) 理论检验的步骤

1. 命题推演

在理论检验中,关键环节是将理论假设的内容与真实的经验资料进行对比,以验证理论假设是否与经验资料相符合。由于有些理论假设比较抽象,难以直接用经验来检验,这就需要将抽象的理论假设转化为可直接验证和测量的命题,这就是命题推演。也就是说,命题推演是将抽象的理论假设转化为一个或多个可供经验检验的命题。

命题推演主要有两种方式:逻辑推演和操作化推演。

(1) 逻辑推演

所谓逻辑推演,就是按照命题间的逻辑关系,从一个理论假设命题中推演出一个或多个可供经验检验的新命题的逻辑活动。这些新命题,要么已经被经验检验,要么容易被经验检验。例如,对于理论假设:"政府加大交通基础设施建设投入有助于促进招商引资。"很难通过经验观察来直接验证这个假设,但这可以借助于命题的逻辑推演来完成这个假设的检验,可以将原假设按逻辑关系推演为四个命题:

命题一:加大交通基础设施建设投入有助于降低企业的运输成本。

命题二：运输成本的降低有利于降低企业生产成本,提高企业的利润。
命题三：企业生产成本低会吸引更多企业来本地投资。
命题四：因此,加大交通基础设施建设投入有助于促进招商引资。

这四个命题中,命题四是有待于验证的理论假设命题,命题一、二、三都是常识性的、已经被验证为真的命题。这四个命题的关系是,当命题一和命题二为真时,命题三也必然为真,命题三和命题四必真。通过命题的逻辑推演,将原来不易直接验证的命题,通过一定的逻辑关系转换为两个相对容易验证的命题。因此,只要验证了命题一为真,就可验证命题三即原命题为真。当然,在命题分解时,有些子命题还需要用经验事实来验证。

(2) 操作化推演

所谓操作化推演,就是将命题中抽象的概念直接转化为可以用经验测量的变量。操作化作为测量社会现象的关键环节,在社会研究中有着极为重要的作用,是社会研究中从理论到实际、由抽象到具体的桥梁。

操作化的方式一般有以下两种：

一是用确定事物边界的方法来进行操作化。例如,当我们研究农村家庭生活状况时,可以将农户家庭境况分为"富裕""小康""温饱""贫困"等不同类别,而要实现对这些农户家庭境况的具体区分,则需要确定各个类别之间的界限,如规定农户家庭每人年平均收入1000元以下的为"贫困",1000～5000元为"温饱",5000～10000元为"小康",10000元以上为"富裕",这样就对不同农户的家庭境况有了更明确的测量。

二是用可以直接感知和测量的社会事实来进行操作化。例如,我们研究"学习态度"这一概念,在经验层面很难直接测量,而当我们将其转化为"上课出勤率""上自习的时间长度""上自习的频率""考试成绩"等内容时,就可以在经验层面上测量。

通过操作化推演,可以将抽象的理论假设命题转化为可以直接用经验测量的命题。例如,对提出的理论假设命题："随着女性受教育水平的提升,女性的生育意愿呈现下降的趋势"。要对这个理论假设进行检验,命题中所涉及的"受教育水平"和"生育意愿"都是比较抽象的概念,难以在经验层面进行测量。因此,对这个理论假设命题进行操作化推演,就会得到一个可以在经验中进行检测的命题或操作化变量。具体操作化推演过程如图1-2所示：

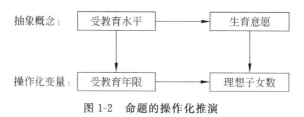

图1-2　命题的操作化推演

通过这样的操作化推演之后,原来抽象的理论假设命题就变成了可以用经验测量的命题,研究者可以通过获取有关经验资料来验证该理论假设的真实性。

在社会研究中,理论假设命题中往往会涉及多个概念。概念的抽象层次越高,它包含的内涵就越丰富;有些抽象概念往往还是复合概念,需要对其进行分解后再进行操作化推演。例如,对于提出的理论假设"家庭关系对子女学习能力有影响"进行操作化推演,首先需要对复合概念进行分解,然后再进行操作化推演。其中,"家庭关系"和"学习能力"两个概念都是复合概念,而且比较抽象,需要先进行分解,然后再做操作化推演。将"家庭关系"分解为"夫妻关系"和"亲子关系",再分别将它们推演为"吵架次数"和"交流频率";将"学习能力"分解为"学习行为"和"学习效果",再分别将它们推演为"出勤率"和"考试成绩"。具体见图1-3。

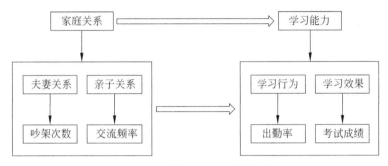

图1-3 复合概念的操作化推演

经过上述分解和推演,就将原来复合的、抽象的概念,转化为可以用经验事实验证的变量。

2. 经验检验

在进行了命题推演之后,就将抽象的理论假设转化为可操作化的待检验的命题,为用经验事实进行检验奠定了基础。研究者可以通过一定的方式对这些命题进行经验检验,以验证理论假设的正确性。

所谓经验检验,是指研究者通过收集和分析经验事实资料,用这些事实资料来检验理论假设的正确性。一般而言,有大量经验资料支持的理论假设会被采纳为真实的命题而成为社会理论的构件,而在经验中得不到验证的理论假设则被认为是伪命题。

经验检验的一般操作方法是:首先,按照理论假设中变量的具体测量指标提出资料收集的方案;其次,依据需要收集的具体指标,运用问卷法、访谈法、观察法等社会调查方法或其他社会研究方法,收集社会事实资料;最后,对所收集的社会事实资料进行整理和统计分析,以确定这些事实资料是否支持预先设定的理论假设。如果经验资料能够支持该理论假设,则可以将该理论假设上升为社会理论;反之,如果经验资料不支持该理论假设,则不能接受该理论假设,需要对它做修改后再次进行经验检验,或否定该理论假设。

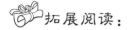拓展阅读：

哈佛教授谈如何加入社会科学转型大潮

下面的阅读资料根据张友浪的相关论文改编，由此可见美国社会科学是如何快速实现转型的。

很多人认为社会科学作为"文科"，大多只是坐而论道，无助于影响现实生活。但是哈佛大学著名教授 Gary King 最近撰文指出，社会科学同样可以改变世界。

一、当代社会科学的发展趋势

过去十年间，定量社会科学对现实世界的影响快速增大，且史无前例。Gary King 认为，作为"大数据"社会趋势的重要部分，社会科学家有理由为他们对这一趋势的贡献感到自豪。定量社会科学至今影响的范围包括：重塑世界 500 强公司的经营策略；建立新兴产业；大幅度提高人类的表现能力；改变医药、人际网络、政治宣传、公共卫生、立法分析、治安、经济、运动、公共政策、商业与项目评估等领域。

如今，许多科技公司，如谷歌、微软都专门聘用经济学家帮助公司决策。著名的咨询公司、政府或民间智库，往往雇用具有政治学、经济学、社会学、心理学、哲学、法学等不同专业背景的高学历人才。一些畅销电影或图书，如《点球成金》《纸牌屋》《超级数字天才》《当我们变成一堆数字》等，也鲜明地反映了广泛存在的数字化趋势。

这一趋势也体现在对中国政府行为的大规模量化研究中。以 Gary King 教授自身的研究为例，他本人和两位研究生加上五位本科生组成的团队抓取了 1100 万条中国社交媒体信息，并分析其是否被"和谐"。通过大规模数据分析，他们发现人们对中国政府的批评很少会被审查，但试图召集群体行动的信息则很快被删除。

Gary King 指出，社会科学正面临着快速的转型，表现在：从过去单纯的研究问题，到今后需要不断的解决问题；从过去只研究少量的碎片化数据，到今后系统性分析纷繁多样的"大数据"；从过去各个学者单打独斗，到今后不断增多的集团化、跨领域、实验风格的研究团队；从过去纯粹的学术内省，到今后对公共政策、企业界乃至整个社会需要产生重大影响。

二、哈佛定量社会科学研究所的发展经验

面对上述挑战，美国大学已经兴起大量研究机构，以哈佛定量社会科学研究所（Harvard's Institute for Quantitative Social Science，IQSS）为最典型的代表。

2005 年，Gary King 等人创立了 IQSS，以此替代了原来的哈佛社会科学基础研究中心。14 个月后，IQSS 成为哈佛大学范围的研究机构。此后，该研究所发起建立了大量的项目和中心，协助大学里面的其他单位和组织，并在哈佛外面建立非营利组织与商业化公司。该研究所现已成为哈佛大学最大的社会科学研究中心。

Gary King 认为，IQSS 为教师和学生提供资金、知识和技术上的支持与交流机会，旨在提高整个社会科学共同体的研究水平和吸引力。他将 IQSS 开展的大量活动归纳为研究项目、服务支持与研究产品等三个方面。研究项目包括定量方法项目、调查研究项目、文本研究项目、循证学习、资料隐私实验室、本科生与研究生学者项目、NASA 锦标赛实验室、全球选举历史项目等。IQSS 的研究产品包括 Dataverse Network 开源数据库、OpenScholar 网站建设软件、Zelig 统计软件包等。

三、如何加入社会科学转型大潮

Gary King 对准备加入社科转型大潮的学术冒险家们提出了几点建议。

第一，不要试图模仿自然科学家为每一个社会科学研究项目建立一个实验室，因为这在短期来看并不现实；而应建设公共的基础设施，以供多个研究项目使用。

第二，不要期望一蹴而就，而应寻找并整合大学里面各种未被有效利用的资源，以此为基础进行发展。

第三，建设可靠而灵活的基础设施。社会科学的研究领域和研究技术变化迅速，研究机构应该及时作出调整。例如，IQSS 在成立至今的十年里，建立了大型开源计算机项目，启动新的系列讲座，召开国际会议，召集之前很少有交集的学者。

第四，将研究中心的公共服务精神与研究人员的个人利益结合起来，建立一套经济、兼容的激励机制。

第五，不要考虑过多的经常性开支。项目资金的目的是建设学术设施，而非提供日常性的工资账单。

第六，保留理论家的位置。由于当代社会科学的进步大多是基于实证资料与方法的提升，有人会认为做纯理论的学者在 IQSS 这类研究中心中并无作用。但实际上纯理论学者仍旧对实证学者拥有重要的启发意义。而且，中心保留纯理论学者的成本很低，他们只需要开展一些研讨会、铅笔、本子和计算机支持而已。

参考文献：

King, G. (2014). Restructuring the Social Sciences: Reflections from Harvard's Institute for Quantitative Social Science. PS: Political Science & Politics, 47(01), 165-172.

第二章　社会研究的方法体系

社会研究的方法体系是一个有着不同层次和内容的综合体系,这个体系包含三个不同的层次:社会研究方法论、社会研究方式、社会研究的具体方法及技术。

第一节　社会研究方法论

社会研究的方法论,是指社会研究方法的理论基础,是社会研究过程中的逻辑和研究的哲学基础。从广义上说,方法论是规范一门学科的原理、原则和方法的体系。

方法论是社会研究的基本指导思想,对社会研究的整个过程都会产生影响。社会研究的方法论不同,会形成社会研究者对社会现实性质的不同假设,影响社会资料收集方法的确定,产生对所需要的研究资料的不同筛选,以及最终形成不同的资料分析方法和理论解释方式。

在社会研究中,一直存在着两种基本的、相互对立的方法论,分别是实证主义方法论和人文主义方法论。

实证主义方法论认为,社会研究应该借助自然科学研究方法,对社会世界中的现象以及现象之间的联系可以采用自然科学的方法进行探讨,通过具体、客观的观察和测量,采用经验概括,最终得到结论。

实证主义开始于19世纪法国哲学家孔德的"实证哲学"。孔德在近代经验哲学、理性实验科学和社会思想成就的影响下,首先提出实证哲学的基本理论,其代表作为《实证哲学教程》。孔德实证主义思想的核心是经验证实原则,它主张一切科学知识都建立在经验事实的基础上,科学是通过观察和实验的经验事实来证明的。在孔德看来,人类社会已经进入它的科学时代、实证阶段,因此要把人类智力和精神的极致——科学知识、科学理论、科学体系以及与之相应的科学方法、科学逻辑引入哲学,进行一次哲学革命,建立一种新的哲学,其突出特性就是:利用经验证实的方法检验以往的一切知识和形而上学。

在孔德之后，真正系统将实证主义方法论原则贯彻于实际研究的则是法国著名社会学家涂尔干(Émile Durkheim)，他的著作《论社会分工》《社会学方法的规则》《论自杀》体现了实证主义思想。涂尔干的主要观点在于：首先，确定了社会学的研究对象是社会现象，社会现象具有不以人的意志为转移的客观性，存在着必然的因果规律，可以被人们认识的，可以发现其内在本质和规律；其次，提出了一系列研究社会现象的原则，认为应该把社会事实当作"物"来考察。即面对研究对象时，应破除一切主观预断，不要将个人的主观看法和经验所获的感性材料带入实际社会研究中，即要采取"价值中立"；最后，就解释研究对象，涂尔干也提出了若干原则：第一个原则是：某一社会现象的存在必须根据别的社会现象来解释；第二个原则是：对社会现象的完整解释必须包括因果考察和功能分析。

实证主义方法论的基本特征是通过对现象的归纳就可以得到科学定律，其中心论点是必须通过观察或感觉经验去认识社会现象所处的客观环境和外在事物，把社会现象视同为自然现象来进行研究。这种研究方法的基本目的是希望建立知识的客观性。

20世纪60年代后出现了一系列人文主义思潮，代表性较强的有乔治·赫伯特·米德、布鲁默为代表的符号互动论，以阿尔弗雷德·舒茨为代表的现象学社会学，和以哈罗德·加芬克尔为代表的常人方法论。其中，符号互动论强调人的主观因素，认为人具有自我的双重性；同时符号互动论注重微观层面的研究，从观察个人与个人之间的交流来探讨人与人的互动过程；现象学社会学是一种反自然主义社会学的理论观点，它针对传统社会学方法和程序中的可疑之点，提出了人的主观意识、体验和时间等问题，强调描述世界的语言和意义问题，对人们有启迪和借鉴作用；加芬克尔是常人方法论学派的创始人，加芬克尔所指的"常人方法"，即是常人（普通人）解决日常问题所使用的方法。

人文主义方法论认为，人类社会不同于自然界，不能用研究自然科学的方法来研究人类社会；在研究社会现象时，要充分考虑到人类社会主体"人"的特殊性和人的主观能动性；由于人的自由意志，人类社会无规律可循；坚持个体研究、动态研究，强调认识社会的主观性；坚持对微观层面现象的探讨，强调主观解释。

人文主义方法论以人的行为和语言为研究对象，以相互交流和相互影响的人而不是事物为研究对象，理论解释的目的不是要回答"为什么"的问题，而是要回答行为的内在依据包括个人的、社会的、文化的等问题。这种方法论的特点是不特别强调普遍性的规律性，而是着重强调研究个人或者典型个案，强调个别性和主观性在社会科学研究中的表现。从这个意义上说，人文主义方法论强调社会事实中人的主观性方面，是难以重复验证的。基于人文主义方法论的特点，定性研究是其最常用的研究手段，它突出社会现象与自然现象之间的差别，在研究中注重人的主观性影响。

人文主义方法论认为，人类社会不同于自然社会，不能用研究自然科学的方法来研究人类社会,在研究社会现象时,要充分考虑到人类社会主体"人"的特殊性和人的主观能动性。

第二节 社会研究方式概述

本节对社会研究方式和社会研究的具体方法作一概述,帮助读者对这些内容有一个大致的概览。这些内容将在后面的章节中详细展开。

所谓社会研究方式(research mode),是指在社会研究中所采用的具体的工作形式,包括研究的工作程序和每个工作环节上采用的工作方式。社会现象和社会问题五花八门,因此社会研究方式也具有多样性,大致上可以将社会研究方式分为调查研究、实地研究、实验研究以及文献研究几大类。每一种类型的研究方式都具有特定的操作程序、理论建构方式、资料收集和分析方式,有其自身的方法论基础,使一种社会研究方式区别于其他类型的社会研究方式。

一、调查研究

调查研究是采用自填式问卷或结构式访问的方法,通过填写问卷或直接询问,从选取的被调查对象中收集量化的调查资料,并以此为基础进行统计分析,达到认识社会现象及其本质规律的社会研究方式。调查研究的突出特点是直接面向被调查对象收集资料,并且资料的标准化程度高,以量化资料为主,便于进行统计处理与分析。调查研究主要采用自填问卷法和结构访问法两种方式。

自填问卷法是依据设计好的问卷,由调查员将问卷发放给被调查对象,被调查对象填写好后将问卷交回调查员的一种资料收集方法;结构访问法是根据事先确定的访问提纲,由访问员按照提纲的要求依次询问被访者,根据被访者的回答,由访问员将信息记录下来,形成调查资料的资料收集方法。虽然自填问卷法和结构访问法中调查资料填写的主题不同,但是这两种方法在资料收集环节都是严格按照事先设计的问卷或访问提纲进行,资料统一,标准化程度高,是定量分析的基础。因此,调查研究是社会研究的主要方式之一。

二、实地研究

实地研究是一种深入研究对象的生活环境,以参与观察和无结构式访谈为主要方式收集资料,并通过对这些资料的分析来理解和解释社会现象的一种社会研究方式。实地研究起源于人类学研究,人类学家将此方法用于研究非本族文化和相对原始落后的部落群体。随后,实地研究被社会学家广泛用来研究社会现象和社会问题。研究者运用实地研究去收集各种研究对象的相关资料,并进行分析和解释。例如,在社会研究中,研究者从观察者的角度去研究特殊群体的生活、研究特定对象的变迁过程,等等,运用深入观察和实地研究,了解所研究对象的实际状况和基本特征。

在实地研究中,最主要的两种资料收集方法是参与观察和无结构式访谈。参与观察是观察者参与到被观察对象的活动或团体之内,作为被观察对象中的一员来进行观察,因此也成为局内观察。在参与观察中,如果其他被观察对象知道他们中有观察者的角色,并知道他们的行为正在被观察和记录,这就是公开的参与观察;如果被观察对象不知道他们中有参与观察者,也不知道他们的行为正在被记录和观察,这就是隐蔽的参与观察。参与观察通常不是在对研究问题非常清楚、没有明确研究内容的情况下开始,而是通过经常参与观察来得到对被观察对象的了解,从中找出将来做深入研究的切入点。在参与观察中,研究者透过被观察对象的视角来看待他们自身的世界,以此获取对研究问题的认知和理解。

无结构式访谈是不对访谈内容事先做出严格限制,而是按照一个大致的访谈提纲,围绕事先确定的研究主题所进行的访谈。无结构式访谈对访谈中询问的问题有一个基本要求,但可以根据访谈进程作适当调整和灵活处理,对提问的方式和顺序、被访者的回答及其记录、访谈的外部环境等不做出事先安排,可以由访问员根据具体情况进行灵活处理。无结构式访谈具有弹性大的优点,能够充分发挥访问员和被访者的主动性和创造性,能够适应于不同被访者千差万别的具体情况,有利于拓宽和加深对访谈问题的研究。

三、实验研究

实验研究,是指一种经过精心设计,并在高度控制的条件下,研究者通过操纵某些因素,来研究变量之间的因果关系的方法。在社会研究中,实验研究是探索各种社会现象发生、发展和变化原因的重要方法。实验研究起源于自然科学研究,从 20 世纪开始,社会研究中逐步引入实验研究这种方法。如今,实验研究已经广泛应用于心理学、教育学、社会学、政治学、管理学等社会研究的各个领域。实验研究的逻辑和思想是社会研究中最重要的方法论基础之一,是探讨现象之间因果关系的一种有力工具。

在实验研究中,研究者通过引入或操纵一个变量(即自变量),来观察和分析另一变量(即因变量)的变化情况。实验研究不仅可以根据原因预测结果,还可以通过控制原因去发现预期的结果。因此,使用实验研究,一方面可以验证假设,达到社会理论建构的目的;另一方面可以尝试新的社会政策或社会改革使用效果,以获取必要的实践资料。

实验研究的基本逻辑是,当研究者要验证两种事物或现象之间存在因果关系时,就必须要排除其他相关事物或现象对因变量的影响,从而使因变量产生变化的可能性。因此,在实验研究时,需要引入实验组和对照组,首先,对两组进行相同的测量;其次,对实验组施加实验刺激,对对照组不施加实验刺激;再次,再次对实验组和对照组进行相同的测量;最后,比较两组测量结果的差别,得出实验刺激对实验对象影响程度的情况。为保证实验研究结果的有效性，必须通过随机原则来选取实验组和对照组的研究对象。

四、文献研究

文献研究（document study），是一种通过收集与分析各种文献材料，并通过对这些文献材料的研究，来获得对所研究的社会现象的认识的一种研究方法。调查研究、实地研究以及实验研究，都要求研究者通过与研究对象之间直接或间接的接触来获取社会研究所需要的材料，而文献研究则不需要与研究对象接触，是一种非介入式的社会研究方式。

在社会研究中，最常使用的文献研究是二手资料分析、现存统计资料分析、历史资料分析和内容分析等方法。以上这几种文献研究方式的基本特征和内在研究逻辑都是相同或相似的，只是在具体应用上各自具有不同的侧重点。

二手资料分析是研究者对别人整理的文献资料进行的再分析，其中二手资料包括其他研究者或研究机构通过调查得来的数据资料，也包括政府部门收集的统计资料等。

现存统计资料分析是利用官方或准官方的统计资料来进行研究的一种方式。二手资料分析所用的资料是原始资料，现存统计资料分析所用的资料则是经过统计汇总的资料。

历史文献分析是对历史上形成的各种类型的文献进行分析。在社会研究中，一般将那些时间比较久远，或原作者以及事件当事人都已经故去的文献视为历史文献。

内容分析是通过标准化的编码，将与研究课题相关的各种文献资料，简化为可以对其进行统计分析的形式化资料的一种定量研究方式，是对报纸、杂志、广播、电视、网络等各种大众传播的内容进行客观、系统、准确描述和分析的方法；是通过对文献的抽样，对文献内容的编码、录入与统计分析，来揭示文献所反映的社会事实，并进一步探讨社会事实之间的相互关系。

在本书后面的章节中，将对这里提到的几种社会研究方式作详细阐述。

第三节 社会研究的技术和工具概述

社会研究的技术和工具，是在研究过程中所使用的各种资料收集方法、资料分析方法、各种特定的操作程序和技术与工具，如群体关系测量方法、列联表解读方法、访谈心理、累计量表设计技术、观察记录表、测验表、问卷、量表、各种非概率抽样方法，等等。这些具体的研究方法处于社会研究方法体系的最基础层次，是在具体的工作过程中采用的工具和技术。社会研究的具体方法具有可操作性、技术性和专门性强的特点。

社会研究的对象不同、研究目的的不同、工作阶段不同，就会使用到不同的具体社会研究技术和工具。

一、社会研究的对象不同，采用的研究方法会有所不同

如在心理学研究中，社会测量法是一种常用的方法，主要用于研究团体内（尤其是小

团体)成员之间人际关系和人际相互作用的模式,即所谓社会结构。通过社会测量,可以发现人的人际知觉方式、团体凝聚力等团体特征。在法学研究中,常用整体主义方法,即将整体作为法学分析的基本单位,在理解分析人的行为时从其所属的集团角度进行考虑。

二、社会研究目的不同,采用的研究方法会有所不同

如果社会研究的目的只是了解现象的基本情况,做到心中有数,那么只需要对研究对象做一些基本的调查,如访谈、抽样调查,对搜集到的资料做一些简单的归纳、概括等,以描述现象的基本特征,得出一些基本结论即可。如研究当前随着城镇化进程的加快和解决发展的不平衡,边远地区的村庄消失的情况;研究城市蚁居青年的生活状况问题,等等。

如果社会研究的目的是为了全面、准确地把握事物的特性,为解决实际问题提出具体措施,那么就要对研究对象进行全面、深入的调查,对所得资料进行详尽的分析,得出结论,提出解决方案。如国家为了减缓经济疲软,提高经济增长率,就必须对国民经济的各个方面、对主要产业部门和大量企业等,进行全面调查,对各项经济统计数据进行详尽的分析,最后拿出刺激经济发展的具体方案。

三、在社会研究的不同工作阶段,采用的研究方法会有所不同

社会研究过程可以分为资料收集和资料分析两个阶段。

在资料收集阶段,研究者可以采取包括问卷法、访问法、观察法等具体方法,采用问卷、测量表、观察记录表、调查表等具体的工具,这些方法有可操作性、技术性和专门性强的特点,针对不同的对象做具体设计,制作出具体的调查表、访问提纲。

在资料分析阶段,既可以进行定性分析,也可以进行定量分析,可以根据研究目的和研究对象的特征选择具体的方法。如通过历史分析法,来研究现象发展变化的规律;运用交易成本理论法来考察制度运行的成本,为新制度设计提供思路;运用相关分析法来测度两个变量间的相关程度,对关联性大的变量建立回归模型来说明变量间的数量依次关系;运用博弈理论来提出优化策略,等等。

四、社会研究的技术和工具实例

社会研究过程中使用的具体的技术与工具很多,所使用的具体技术与工具取决于研究对象、研究目的,许多技术与工具是在本领域长期的研究中积累形成的,成为解决相关问题的有力工具。

社会研究的技术和工具,许多是在做专门研究时,在长期经验积累基础上形成的,如各种调查表格、测量表、观察记录表,等等;许多来自其他学科,尤其是数学学科。如制度分析法来自经济学学科,统计分析方法、决策分析法等来自数学学科。数学方法则是一种普遍适用的定量分析工具,越来越多的自然科学、工程技术和社会科学的专门研究方法,

尤其是数学方法在社会研究中得到越来越广泛的应用。本书在后面的章节中将介绍若干常用的社会研究技术和工具。

下面简单介绍两种专门的社会研究技术和工具。

(一) 韦氏智力量表

韦氏智力量表(Wechsler Intelligence Scale)由美国心理学家韦克斯勒所编制,是一套国际通用的智力量表。韦克斯勒长期从事心理测验的编制和研究工作,为发展国际知名的智力量表做出了极大的贡献。1939年,他首先编制成韦克斯勒-贝勒维量表(W-B),可用于成人及儿童的智力测量。此后,韦氏智力量表得到不断的充实和修订,共发展出三套智力测验表,分别是:成人(WAIS)、儿童(WISC)、幼儿(WPPSI)。1989年出版了韦氏学龄前及幼儿智力量表修订本(WPPSl-R);1991年出版了韦氏儿童智力量表第三版(WISC-Ⅲ),1997年出版了韦氏成人智力量表第三版(WAIS-Ⅲ)。

韦氏成人智力量表包括11个分量表。言语量表有6个量表,操作类有5个量表。韦氏儿童智力量表包括12个分量表,包括语言类6个和操作类6个。下面对韦氏成人智力量表作一简介。

1. 言语量表

(1) 常识:共30题。主要测量人的知识广度、一般的学习及接受能力、对材料的记忆及对日常事物的认识能力。

(2) 类同:包括17组配对的名词。此测验设计用来测量逻辑思维能力、抽象思维能力与概括能力,是G因素(即一般智力因素)的很好测量指标。

(3) 词汇:共32题。本测验主要测量人的言语理解能力,与抽象概括能力有关,同时能在一定程度上了解其知识范围和文化背景,它是测量智力G因素的最佳指标。

(4) 算术:共19题。此测验主要测量数学计算的推理能力及主动注意的能力。该能力随年龄而发展,故能考察智力的发展,同时对预测一个人未来心智能力很有价值。

(5) 理解:共17题。此测验主要测量判断能力、运用实际知识解决新问题的能力以及一般知识。

(6) 数字广度:是言语量表的补充(替代)测验,包括顺背8组数字和倒背7组数字,这是短时回忆的测验。此测验主要测量人的注意力和短时记忆能力。

2. 操作量表

(7) 图画填充:共有26题。此测验主要测量人的视觉辨认能力,以及视觉记忆与视觉理解能力。

(8) 图片排列:一组示范,再有12组图片。此测验主要测量被试者的分析综合能力、观察因果关系的能力、社会计划性、预期力和幽默感等。

(9) 木块图:共有11题。该测验主要测量辨认空间关系的能力、视觉结构的分析和综合能力,以及视觉-运动协调能力等。

(10) 图形拼凑：共 4 题。此测验主要测量处理局部与整体关系的能力、概括思维能力、知觉组织能力以及辨别能力。

(11) 数字符号：该测验主要测量一般的学习能力、知觉辨别能力及灵活性,以及动机强度等。该测验与工种、性别、性格和个人缺陷有关,不能很好地测量智力的 G 因素。

(12) 迷津(maze)：操作量表的替代测验。1 个例题加 9 道正式测验题。测验主要涉及计划能力、空间推理能力及视觉组织能力。

3. 算量表分

测验题一律为二级评分,即答对给 1 分,答错为 0 分。被试者在这个测验上的总得分就是他通过的题数,即测验的原始分数。

一个分测验中的各项目得分相加,称分测验的原始分(或称粗分)。缺一项分测验时,要计算加权分。原始分按手册上相应用表可转化成平均数为 10,标准差为 3 的量表分。分别将言语测验和操作测验的量表分相加,便得到言语量表分和操作量表分。再将二者相加,便可得到全量表分。最后,根据相应用表换算成言语智商、操作智商和总智商。

4. 结果解释

韦氏智力量表将智力分为七个等级,分别是：极超常、超常、高于平常、平常、低于平常、边界和智力缺陷。测验结果的解释如表 2-1：

表 2-1　韦氏成人智力测验结果解释

智力等级	IQ 的范围	人群中的理论分布比率(%)	智力等级	IQ 的范围	人群中的理论分布比率(%)
极超常	大于 130	2.2	低于平常	80～89	16.1
超常	120～129	6.7	边界	70～79	6.7
高于平常	110～119	16.1	智力缺陷	小于 69	2.2
平常	90～109	50.0			

(二) 社会再适应评定量表

社会再适应评定量表(Social Readjustment Rating Scale, SRRS)是由霍尔姆斯(T. H. Holmes)和瑞赫(R. H. Rahe)编制的量表。

现实的或想象中的重大事件尤其是危险情景常常会给人造成很大压力。长期的紧张、压力对身体、心理都会有负面影响。如果人能较好地控制压力,使其在强度或是时间上都不要超过一定的限度,使身心得到必要的休息,以使能量得到补充,就可以减少患病的机会。而长期的慢性不良刺激或突发的重大变故,会使人的身心造成持续警戒与抵抗的状态,如果机体不再有可供动员的能量储备来对抗不良应激,人就会出现严重的疾患。

1967 年,霍尔姆斯和瑞赫在美国选取了 5000 余人,进行了关于重大生活事件对人的健康影响的调查研究。重大生活事件是指造成人们生活上的变化,并要求对人们去适应和应付的社会生活情境和事件。他们将当时美国人生活中常见的43项生活事件列成表格，把每一项生活事件引起生活变化的程度或达到社会再适应所需努力的大小，称为生活变化单位(Life Change Unit，LCU)，以此来测度心理应激的强度。

霍尔姆斯对经历了不同事件的人进行多年的追踪观察，认为生活事件与10年内的重大健康变化有关。如果在一年中，LCU超过200单位，则发生疾病的概率增高；如果LCU超过300单位，第二年生病的可能性达70%。

实践检验表明，量表上得分较高的人，较容易患心脏病、骨折、糖尿病、白血病以及小感冒。量表中的分数，也与"精神障碍、抑郁、精神分裂症以及严重的心理疾病有关"。随着多种生活事件的不断累加，其效应就更明显，由于遭遇者的整体免疫功能降低，极易患病。

社会再适应量表见表2-2。

表2-2 社会再适应量表(SRRS)

序号	生活事件	压力指数	序号	生活事件	压力指数	序号	生活事件	压力指数
1	配偶死亡	100	16	收入状况的改变	38	31	工作时数或工作条件的改变	20
2	离婚	73	17	亲密朋友死亡	37	32	搬家	20
3	婚姻失败(分居)	65	18	改行	36	33	转校	19
4	监禁	63	19	与配偶争吵次数改变	35	34	娱乐的转变	19
5	家庭亲密成员死亡	63	20	负债超过一万	31	35	教堂活动的改变	19
6	受到伤害或疾病	53	21	贷款或契据取消	30	36	社交活动的改变	18
7	结婚	50	22	工作中职责变化	29	37	贷款(少于1万美元)	17
8	被解雇	47	23	子女离家	29	38	睡眠习惯的改变	16
9	与配偶重修旧好	45	24	吃官司	29	39	家庭联欢时人数的改变	15
10	退休	45	25	个人杰出的成就	28	40	饮食习惯的改变	15
11	家庭成员健康状况改变	44	26	配偶开始或停止工作	26	41	度假	13
12	怀孕	40	27	学业的开始或结束	26	42	过圣诞节	12
13	性生活障碍	39	28	生活水平的改变	25	43	轻微犯法	11
14	家庭中新成员的增加	39	29	个人习惯上的修正	24			
15	职务重新调整	39	30	和上司相处不好	23			

量表说明：

生活变化单位(LCU)的总得分在不同取值范围,人的健康状况会发生不同的变化。

(1)当总得分在150～199时,第二年有37%的可能,人的健康发生不好的变化;

(2)当总得分在200～299时,第二年有50%的可能,人将发生一系列疾病;

(3)当总得分在300以上时,第二年有80%的可能,人容易发生严重疾病,身心健康状况已经超过危险警告线。

第四节 社会研究的主要类型

根据不同的标准,可以对社会研究做不同的分类。从研究性质上分,可以分为理论研究和应用研究;从研究目的上分,可以分为探索性研究、描述性研究和解释性研究;从时间框架上分,可以分为横剖研究与纵贯研究;从研究方法上分,可以分为定性研究与定量研究。

一、理论研究与应用研究

社会研究从性质上分为理论研究和应用研究。简单来说,理论研究关注于运用研究来发展知识,丰富知识体系;应用研究则关注于运用研究来解决具体的实际问题。

(一)理论研究

所谓理论研究,是指侧重于发展有关社会世界的基本知识,特别是侧重于建立或检验各种理论假设的经验研究。理论研究的关注点在于探索现象之间的因果关系,以增加对社会现象内在规律的认知,这类研究力图解释社会世界整体或某一部分运行和相互联系的规律,研究社会事物或社会现象发生、发展和变化的过程。如马克思主义在中国的传播,英国殖民香港对香港人价值观的影响,经济发展中的中国社会分层问题,等等,都是一些理论研究课题。

从内容上看,这里介绍的理论研究还是一种经验研究,以经验为基础,与纯理论研究有所不同。纯理论研究往往以纯粹的思辨和逻辑推理为基础,是在抽象层次上进行的一种学术探讨,例如建立概念体系和分类框架,对各种理论观点进行评价、批判和综合,消除理论分歧,等等。而本书所说的理论研究,是在理论层次上运用实证的方法研究现实社会问题,通过建立各种理论假设而得到关于某种社会现象的理论解释,继而通过对社会现象的观察、概括和抽象,来检验已有的理论和提供新的理论解释。

在社会科学界,人们经常会讨论理论研究的应用价值问题。需要指出的是,许多人对理论研究存在一定偏见,认为理论研究并不能解决现实问题,只是花费人力、物力和时间去论证一些琐碎的、并无实际价值的理论命题。事实上,理论研究虽然不能在一段时间内直接应用于现实世界并帮助人们解决实际问题,但它是许多社会应用研究的思想、理论和方法的源泉,为应用研究提供理论依据。可以想见,正是因为有了大量的理论研究,才为我们解决现实问题带来了思路和理论支撑。

（二）应用研究

所谓应用研究，是指针对某一具体社会现象，以经验观察和实证分析为依据，旨在提出问题解决方案的一种经验研究。应用研究从研究内容上看，有社会状况研究、社会问题研究、社会政策研究、社会影响评估，等等。应用研究是在充分了解现实社会问题的基础上，尽可能全面地描述社会现象的状况和特征，分析产生社会问题的原因，探寻社会现象未来发展的趋势，在此基础上有针对性地提出解决问题的方案和对策建议。

应用研究的研究领域十分广泛，如人口问题研究、社会保障与就业、劳工关系、城市建设与规划、区域发展、环境保护、文化教育、社会治安、社区治理、公共卫生、社会经济、文化发展、公共管理、群体行为、政党制度、国际关系，等等。从研究状况看，在社会研究中，从事应用研究的比例要高于从事理论研究的比例，这与应用研究所涉及的领域非常丰富，研究内容极其宽泛有关。

对于同一社会现象，可以用理论研究和应用研究来进行研究，只是这两种研究方法的关注点是不同的。理论研究关注于如何发展某些一般性的社会理论；而应用研究则关注于如何解决具体的现实问题，提出具体的解决方案。比如，对于"城市文明建设情况"选题，研究城市文明建设的概念内涵外延、评价指标体系、测评方法等内容，是属于理论研究的范畴；而研究城市文明建设的状况、问题和提高文明程度的策略，则属于应用研究范畴。针对同一社会现象的研究，理论研究与应用研究并没有绝对的分水岭，往往两者互为补充，共同作用，而产生新的研究成果。

二、探索性研究、描述性研究和解释性研究

研究者在对特定的社会现象进行研究时，会有不同的研究目的。美国社会学家艾尔·巴比说过："也许社会中有多少种调查，就有多少种不同的调查目的。"但是，当我们从更一般的角度去研究这些研究目的时，我们会发现大量的社会研究目的可以归结为以下三类：探索、描述和解释。不同的研究目的，决定了整个社会研究在研究设计、研究对象选取、研究方法选择，以及具体操作程序等方面有着截然不同的要求，这是在进行社会研究时要首先确定研究目的的原因所在。

（一）探索性研究

探索性研究（exploration research），是研究者在研究工作的前期阶段中，对所研究的现象或问题进行初步了解的过程。探索性研究的目的，是对研究者感兴趣的问题或现象进行初步的考察和了解。一般而言，探索性研究经常应用于以下情况：一是当研究者本人对拟研究的问题或现象还不太熟悉，了解很少时，例如大学生研究者研究农民工的心理状态和价值取向，是一个相对陌生的研究领域，需要对此项研究先行进行探索性研究，从

中找出带有普遍规律性的问题后再进行深入研究;二是研究者所选定的研究课题本身鲜为人知,很少有人涉及这个领域,例如,对我国的同性恋问题研究,针对这类问题进行实证研究目前还并不多,相应的资料也较少,因此需要使用探索性研究进行初步考察和了解;三是在进行大规模的调查研究之前,一般会先进行探索性研究,以了解所研究问题的基本状况,做好必要的准备工作,以便为规划和设计正式的大规模调查研究掌握必要的情况。

探索性研究除了能够提供对社会现象和问题的初步了解以外,还能够为更深入细致的研究提供指导和事实支撑。从这个意义上说,探索性研究可以视为一种先导性研究,这种研究方式为后续研究开辟新的研究道路,提供研究方向和途径的指引。

从方法上来说,探索性研究相对于描述性研究、解释性研究要简单。具体方法包括以下三类:

一是在探索性研究中,研究对象的选取一般采用偶遇抽样、判断抽样这样的非概率抽样方法,原因在于首先探索性研究只是一个初步的、先导性的研究,通过探索性研究了解社会现象或问题的基本情况,而不需要承担推断总体的任务;其次,探索性研究往往是对研究问题或现象不甚了解,很难有明确的抽样框,因此也很难做到概率抽样。

二是探索性研究的资料收集方法以开放式问题、无结构式访谈为主,这主要是因为探索性研究在事先很难明确将研究内容界定下来,同时探索性研究的基本任务是对待研究问题的基本情况的了解,得到一个大致轮廓或印象就可以了,因此在方法上相对不太严格。

三是探索性研究的资料分析方法以定性分析为主,这主要是由于调查对象的选取采用非概率抽样,资料收集采用无结构访谈、开放式问题,使得资料分析采用以文字为主的定性分析。

需要注意的是,探索性研究得到的结果,是对社会现象或社会问题的初步了解,难以形成系统的、有针对性的结论。因此,探索性研究往往被视为是更为系统、更为专业性的研究的背景或研究起点。

(二) 描述性研究

社会研究中的一个基本目的是对社会现象的现状、特征等内容进行准确的描述,回答社会现象是什么样的基本面貌,其特点和性质是什么。

描述性研究(descriptive research),是对总体进行系统的清查和全面的反映,对现象的带有普遍性、代表性的基本情况进行描述,即描述一个事物是"什么样的",关注的焦点是在于回答总体的各种分布和内在结构,而不在于回答总体为什么会呈现这样的分布或结构。

在社会研究中,描述性研究应用非常广泛,如民意测验、市场调查、人口普查,等等,都是以描述基本状况为目的的研究。从方法上说,描述性研究主要采用以下方法:

一是研究对象的选取,一般采用普查或严格的概率抽样方法。普查应用于人口普查等大规模的描述基本国情国力的研究;抽样调查则是发现总体各种基本特征分布状况的有效方法,它按照规定的方式从总体中抽取部分样本,通过对样本的研究来推断总体的基本特征和结构,达到对总体特性的认识。

二是资料收集方法主要采用自填式问卷或结构式访问,以封闭式问题为主。这是因为描述性研究注重对社会现状描述的客观性和真实性,在收集资料时也以客观资料、标准化问题为主,这样的资料能够进行量化处理,形成以数量形式为主的各种结果。

三是资料分析方法采用定量分析方法。对描述性研究来说,通过前面的资料收集,得到标准化资料,方便进行定量分析。资料分析方法主要分为描述统计和推断统计。描述统计是在现有资料情况下,通过各种图表和指标,得到基本分布情况和内在结构的描述信息;推断统计则是利用样本资料来推断总体情况,将这些结果和结论推论到总体中去。

描述性研究与探索性研究都是从观察入手来研究社会现象,但是两者还是有很大区别。描述性研究相对于探索性研究更具有系统性、全面性和结构性。系统性体现在描述性研究在研究内容、研究角度、研究对象选择等方面比探索性研究更明确和系统;全面性体现在描述性研究采取严格概率抽样,研究样本的规模要大于探索性研究和解释性研究;结构性体现在描述性研究以封闭式问题、自填问卷或结构访问来收集资料,比探索性研究更加严格。

描述性研究比探索性研究在对社会现象的认识上更进了一步,如果说探索性研究只是得到某种提示或某种印象,那么描述性研究则是得到了有关社会现象的整体图像。

(三) 解释性研究

在社会研究中,研究者不能只停留在对社会现象或问题的探索性研究和描述性研究上,还要说明社会现象发生的原因,并对其未来的发展趋势作出预测。

解释性研究(explanatory research),是对社会现象的内在规律、发展变化的原因与趋势进行的研究,是回答"为什么"。简而言之,解释性研究就是对社会现象做到知其然,也知其所以然。

由于解释性研究的目标是回答"为什么",因此解释性研究的理论色彩更为浓厚,整个研究思路也与探索性研究、描述性研究有非常大的区别。解释性研究是从理论假设出发,经过实地考察,收集经验资料,通过对这些经验资料的分析来验证理论假设,最后实现对社会现象的理论解释。解释性研究在研究对象的选取上采用概率抽样,在资料收集方法上采用封闭式问题、自填问卷或结构访问,在资料分析方法上采用定量分析,这与描述性研究在方法上相似,但是解释性研究比描述性研究在程序上更为复杂,方法上更精致、更严谨,针对性也更强,具体体现在:

首先,解释性研究从理论假设出发,围绕理论假设来设计研究方案,收集经验资料,最后通过对经验资料的分析得到结论。因此,解释性研究往往不像描述性研究那样面面俱到,它一般是针对某一具体问题提出假设,更具有针对性。因此,描述性研究强调广泛性和全面性;解释性研究则强调针对性和深入性。

其次,解释性研究中使用的资料分析方法往往是双变量和多变量的统计分析。由于解释性研究更注重于解释不同变量之间的关系,因此在方法上更多使用双变量和多变量的分析方法,而描述性研究则更多使用单变量统计分析方法。

最后,需要说明的是,描述性研究与解释性研究的划分并非绝对,现实中很多研究往往是两者的综合,只是在具体的研究侧重点上有所不同。

三、横剖研究与纵贯研究

(一) 横剖研究

横剖研究(cross-sectional studies),又称为横向研究,是通过搜集现象在同一个时间点或时间段上的资料,研究现象在这个时间点(段)上所表现出的特征及其规律性。横剖研究是社会研究中最常用的形式,比如我国的全国人口普查,就是最典型的横剖研究,研究在特定时点上全国人口的基本状况和分布结构。

需要注意的是,横剖研究中的时间可以是指某一确定的时间点,也可以是指的一个较短的时间段,比如一个星期,或一个月。

横剖研究的主要目标是对社会现象的横截面上的特性进行研究,分析和比较该社会现象不同方面的特点以及相互之间的关系。横剖研究在社会研究中运用非常广泛,大量探索性研究和描述性研究都使用横剖研究这种研究方式,来反映所研究社会现象在某一时间点上的发展状况。

但是需要指出的是,对于解释性研究,使用横剖研究存在一定问题。这主要是因为解释性研究的目的是理解社会现象中的因果关系或因果过程,而作为原因和结果的现象往往在时间上有先后顺序,社会现象的因果过程也是发生在一段较长的时期中,因此仅仅凭借横剖研究、提供一个时间点的资料难以完全论证社会变迁过程。

总的来说,横剖研究具有操作简单、调查面广的突出特点,并且得到的资料标准化程度高,便于进行比较分析,但是横剖研究难以严谨地描述社会变迁,因此我们往往还需要进行纵贯研究。

(二) 纵贯研究

纵贯研究(longitudinal studies),又称为纵向研究,是指在若干个不同的时间点上收集资料,用以描述社会现象的发展变化规律,并解释前后之间的相互联系。纵贯研究中,引入了不同的时间点,适合于描述和解释所研究的社会现象发生、发展以及变化的过程,如研究社会史、生活史、政治制度史、生活习俗的变化,等等。

从具体形式上分,纵贯研究包括以下三种类型:

一是趋势研究(trend studies)。趋势研究是研究现象随时间推移而发生变化的过程。比如,研究我国1990—2010年这二十年间,GDP随时间推移产生的变化,就是典型的趋势研究。趋势研究的目的是通过对现象在不同时期的行为、表现或状况进行比较,用以揭示社会现象的变化规律,预测现象未来的变化趋势。从这个角度上看,趋势研究相当于若干次横剖研究,通过收集不同时间点的资料,来反映现象的变化规律。而要注意的是,由于趋势研究要对不同时间点上的资料进行收集和分析,因此在进行多次研究时,要采用相同的研究内容,并使用相同的测量方法,以保证获取的资料具有可比性。

二是同期群研究(cohort studies)。同期群研究又称为人口特征组研究,是指对某一特殊人群随时间推移而发生的变化的一种研究方式。比如,研究"老三届"学生在改革开放三十多年中的发展轨迹,就是典型的同期群研究。与趋势研究相比,同期群研究是研究某一群体随时间的变化而产生的变化。在这种研究中,每次选取的样本并不完全相同,但是都必须来自于所研究的特定群体。

三是同组研究(panel studies),又称为定组研究或追踪研究,是指对同一组人随时间推移而发生变化的研究。同组研究与同期群研究颇为相似,都是研究人群随时间变化而产生的变化,两者的区别是同组研究必须保证每次研究的样本都是同一组人,要求比同期群研究更为严格。同组研究主要用于探讨人们的行为、态度、偏好的改变模式和变化过程,从中发现出影响因素。从性质上说,同组研究始终研究同一组人,排除了其他环节因素的干扰,所得的结论较同期群研究更为准确。然而由于研究要求高,往往随着时间推移,样本会产生流失,因此操作的难度也较同期群研究更大。

纵贯研究用来描述事物的发展变化过程,便于探究不同现象之间的因果关系,适用于深入的解释性研究。然而,纵贯研究相对于横剖研究而言,要付出更多的时间和资金,操作难度大,这也是纵贯研究的使用受限制的一个重要原因。

四、定性研究与定量研究

在社会研究中,研究者对社会事实的不同理解,产生了不同的研究逻辑。一些研究者关注于通过深入研究人们的行为来认识和解释社会事实,注重社会事实形成过程中人的主观作用;另一些研究者则认为社会事实可以看成是与自然界一样的客观事实,注重从实证主义的逻辑来研究社会事实。

任何社会现象都有质和量两方面的属性。质的属性说明现象的基本性质,一般用文字描述;量的属性说明现象的数量特征,可以用数字来表示。例如,对一个城市的养老体系建设的研究,包括养老政策、养老基础设施建设等质的方面的描述,还包括老人数量、养老院数量、床位数量等数量方面描述。

一般而言,对现象的质的方面特性的研究称为定性研究,一般用文字来描述;对现象数量的方面特性的研究称为定量研究,一般用数字和数量关系来描述。

(一)定性研究

所谓定性研究(qualitative research),又称为质性研究,是指通过参与观察、深入访谈、文献分析等方法,并采用分类、比较、归纳、矛盾分析等手段,对所获取的资料进行整理分析,来认识社会现象的一种研究方法。因此,仅仅描述所研究的社会现象所包含的成分或所具备的特征,属于定性分析的范畴,其表现形式通常是用描述性的语句来表达相关的分析结果。比如,对某现象作出"较好"的评价,或"2015年比2014年更好"的评价,是典型的定性描述。

定性研究从纷繁复杂的表现现象中抽丝剥茧,找到现象背后暗藏的规律,在研究过程中强调通过人的主观性去理解研究对象的行为以及表现特征,注重在现象发展变化中人的主观作用。在研究结论上,定性研究往往通过对个别的、典型的材料进行深入分析,得到普遍性的结论。

定性研究具有如下特点:

第一,从哲学基础上看,定性研究是基于人文主义的哲学基础。人文主义的哲学基础认为社会与自然在本质上是不同的,不能用自然科学的研究方法来研究社会科学。在社会科学研究中,要关注人的主观作用,强调从人的角度来理解社会现象的发展变化。

第二,从研究逻辑上看,定性研究是基于描述性分析的研究方式,其本质上是一个归纳的过程,即主要采用语义分析、文字描述等方法,从个别的、典型的个案中归纳出一般的结论。

第三,从研究目标上看,定性研究的主要目标在于深入地理解社会现象,重视社会现象和行为发生的背景,认为特定的自然和社会环境对人的行为会有很大影响,认为事实与价值是无法分离的。定性研究注重在复杂的心理、文化和社会环境中探寻社会现象的本质意义。

第四,从理论与研究的关系上看,定性研究并不强调在研究一开始就对所研究的问题有明确的理论基础,认为理论可以在研究的过程中逐步明确并确立起来。随着研究的进行,理论被不断地修正、改变、完善或放弃,最终形成明确的理论解释。

第五,从研究方式上看,定性研究强调研究程序、研究方式和研究手段的灵活性和特殊性。在定性研究中,实地研究是最常见的研究方式,而资料收集方法则往往采用参与观察、无结构访问等方法。定性研究所获取的是具体的个案资料,其结果以文字说明为主,强调资料的丰富性、细致性和理解的深入性。

定性分析也存在一些问题,例如定性研究的结论难以推论到较大范围的总体中去;定性研究所耗费的时间往往长于同规模的定量研究;同时定性研究所获的资料的标准化程度不高,难以形成统一的大规模的社会研究活动,难以应用于大规模、快速的社会研究;定性研究只研究了现象"质"的单方面属性,而忽略了"量"的属性,这会使对现象的认识不够全面、不够准确。

(二)定量研究

随着数学的发展,特别是应用数学在科学技术和社会科学领域的广泛应用,越来越多的社会问题需要用数量来界定并描述现象内部或现象之间的数量关系,定量研究也得到越来越广泛的应用。

所谓定量研究(quantitative research),又称量化研究,是指对社会现象的设立特征、数量关系和事物发展过程中数量变化等方面进行的研究。比如,量化绩效考核,将绩效标准转化为数量分数进行评价,就是典型的定量研究的思路。

定量研究通常采用问卷调查、统计文献分析、实验法等方法收集研究对象的量化资料,然后对这些量化资料进行统计分析,从而发现研究现象的基本状况以及现象之间的因果关系。

定量研究有如下特点:

第一,从哲学基础上看,定量研究是基于实证主义的哲学基础。定量研究认为自然与社会在本质上是相同的,可以将自然科学的方法论应用到社会科学研究中去。

第二,从研究逻辑上看,定量研究是采用演绎推理的逻辑范式,即定量研究是先建立起有关于社会事实的一般原理,然后通过演绎的方式将一般原理推广到特殊的情景中去。

第三,从研究目标上看,定量研究的主要目标是确定变量之间的关系,强调现象之间的相关性和变量之间的因果联系。因此,定量研究往往以变量之间的相互联系和因果关系为主要研究目标。定量研究者认为社会事实与价值无关,强调在研究中努力达成"价值中立"。

第四,从理论与研究的关系上看,定量研究常用来进行理论检验,其研究的逻辑起点以理论假设为基础。定量研究采用演绎推理的研究方式,对事先建立的理论假设进行验证后推演到特殊情景中。同时,当一项研究以理论检验为目标时,通常也采用定量研究的方式来完成。

第五,从研究方式来看,定量研究强调研究程序的标准化、系统化和可操作化,实验法、调查法、结构式观察往往是定量研究的主要研究方式,量表测量、问卷调查、结构式访谈和结构式观察是定量研究的主要的资料收集方法。定量研究所取得的资料以数量化的资料为主,其结果具有较强的概括性和精确性,资料的标准化程度高。

定量研究的优点在于能够快速进行大规模的社会研究,把握社会发展变化趋势;能够运用统计分析方法提供社会研究的准确性和科学程度;能够提高理论的抽象性和概括性程度,对社会现象的因果关系进行精确分析。定量研究的局限性在于定量研究往往取得的是比较表面的资料,难以获得深入、广泛的信息;社会现象错综复杂,往往存在众多难以控制的影响因素,很难客观、准确地确立变量之间的因果关系。

总的来说,定量研究和定性研究各有长处和缺陷,很难评价哪种方式更好。在社会研究中选取哪种方式,不仅取决于研究者的个人知识和技术背景,还取决于所要研究和解决的社会问题。定量研究和定性研究是社会研究过程中可以采取的两条途径,发挥着各自不同的作用,两者取长补短,互相配合与补充,才能够为社会研究提供更完备的研究手段。

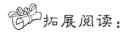拓展阅读：

数学方法在社会科学中的应用

数学对于科学的发展起着极其重要的作用，它的应用已经不限于自然科学领域，早已不同程度地进入了社会科学的各个领域。

马克思在100多年前曾经预言："一门科学只有在其中能成功地运用了数学，才算是真正发展了的。"1980年，联合国教科文组织关于科学研究主要趋势的一份调查报告指出：目前科研工作的主要特点是各门学科的数学化，也就是数学和数学方法在各门学科的研究发展中开始被广泛应用。今天，各门学科包括社会科学的数学化成为一个重要趋势。

一、数学应用于社会科学的缘由

（一）现代化的社会科学研究必须要依据定量的精确化

数学是关于量、量的关系和规律的科学，对事物和现象做出精确的定量分析，是数学的重要功能。随着社会的发展，越来越多的社会科学问题都需要进行定量研究，诸如经济、文化、城市、人口、交通、教育、社会问题等。特别是在现代社会管理中，为了使研究结果达到一定的精确度和可靠性，必须提供数量的根据和划分空间范围的界限，需要提出定量依据，做精确化研究，这促进了数学在社会科学中的应用。

（二）现代化的社会科学研究必须要确立理论体系的精确化

传统上，社会科学是以模糊性研究为研究模式的，这使得有些概念与命题在阐明事物的规律性时无法定量地、准确地进行，其结果往往模棱两可。因为在某些方面缺乏精确性，所以如何解释、如何运用似乎都有道理，这恰是不完善性的表现。随着自身理论体系的逐步发展，社会科学已不再单纯地做模糊性研究，而是要求向量化的、精确的科学模式发展。为此，社会科学就必须进行定量化的研究。一般而言，一门科学越是成功地运用数学，它的精确性也就越高，理论体系就越是严谨，预见性就越强。因此，社会科学理论为提高其精确性、严谨性、预见性，对数学的应用是必不可少的。

（三）数学理论由研究精确关系向研究模糊关系和统计特性的转变，为研究社会问题提供了新的研究手段

数学与社会科学这样一门具有多参数、多变量的动态体系和非数值特征的学科正在融合。1965年，美国控制论专家L. A. 扎德（L. A. Zadeh）创立的模糊数学，为数学应用于社会科学的研究奠定了更为深厚的基础。

在当代数学发展的众多显著特征之中，由研究精确关系转向研究模糊关系是最具深远意义的。这一特征与社会科学从模糊研究转向精确研究的趋势有着深刻的内在关联。传统的数学研究是精确性研究，而传统的社会科学研究是模糊性研究，这样，两者之间就产生了不可逾越的鸿沟。而今天，数学已经由精确化研究向模糊化研究迈出了可喜的一

步,为社会科学由模糊研究转向精确研究提供了更为深厚的基础和更为广阔的空间。

众多事物的表现会表现出一定的统计特性,社会研究的对象一样也表现出统计特性。现代统计学出现的许多新理论,包括非参数统计、面板数据分析、贝叶斯统计、试验设计、统计判决理论、统计学习理论等,为研究社会现象的统计特性提供了有力的工具。

(四)新的数学分支的出现为社会科学的研究也提供了更多的研究手段

从精确数学发展到随机数学和模糊数学,从描述连续性的数学发展到描述非连续性的突变理论,在数学自身不断发展的过程中,新的数学分支不断出现,如概率与随机数学、模糊数学、突变理论、分形理论、测度论、微分拓扑学、量子数学、动力系统、演化博弈理论、遗传算法理论、神经网络理论、各种智能优化方法,其中许多数学方法可以用来研究随机性、模糊性、统计特性、非线性性、优化等问题,它们为社会科学研究提供了更为有效的工具。

二、数学应用于社会科学的表现

(一)无处不在的数与形

数学是关于量、量的关系和规律的科学,这门科学的研究对象是客观世界中的数与形。因为数与形的问题在客观世界中比比皆是,因此,客观世界的各个领域也就都有着数学的存在。华罗庚在《大哉数学之为用》一文中指出:"数学是一切科学得力的助手和工具。任何一门科学缺少了数学这一工具便不能确切地刻画出客观事物变化的状态,更不能从已知数据推出未知的数据,因而就减少了科学预见的可能性,或者减弱了科学预见的精确度。"

数与形的问题遍及客观世界的一切领域,作为客观世界重要组成部分的人类社会也不例外。特别是当社会科学由模糊研究转向精确研究,定性描述转向定量描述后,数学应用于社会科学的表现更加突出。诸如数量经济学、经济统计学、心理统计学、教育统计学、人口统计学、卫生统计学、数理语言学、计算语言学、计量历史学等新学科的建立,都是数学应用于社会科学的具体表现。

(二)计算机与互联网技术的发展极大促进了数学在社会科学中的应用

社会现象的复杂性和人工计算的简单性,使很多社会科学领域的测量和计算感到为难。计算机和互联网技术的应用,改变了数据采集的困难和数据处理的方式,使人工无法进行的多元回归分析、海量数据处理、即时信息处理、数据可视化成为可能,为社会问题的调查、计算处理与数据分析提供了有力的手段。

三、数学应用于社会科学的意义

(一)提高社会科学研究的质量和效率,使社会科学理论更加完善

在未引入数学方法及计算机的使用前,社会科学的研究多是模糊研究、定性研究,甚至某些概念都是人为地、感性地在进行描述。数学应用于社会科学后,社会科学的研究就

有了精确化的定量依据，其研究结果的准确性会大大超越以前。新的数学理论、计算机技术、互联网技术的介入，大型数据库的出现，使得社会科学的研究效率大幅提高。

（二）使数学思维越来越广泛地成为一般科学的思维方法

数学不仅是一门科学、一门技术，更是一种思维方法，它是人类认识史上最为科学、效用最为显著的一种方法。将抽象的数学思维、科学的数学方法应用于解决政治、经济、文化、教育、法律、社会管理等各个方面的社会问题，有助于数学的思维方法逐渐渗透到其他领域，推进数学思维方法在全社会的广泛应用和传播，使之成为社会广为接受的一般性的科学思维方法。

随着现代数学方法在社会科学领域的广泛应用，社会科学也必将出现大的分化，在这些学科的交叉点上，新兴学科必将大批涌现。

（参考许奕：《社会科学中的数学问题》，载《科学之友》，2010(3)，及其他文章编写）

第三章 社会研究的一般程序

社会研究有一套相对固定的程序,这个程序主要是基于社会研究自身的内在逻辑。

所谓社会研究程序,是指在社会研究中一般需要采取的各个步骤及其先后顺序。尽管社会研究中各种研究方式不尽相同,在具体程序上也有所差异,但是社会研究过程大体上可以分为如下几个阶段:选题阶段、研究设计阶段、研究实施阶段、资料分析阶段、研究成果撰写阶段。本章简要介绍这些阶段的主要工作内容。

第一节 确定选题

社会研究的起点是对研究课题的选择。所谓研究课题,是指社会研究中所要反映和解释的社会现象或社会问题。

爱因斯坦曾经说过:"提出一个问题往往比解决一个问题更重要,因为解决一个问题也许仅仅是一个数学上或实验上的技术而已,而提出新的问题、新的可能性,从新的角度看旧的问题,都需要有创造性的想象力,而且标志着科学的进步。"[1]虽然此种说法源自于自然科学研究,但是对于社会科学研究同样适用。因此,选择研究课题既是整个研究工作的起点,同时也对研究工作起着引领作用,决定着整个研究工作的方向、质量和成功与否。

一、研究课题的类型

研究课题源自于社会需要。有不同的社会需要,就会产生不同的研究课题。归纳来看,可以将研究课题分为以下类别。

---

[1] 爱因斯坦:《物理学的进化》,66页,上海,上海科学技术出版社,1962。

（一）理论性研究课题与应用性研究课题

所谓理论性研究课题，是指探寻社会世界的一般性规律，以建立或检验各种理论假设为主要任务的课题。如研究"单独二孩"政策对我国人口的影响、我国养老服务体系建设、网络伦理、科技创新的金融支持等。理论性研究课题将研究焦点集中在如何理解和解释社会世界中某些现象如何运转和相互联系，并试图解释社会现象的发生、发展和变化过程。这类课题往往具有鲜明的理论性色彩，主要探索现象之间的因果关系，以求探寻出社会现象背后的本质规律和联系，验证理论假设是否成立，增强对社会现象的认识。

所谓应用性研究课题，是指探寻某一具体的社会现象的特性与存在的问题，分析原因，并提出具体解决方案的研究。如研究某一社区的规范化管理问题、研究某一个城市的房地产市场情况、大学生就业情况调查，等等。应用性研究课题通常用于了解现实状况，分析社会现象或社会问题产生的原因，寻求有针对性的解决方案，直接为制定社会政策提供服务。这类课题具有浓厚的实际应用性，出发点和落脚点都是现实问题，研究的主要目的是针对解决某一具体的社会问题而展开的。从实际情况来看，应用性研究课题的比例大于理论性研究课题的比例，各级政府和实际工作部门需要解决的问题大多数是应用性研究课题；各种类型的市场研究和民意调查，也属于应用性研究课题。

对于某一社会现象，既可以进行理论性研究，也可以进行应用性研究，不同的是这两类研究的关注点各有所侧重。理论性研究侧重于理论解释，即关注如何得出某种一般性的社会认知；而应用性研究则侧重于实际应用，即关注如何有效地解决某一现实社会问题。

（二）描述性研究课题和解释性研究课题

所谓描述性研究课题，是指侧重于探寻和详细描述社会现象的课题，这类课题用于回答现象"是什么"的问题，描述问题"是什么"，现象是"什么状况"，而非说明"为什么"会出现这样的情况。描述性研究课题需要收集大量与研究问题相关的情报和信息，以便能够充分回答研究中需要解答的问题，并对所研究的问题进行详尽的描述。

所谓解释性研究课题，是指对现象产生的原因和过程作出解释和说明的课题。这类课题用于回答现象"为什么"和"怎么样"的问题，能够进一步深化对社会现象的认识和了解。在解释性研究课题中还可以进一步延伸出预测性研究课题，后者关注于在认识社会现象发展现状和因果关系的基础上，进一步预测社会现象的发展趋势，主要回答社会现象"将怎样"的问题。

与理论性研究课题和应用性研究课题一样，描述性研究课题和解释性研究课题的分类只是相对而言的，在实际研究中往往这两种研究类型兼而有之，只是研究的侧重点有所不同而已。

二、选题过程

研究课题的选择决定了研究的方向，制约了研究的过程，往往是一个比较复杂的过程。选题过程是在选题阶段需要进行的程序和工作，主要包括以下环节：

（一）了解现实状况

社会研究的选题来自于社会实践或理论发展，因此，选题工作的起点在于了解具体的社会实践和理论发展现状。在选题的前期阶段，一般需要做探索性研究和大量的文献收集和分析工作，以了解现实状况和理论发展动态，从中发现值得研究的课题。为此，研究者要了解社会需要，发现社会各个部门有哪些需要研究的课题；或者从理论角度上看，还有哪些理论问题有待进一步完善，需要做深化研究。

要分析待研究问题的重要性和新颖性。通过对所提出的研究问题的分析，来判断所选问题是否具有重要性，对于解决现实问题和理论发展来说，是否具有研究价值；所选问题是否具有新颖性，研究视角或研究方法上是否有一定的创新性。

（二）初步选择研究课题

这一阶段着重于对第一阶段所选择的研究问题作进一步分析和比较，从重要性和新颖性上初步选择出合适的研究课题，并对所选研究课题的研究意义进行分析。分析研究意义的目的在于，一方面可以使研究者更加明确其研究的目标和价值；另一方面可以为研究课题争取更多的社会支持。

（三）研究课题明确化

研究课题明确化是指对研究课题进行某种界定，给予明确的陈述，将最初比较含糊的想法变成明确清晰的研究主题，将最初比较笼统、宽泛的研究范围变成特定领域中的特定现象或特定问题。具体包括明确研究课题的范围、层次和内容三个方面。

所谓研究范围，是指研究工作所涉及的范围，即确定研究对象所属的范围，是宏观层面的国家或大的地区范围，还是相对具体的组织和社区范围，需要明确下来；所谓研究层次，是指研究中分析单位的层次，是个人还是群体，需要确定具体分析单位；所谓研究内容，是指研究项目所包含的具体研究事项。一个研究题目可以从不同的角度去展开研究，因此需要确定研究课题的具体研究内容，以便为后续工作确定研究方向，制定工作步骤，找到恰当的研究方法。

（四）论证研究课题的可行性

一般而言，越是重要和新颖的课题，其可行性方面的限制就越多。可行性研究是指研究者是否具备进行和完成某一研究课题的主观和客观条件，即研究者在现有的主观和客观条件下完成课题研究是否可行。

主观限制是指研究者自身条件方面的限制，包括研究者所具有的知识结构、研究经验、生活经历、操作技术、组织能力和生理条件,要明确这些因素是否会对该项研究带来限制,影响选题的顺利完成。

客观限制是指研究选题受到外在条件或外在环境的限制,包括研究经费是否充裕、研究时间是否充足、研究资料能否容易获得、所涉及的研究对象能否会配合等方面的问题。一旦这些条件不具备,就会直接影响研究工作。

可行性研究直接关系着研究选题能否顺利完成,是决定选题的关键性因素,一项不具备可行性的研究课题,无论它多么有价值,多么有新意,也只能是一个空想。因此,论证研究课题的可行性,将不具有可行性的研究课题直接去掉,是选题的重要工作。

第二节 研究设计

研究设计(research design),是依据研究目标,研究者对整个研究工作的内容、方法、程序等进行规划,具体包括研究方案的总体设计、确定分析单位和设计研究方式。

一、研究方案设计

研究方案设计包括以下几个方面:

确定研究目标。研究目标包括研究要解决的主要问题是什么、研究成果用什么形式反映出来,以及研究所起到的社会作用是什么。研究目标决定着研究的整个过程,制约着研究方式的选择,是在研究之初应确定的首要问题。明确研究目标,可以使研究者统一认识、协同工作,而且也可以使被研究对象能够主动配合研究者的工作,保证研究工作顺利开展。

选择研究对象。研究对象是社会研究中直接调查的对象。确定研究对象,包括研究对象是谁、在什么地区展开研究、研究的范围有多大等问题。选择研究对象要注意三个原则:有利于达成研究目标,有利于实地调查工作的开展,有利于节约人力、物力和财力。

选择研究方法。研究工作所涉及的方法很多,主要是抽样方法、研究资料的收集方法和分析方法等方面。抽样涉及研究对象的选取问题,从研究对象的全体中抽取出一部分调查对象,对总体是否具备代表性、有多大的代表性都与抽样方法有关系。在具体抽样方法设计中,需要确定研究的总体是什么,对总体要有明确的界定;应该采取何种抽样方法和程序进行抽样;样本规模的大小以及样本准确性程度的要求等方面内容。研究资料的收集方法则要依据所从事的具体研究课题,综合多方面因素来考虑,比如综合研究总体的性质、样本规模的大小、研究的目标和任务、研究课题的完成时间要求、研究的各种物质条件的具备程度等因素来选择资料的收集方法。研究资料的分析方法与研究目的有关,探索性研究主要采用定性分析方法,描述性研究主要采用基本的描述统计与推断统计,解释性研究则主要采用双变量和多变量的相关分析等统计分析方法。

研究工具的使用。研究方法确定之后,还需要确定收集资料和研究资料的工具。研究工具包括两大类:一类是器具类工具,包括录像机、摄像机、照相机、录音机、计算机、交通工具等;另一类是文书类工具,包括访谈提纲、调查问卷、量表等。

研究人员的组织。在研究设计中,必须对研究课题组成人员及其在研究中所承担的任务进行全盘考虑,明确分工,制定相应的组织管理办法。

研究经费的筹措和时间的安排。一项社会研究,从选题到完成报告,往往会有时间上的具体限定。为了在规定时间内完成研究任务,顺利达到研究目标,研究者应该在课题研究之前对整个研究工作的时间分配和进度进行安排。此外,对课题研究所需要的经费,也应有一个大致的考虑和合适的分配,以保证各个研究阶段上的工作都能顺利进行。

二、分析单位

社会研究中所研究的对象,称为分析单位(unit of analysis)。比如,社会中的个人就常常是我们研究中主要分析的对象,除此之外,家庭、学校、社区、人群等,也可以构成社会研究的分析单位。

在研究设计中,需要确定调查对象和分析单位。调查对象是研究者收集资料时直接询问的对象,但它不一定是被研究的对象;分析单位是一项社会研究中所研究的具体对象。比如,研究大学生择业心态,分析单位是大学生;调查对象可以是每一个大学生,也可以是用人单位,从用人单位来间接了解大学生的择业心态;研究家庭代际关系时,分析单位是家庭,调查对象则为每一个家庭的成员。从这个意义上说,调查对象和分析单位可能一致,也可能不一致,其区别主要在于,调查单位总是个体,是在调查中直接询问的对象;分析单位则可能为个体,也可能为群体,是依据不同的研究目标决定的。

(一)分析单位的主要类型

1. 个人

对于社会研究而言,个人这种层次的分析单位是使用最广的一个类型。以个人为分析单位的描述性研究旨在描述那些由个人组成的总体的状况;以个人为分析单位的解释性研究则是为了发现总体运行背后的社会动力。正是通过对个人的描述,并将这些描述进行聚合和整理,才形成了对由个人组成的各种群体的描述和解释,并由此构成了丰富多彩的社会生活现象。

2. 群体

群体是指许多人通过某种社会关系联结起来,进行共同活动和感情交流的集体。

群体的类型众多,有些群体是短期存在的,有些是长期存在的。比如,由若干个有血缘关系或姻缘关系的个人组成的家庭,由若干个生活在相同地域的人组成的生活共同体而形成的社区,一个球类业余俱乐部,一个旅行团队,一个犯罪团伙,等等。许多群体是非正式团体。

以群体为分析单位和以个人为分析单位,在研究时是不一样的。例如,在研究青少年犯罪团伙时,当我们研究青少年犯罪团伙成员的行为特征时,分析单位是青少年犯罪团伙的每一个成员,即是以个体为风险单位;当我们研究不同青少年犯罪团伙特点比较时,分析单位则是一个一个的青少年犯罪团伙,即是以群体为分析单位。

在以个体和群体为分析单位时,要注意到:一方面,群体的特征与其所包含的个体特征会一定的关联,可以从其个体成员的特征中发现群体的一些特征,例如,从对一个一个的中国人的日常表现,可以大体得出中国人的总体特征的结论;而另一方面,当个体聚合成群体后,会形成原有各个个体所不具备的群体新特征。比如,企业由一个一个的员工组成,但企业有其独特的工作目标、企业文化、管理制度,这些都不是各个个体所具备的,是群体的新特征。因此,群体并不是各个个体的简单加总。

3. 组织

组织是指由许多人组成的,有特定的目标和正式分工,专门组建的制度化的正式团体。如公司、政府机关、学校、医院、军队、政党、民间商会等,都是现代社会组织。组织也是社会研究重要的分析单位。

组织与群体一样,都是由若干个个人组成的,因此,组织的特征在一定程度上与其成员的个人特征有关,但组织又表现出与个体不同的特征。

组织与群体的区别在于组织的目标性、制度化,即组织是有明确的目标和责任分工的,用制度来约束每一个成员的行为。而群体是一个松散的团体,是一个非正式团体,对成员无严格的约束,靠倡导和自律。

有一些文献将群体和组织不作区分,将组织作为狭义的群体,或者将群体作为广义的组织。

4. 社会事件或社会行为

社会事件或社会行为也是社会研究的重要研究对象,如群众上访、群体踩踏、舆情调查、电视节目的收视情况、抢购行为、产品广告效应、节假日景点游客安全研究等社会事件或社会行为,都是社会研究的对象。对社会事件或社会行为的研究主要是从集体行动出发,分析集体行动怎样产生、传染、扩散,揭示集体行动产生的社会原因。

5. 社会产品

人们进行社会活动的结果,会形成各种各样的社会产物,即社会产品。经济学意义上的社会产品是指劳动生产物。而这里的社会产品是指人类活动的精神产品,其实物形态的如书籍、视频、广告、音频、图画等,无实物形态的如法律、规章制度、社会制度、公司制度、养老制度、教育体制、交通规则等。这些社会产品也是社会研究的对象。

(二)选择分析单位时常犯的两类错误

确定分析单位是研究设计的一项重要工作,对研究目标的实现有至关重要的影响,然而实际工作时,确定分析单位时容易出现两类错误,具体如下:

1. 层次谬误

层次谬误(ecological fallacy)，是指在社会研究中，研究者用一种比较高的分析单位作为研究收集证据，而用一种比较低的分析单位作为结论所出现的错误。它又称作区群谬误或体系错误。

例如，研究者在研究经济状况与生育意愿之间的关系时，对比两个村庄 A 和 B，发现 A 村庄的人均收入高于 B 村庄，而 A 村庄的生育率则却低于 B 村庄，于是得出结论：穷人更倾向于生育更多的孩子，即"越穷越生，越生越穷"。这种研究所得到的结论是错误的，其原因就是收集资料时是以村庄为单位来收集资料的，而作结论时则是以个人为分析单位下结论，所收集的证据并未明确表明高生育率是由穷人造成的，因此不能证明穷人有更高的生育意愿。

2. 简化论

简化论(reductionism)，是指研究者仅仅用一个特殊的个体资料来解释宏观层面的现象所产生的错误。从形式上看，简化论与层次谬误正好相反，是在一个比较低的分析单位上收集证据，而把这些证据运用在一个比较高的分析单位上而产生的错误。例如，研究者对比不同国家国民的个性和特点，发现不同经济发展程度的国家，国民的综合素质差别很大，于是用这个来说明国家经济发达的原因，这就是一个典型的运用简化论而产生的错误。此研究用比较低的个体分析单位所收集到的资料，来解释比较高的国家层面的分析单位，仅仅通过微观层次的测量，就试图解释宏观层次的原因，而忽略了其他宏观因素，比如自然资源、历史、文化、经济发展水平等元素造成的影响。

总的来看，分析单位中出现两类错误，会使得整个研究工作偏离正确的方向。层次谬误的产生在于研究者对层次划分不清，混淆了不同层次对象的特性；简化论的产生在于微观层面的资料更容易取得、容易得出结论，而宏观层面的资料往往要花大量时间收集、汇总，需要加以概括和抽象，才能得出宏观层面对象的结论。

要避免在社会研究中出现这两类错误，关键是要保证在做结论时所使用的分析单位，一定就是运用证据时所使用的分析单位。

第三节 资料收集

资料收集是整个社会研究中投入人力、物力最多的一个环节，研究者在研究设计阶段所进行的各种思考、所做出的各种决策、所制订的各种方案，都将在这个阶段实施并得到检验。资料收集阶段的工作质量直接影响着社会研究的结果。本节主要介绍资料收集的常用方法。

按照社会研究的目的和对象不同，社会研究中的资料收集方法也有所不同。

一、调查研究资料的收集

调查研究中的资料收集方法主要有两种基本类型,即自填问卷法和结构访问法。自填问卷法是调查者将设计好的问卷发放给被调查对象,被调查对象根据实际情况进行填写,再由调查者将填写好的问卷收回并进行处理的一种资料收集方法;结构访问法则是调查者依据设计好的结构式访问问卷,向被访者提出问题,根据被访者的回答,由调查者进行填写的一种资料收集方法。

这两类方法是实际资料收集中主要使用的方法,各有优点,也都存在一定缺陷,具体说来有如下性质:

(一)自填问卷法的基本特点

节省人力、物力、财力和时间。自填问卷法突出的特点是成本低,可以在短时间内进行大规模的资料收集。相对于结构访谈这样需要交流和访问的方法来说,这种方法具有很高的资料收集效率。

避免人为误差。由于自填问卷法调查员与被调查对象之间互动较少,被调查对象面对的都是标准化的、统计设计的调查问卷,调查员对被调查对象的影响较小,可以很大程度上排除不同调查员对调查结果的干扰,避免对调查结论可能产生影响的人为误差。

具有匿名性。自填问卷法中,所有被调查对象都是按照统一设计的问卷填写,与调查员的直接接触非常有限,特别是在实际填写过程中,问卷往往是被调查对象独立完成的。当问卷中涉及有敏感性或威胁性问题时,自填问卷法具有匿名性,可以减轻被调查对象的心理压力,有利于顺利完成资料收集工作。

问卷回收率较低。自填问卷法存在一个突出的问题,就是问卷的回收率比结构访问法要低。问卷的回收率是衡量一次调查质量的重要指标,回收率低会影响调查结论的可靠性。自填问卷法主要依赖于被调查对象的配合与合作,问卷回收率较低。

调查资料质量偏低。自填问卷法通常是在调查者不介入的情况下独立完成问卷的填写工作,填写质量主要受制于被调查对象本人对问卷的理解和判断,调查者对整个问卷填写过程的控制性不强。

自填问卷法使用范围具有局限性。要独立完成问卷填答工作,要求被调查对象具有一定的阅读、理解、书写和表达能力。而在实际调查中,并非所有人群都具备这样的文化水平,特别是对文化程度偏低的调查对象,自填问卷法的使用会受到限制。

(二)结构访问法的基本特点

问卷回收率高。结构访问法的一个突出优点是访问员与被访者之间有互动和交流,访问员通过交流来收集调查资料,访问员对资料收集环节的控制性强,问卷回收率高。

收集资料的质量较高。在使用结构访问法的整个资料收集过程中,都有访问员的参与,访问员可以获得除语言交谈以外包括访谈环境、被访者的表情、肢体语言等信息,同时还可以对被访者回答质量进行控制,得到的资料质量较高。

使用范围广。结构访问法主要依赖于访问员与被访者之间的语言交流,一般只要访问员与被访者能够建立起沟通渠道,就能获取调查资料,对被访者的文化要求不高。

存在人为干扰和影响。在访问过程中,访问员与被访者之间的频繁互动,且双方都有知觉、有反应,往往难以做到完全客观,会存在访问员人为的影响和干扰,从而改变调查结果。

成本比较高。结构访问法通过访问员与被访者交流获取调查资料,访问的人力、物力、财力投入都相当大,并且一个访问员能够访谈的对象有限,获取资料所耗费的时间也长。

不具备匿名性。在访谈过程中,访问员与被访者密切接触和交流,特别是面对一些敏感性问题和威胁性问题时,被访者会有心理压力,而影响问卷的回答。

二、实地研究资料的收集

实地研究资料收集方法主要有观察法和无结构式访谈法两种。观察法带有明确的研究目的,用观察者的感官和辅助观察工具,直接地、有针对性地考察正在发生、发展和变化的社会现象。作为实地研究资料收集方法的观察法,与日常观察有所不同,这种观察法要求观察行为具有明确的系统性、目的性和计划性,并能对观察到的现象作出具有实质性和本质性的理解和解释,帮助研究者了解隐藏在社会现象背后的本质规律和现象之间的内在联系。

无结构式访谈法与前面所谈到的结构访谈法最大的区别在于,结构式访谈法是严格按照预先设计的访谈问卷,不做任何修改,不增加或减少问题,也不改变提问的顺序;而无结构式访谈与结构式访谈相反,并不依据事先设计的访问问卷和程序,而是只有一个访问主体和范围,由访问员与被访者围绕这个主题和范围进行相对比较自由的交流,故又称为深度访谈或自由访谈。无结构式访谈法主要通过深入细致的交流,获取大量的现实资料,并通过研究者的分析与整理,从中获取有关社会现象规律和结论的理解。

三、实验研究资料的收集

实验研究是通过精心设计的实验,在高度控制实验条件的情况下,操纵某些变量,来研究变量之间的因果关系。对实验研究资料的收集往往借助于实验检测来完成。实验检测是对实验中的结果变量,即因变量进行的测量。通过比较实验前的测量结果和实验后的测量结果,来衡量施加实验影响的前后因变量所发生的变化,由此判断实验对因变量的影响,并建立变量之间的因果关系。

由于实验研究是严格控制的、量化和标准化程度非常高的一种研究方法,实验研究中的资料收集往往借助于自填式问卷和态度量表等量化程度高的测量手段来完成。自填式问卷是按照实验要求精心设计,由受试者根据实验按照自身的情况如实填写的问卷;态度量表相对于问卷,量化程度和标准化程度更高,由研究者按照实验研究进行设计,由一组看法或陈述组成,通过受试者对这组看法或陈述的回答,得到受试者对某一现象或事物的态度得分。

实验研究资料收集最突出的特点是严格控制,量化程度高,得到的结果非常标准化。这与实验研究本身具有控制性强、能够直接建立因果关系的特点是直接相关的。

四、文献研究资料的收集

文献研究是通过收集和分析现存的,以文字、数字、符号、画面等信息为主的文献资料,用以研究和分析各种社会行为、社会现象以及社会关系的一种研究方法。文献研究主要是借助于收集文献资料展开研究和分析,对文献资料的主要收集方法有:

一是购买文献资料,即直接购买所需要的文献资料,既包括直接购买纸质文献,也包括购买数据库等信息文献;

二是查询文献资料,通过互联网的搜索引擎或数据库来查询和搜索,获得所需要的文献资料;

三是复制文献资料,这是用来解决文献资料有限的常规办法,特别是对于收集那些与情报课题有关的少量资料,复制是非常有效的资料收集方法。

文献资料收集方法的优点在于节省人力、物力和时间,获取资料的效率高,能够在短时间内获取大量与研究主题相关的资料。这种方法也存在一些弊端:一是不同研究者收集资料的侧重点和关注的主题有所差异,直接利用现有资料可能存在于研究主题不完全吻合的情况;二是文献资料是经过整理过的信息,与前面问卷、访谈等方法收集的第一手资料相比,资料的可靠性和可信度存在一定质疑。

第四节 资料整理与分析

在研究实施工作结束之后,就进入了资料整理与分析环节,即对所收集到的资料进行整理,然后进行相应的分析,为后面的研究做好准备工作。

一、资料整理

资料整理是根据研究目的,将所收集的资料进行分类汇总,使资料更加条理化和系统化,为进一步分析提供条件。资料整理实现了从感性认识到理性认识的飞跃,直接决定着整个社会研究工作能否顺利完成。不恰当的加工整理,不完善的整理方法,会降低前面调查所得资料的使用价值,从而难以准确揭示社会现象的事实真相。因此,资料整理是资料

分析与研究工作的起点,在整个社会研究中占有重要地位。资料整理主要包括以下工作:

(一) 资料审核

资料审核是研究者对所收集的资料进行初步的审查和核实,其目的是使研究资料具备较好的准确性、完整性和真实性。资料的准确性要求是资料描述的事实要准确,尤其是涉及的数据要准确可靠,否则资料分析难以得出正确的结论;资料的完整性要求是研究资料所反映的某一社会现象的资料应该尽可能全面,能如实反映社会现象的全貌。如果资料残缺不全,得到的结论很可能会以偏概全,导致偏颇的结论;资料的真实性要求是资料审核必须遵循的最基本的要求,在审核过程中对研究资料要加以鉴别,如果资料中存在虚假的内容,就会直接影响研究的质量。

(二) 分类与分组

分类与分组就是将研究资料按照某种特征区分为不同种类,不同的是,分类适用于文字性的研究资料,而分组则适用于数量化的研究资料。习惯上将分组也称为统计分组。

1. 分类

分类的方法主要有两种,即现象分类法和本质分类法。根据事物的外部特征或外在联系进行的分类称为现象分类法;根据事物本质特征或内部联系进行的分类称为本质分类法。

现象分类法比较直观,操作简便,在研究初期往往采用这种分类方法。例如,将研究资料按照研究对象所属年代或所属地域进行分类就是现象分类法。现象分类法适用于建立资料存取系统,便于资料的存取、查找和利用,但由于这种分类方法是按照事物外部特征进行的分类,往往会把本质相同的事物分成了不同的类别,不便于认识事物的本质,因此,在资料整理过程中,我们力求从现象分类过渡到本质分类。

本质分类法是在对研究资料深入分析的基础上,根据研究资料的本质特征进行的一种分类形式。这种分类方法不仅用于资料的存取和检索,更是研究者对客观事物和本质规律认识的一个系统总结,一定程度上反映出研究者所持的理论观点和态度。从性质上说,本质分类法操作相较于现象分类法更复杂,但是能够反映事物的本质特征,它比现象分类法更深入。

分类的关键在于选择分类标志。所谓标志就是说明事物基本属性或特征的名称。如调查某政府机关公务员的基本情况,作为调查单位的公务员的标志有性别、民族、学历、籍贯、年龄、月收入额、月消费额,等等。分类标志是否选择恰当,会直接影响资料分析的科学性和客观性。

选择分类标志,要注意以下原则:首先,要依据研究目的选择分类标志。分类的标准并非唯一确定的,研究目的不同,对同一组研究资料就会有不同的分类方法,因此分类标志的选择主要是基于事先确定的研究目的。其次,分类标志要具有完备性和互斥性。完备性是指通过分类,能够将所有的结果都包括进来;互斥性是每一个测量结果有且仅有一个类别可以归入,各个类别之间是相互排斥的。

2. 分组

分组主要是将数量化的研究资料分为不同类型,又称为变量分组。分组的目的不仅仅是单纯确定各组数量上的差别,而是要通过数量上的变化来区分各组的不同性质。变量分组由于存在组距问题,因此比分类更为复杂。

将每一个变量取值作为一组进行的分组,称为单项式分组;将整个变量取值依次划分为几个区间,各个变量值按其大小归并入相应的区间,这称为组距式分组,各个区间的距离称为组距。

组距式分组按照所分组的组距是否相等,被分为等距分组和不等距分组。等距分组是分组标志在各组中保持相等的间距;而不等距分组则是分组标志在各组中的间距不完全相等。

对数据的分组将在第九章作全面的叙述。

二、资料分析方法

(一)定性分析方法

定性资料是研究者通过实地研究等方式获取的,以文字、符号为主的信息,以及其他类似的记录材料。与格式统一、标准化程度高、相对精确的定量资料相比,定性资料似乎更多依赖于研究者的主观分析。研究者通常按照自己的喜好、习惯和经验来进行分析,研究结论常常带有一定的主观性。

定性分析法中有几种常用的方法,下面作一简介:

1. 比较研究法

比较研究法可以理解为是根据一定的标准,对两个或两个以上有联系的事物进行考察,寻找其异同,以探求事物本质及其规律性的一种研究方法。

比较研究可以是一致性比较,它是将注意力集中在各个不同的案例所具有的共同特性上,比较各种可能的作用原因的特性,从中找出所有个案所共有的特性作为可能的共同原因。

比较研究也可以是差异性比较,即从差异性中找出因果关系。在研究时,抽取若干个群体(或个体)进行观察,归纳出这些群体(或个体)的若干特征 A、B、C、D、E、F……。如果,在一些群体(或个体)中,如果特征 A 出现,特征 B 也出现了;如果特征 A 不出现,特征 B 也不出现,那么就表明特征 A 是特征 B 的原因,即特征 A 是原因,特征 B 是结果。

2. 案例分析法

案例分析法是通过经验证据来说明某种理论,是定性资料分析中最普遍的一种方法。案例分析主要有两种形式,一是主要说明理论模型是如何说明或解释某种特定个案或特定的现象;二是研究者列举多个不同的个案,来说明理论模型可以适用于多个不同的单位,或多种不同的时间周期。

3. 连续接近法

连续接近法(successive approximation),是通过不断重复和循环的步骤,使得研究者从开始比较模糊的观念和杂乱的信息中,逐步梳理和清晰,最终到达一个具有概括性的总和分析的结果。也就是说,连续接近法是从研究的问题和概念框架出发,通过研究,寻求各种证据,并分析概念与研究资料所发现的证据之间的相符性程度,来逐步验证理论框架,或修正原有概念,使之更好地与证据相符合。这种过程被称为"连续接近",因为经过多次的反复和循环,修改后的概念和理论模型与所获取的证据之间高度符合,使得多次修改后的概念和理论模型更加准确。

(二)定量分析方法

定量分析法就是运用数学的方法来研究社会问题的基本属性。任何事物既有品质属性,即可以用文字或定性的方法来描述的特性;也有数量属性,即可以用数字来描述的特性的特性,这就决定了可以用数学的方法来研究这些事物。

目前,数学方法在社会研究领域得到了广泛的应用,如统计分析法、回归分析法、模糊数学、博弈论、各种数学模型理论等,目前已经形成了数理社会学、计量历史学等这样一些交叉学科。

按照研究对象所涉及的变量个数多少,定量分析方法可以分为单变量分析方法和多变量分析方法。

单变量分析是针对单一变量的分析,包括描述统计和推断统计。描述统计是用指标、图表等形式反映出大量数据资料所容纳的基本信息,对已经掌握的数据信息进行处理,是统计分析的基础,其基本内容包括集中趋势分析、离散趋势分析等;推断统计是从样本调查中所获得的数据资料来推断总体的基本特征,是从已有的信息推断未知的总体信息的方法,是统计分析的深入,其基本内容包括参数估计和假设检验。

多变量分析是针对两个或两个以上变量的分析,其中对两个变量的关系的研究称为双变量分析。当研究者希望进一步了解社会现象发生和变化的原因,以此揭示社会现象的发展规律时,仅仅研究单一变量特性的单变量分析就显得不足以应对了,这时需要进行双变量甚至多变量分析。多变量分析的研究目的是确定变量之间是否存在因果关系,并确定变量之间关系的密切程度。

第五节 研究成果

在研究者完成了资料的收集和分析工作之后,研究工作就进入具体的研究过程中,并得出研究结论,最后将这些研究成果以研究报告的形式表现出来。

研究报告是用文字和图表等形式将社会研究的目的、意义、研究方法和研究过程、研究结论等内容表现出来而形成的一种书面报告,以将研究成果传达给他人,供他人参考、使用、传播。研究报告的撰写一般遵循以下步骤:

一、确立报告主题

研究报告的主题,即研究报告所要表达的中心研究内容。主题是整个研究报告的灵魂,也是研究工作成果的集中体现。研究报告的主题应与研究的主题相符,但是并不完全一致。一般情况下,研究报告的主题围绕研究的中心问题展开,以社会研究所收集的资料,以及在此基础上的分析为主要内容进行撰写。

而在某些研究中,由于研究所涉及的内容很广泛,一份报告往往难以全面包含研究所得的内容,就会从社会研究中选取部分内容形成主题,进而撰写研究报告。因此,在这种情况下,研究报告的主题相较于社会研究的主题,其范围和内容会缩小,更集中和具体;而在另一些情况下,研究所得的资料与预先研究目标之间会存在一定差距,则可能会依据具体情况,对预先确立的研究主题进行调整,重新确立合适的研究报告的主题。

二、拟定提纲

提纲是研究报告的框架,是构成研究报告的骨架。提纲是对研究主题的分解,在确立研究主题之后,对研究报告的内容进行统筹规划和合理安排。拟定提纲的主要作用是理清写作思路,明确报告内容,安排报告总体结构,确定各个部分的具体内容,为后面的撰写工作奠定基础。

提纲包括条目提纲和观点提纲,条目提纲是对研究报告所包含的章节、条目进行总体梳理和安排;观点提纲是在条目提纲的基础上,对研究报告中的各个部分所持的观点和主要撰写的内容进行的规划。条目提纲清楚地反映研究报告的总体框架,观点提纲则更为深入地说明研究报告各个部分的撰写内容,并以此为基础展开研究报告的撰写。

三、选择材料

材料是组成研究报告的血肉,研究报告的结论是建立在丰富的研究材料基础之上的。研究报告所用的材料与前面调查中所得的资料紧密相关,但并不完全一致。研究报告的主题与研究的主题可能存在不一致的情况,研究资料往往直接紧扣研究主题,但不一定与研究报告的主题完全一致;另外,并非所有研究资料都能成为撰写研究报告的材料,需要对调查所得的资料进行筛选和整理。这样的筛选和整理应建立在拟定研究报告提纲的基础上,依据提纲所确定的写作范围和内容,用材料来填充,这样才能保证所选取的材料与研究报告的主题密切相关。在选择材料时,还应注意材料必须符合精练、典型、全面的原则,要能最大程度上说明研究结论,不遗漏重要的资料。

研究报告中要特别注意运用研究所得的数据、图表、事例等客观统计资料,这些资料的说服力度强,具有很好的代表性;同时也要运用比较分析、综合概括所形成的主观材料,两者相互补充,使得研究报告资料翔实、观点明确、内容丰富。

四、撰写报告

撰写报告是指在明确了报告主题之后,将相关社会研究资料按照拟定的提纲用文字、数字或符号等形式,将社会研究的结果呈现出来的工作过程。在完成前面的工作之后,可以得到一个主题明确、结构清晰、材料齐全的报告雏形,后面的工作就是运用规范的语言、严谨的逻辑,将这些要素组织起来,形成最终的研究成果。

撰写研究报告是研究工作的最后一个步骤。确定合适的研究主题,收集丰富的研究材料,拟定相对完备的写作提纲,是顺利完成报告撰写工作的前提条件,可以避免在实际撰写过程中由于前期准备不足而导致工作无法正常开展。另外,撰写报告过程中要保持思维的高度敏感性和开放性,随时纳入新的相关资料、用新的思路和想法来丰富和完善研究报告,以得出一份高质量的研究报告。

五、社会研究的一个实例

为什么投票者支持加利福尼亚州第187号反移民提案

选择主题:1994年,美国加利福尼亚州经历了自20世纪30年代以来最严重的经济大萧条,有上百万人失业,给当地政府带来了巨大的财政难题。同时,当局支持第187号提案,以此来解决所谓非法移民占用公共服务、导致预算不断增加的问题。第187号提案将公众的注意力从问题的本质,即经济萧条与政府预算问题,转移到了一个易受到攻击的群体,即将移民作为替罪羊。研究者认为本土主义是第187号提案支持者的真正来源。本土主义有一段时期曾经出现在美国历史上,即人们认为本土出生的人比新来者更有权力和特权。而另一种相反的观点则认为,当地的定居者将自己的问题归咎于在政治上处于弱势的新来者,并对他们越来越敌对,以此来为自己辩护,保护自己已经确立的利益。

加利福尼亚州在许多问题上都进行公民投票。1994年提出的第187号提案要求撤销非法移民的大部分社会服务和社会保障。R.迈克尔·阿尔瓦雷斯和泰拉·L.巴特菲尔德希望了解到底是哪些人支持这一提案、为什么支持这一提案。为此他们组织了一个专门的调查,以下是这项社会调查的工作步骤:

研究设计:研究者调查了一个投票者样本,研究那些符合本土主义者特征,即感觉竞争来自于移民、将各种经济问题归咎于移民以及对移民明显怀有敌意的人是否支持了第187号提案。

收集数据:研究者通过一项全州范围的调查组织收集数据,当人们离开投票站时,这个组织向3147名注册投票者发放了问卷。投票者被问及种族、个人经济状况、对本州经济的信任程度、教育程度、居住地、政治党派、政治意识形态、支持谁当州长、个人的职业地位等问题。

分析数据：对所收集的数据进行整理和分析，测量支持和反对第187号提案的选民情况，分析支持者和反对者的个人背景，并对投票者对第187号提案的态度和投票者的背景进行交互分析。

研究成果：研究者发现，人们对本州经济状况的信任程度是预测其是否支持第187号提案的最强有力的变量。那些将加州经济问题归咎于移民的投票者，还有那些教育水平较低、住在大量新移民附近的、面临移民最严重的经济和文化竞争的投票者，大部分选择了强烈支持该项提案。

最终，这一研究成果发表在《社会科学季刊》（*Social Science Quarterly*）上。

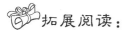拓展阅读：

互联网技术给学术研究带来了革命

1994年的4月20日，中国通过一条64K的国际专线，全功能接入国际互联网，从此中国被国际上正式承认为真正拥有全功能互联网的国家，中国互联网时代从此开启。

短短的二十多年时间过去了，互联网可谓是"旧时王谢堂前燕，飞入寻常百姓家"，世界也进入了移动互联网时代，中国成为互联网用户最多的国家。根据中国互联网络信息中心的最新报告，到2015年6月底，中国互联网用户6.68亿人，其中手机互联网用户5.94亿人。互联网已经成为人们工作、生活、学习和学术研究的一个重要平台。本文所讨论的就是互联网作为学术研究的平台，即互联网＋学术生产。

那么互联网究竟对学术生产有什么影响呢？

基于互联网的学术生产肯定与此前的学术生产有很大区别。在前互联网时代，学术生产被认为是剪刀＋糨糊的生产方式，基本上是个体的手工作坊。进入互联网时代以后，学术生产发生了革命性的变化。这些变化表现为：

第一，选题方式的改变。

过去选题是基于研究者的广泛阅读之上，互联网条件下的选题是基于研究者广泛浏览之上。也就是说，在前互联网时代，研究者要进行选题，完全通过研究者自己的大量阅读来了解学术动态和研究动向，然后在此基础上来确定研究方向和选题。但是，个人的阅读是有限的，无论多用功的研究者，他阅读的文献只能是其中很少的一部分。这样就难免出现重复性选题甚至重复性研究。学术资源本来稀缺，多个人做同一问题的研究显然实在浪费资源。

在互联网条件下，选题不再靠阅读的深度，而在于浏览的广度，特别是基于互联网的学术数据库，研究者可以尽可能地浏览到研究领域的研究状况，加上网络的编辑和研究者自己的选择，研究者就可以进行完全不同的选题。这种情形下，几乎不可能导致重复性的选题和重复性的研究。因此,互联网条件下,浏览的广度比阅读的深度更为重要。阅读的深度是通过有限的资料来形成自己的思想的,而互联网条件下浏览的广度是通过对海量信息的浏览来避免重复研究,以体现选题的创新性。

第二,支撑平台的改变。

前互联网时代,人们的研究完全基于图书馆、档案馆这种硬支撑。所以,那时读硕士、读博士的人,如果没有去过图书馆、档案馆,那么就不可能写出一篇论文,因为这是唯一的研究支撑平台。因此,那时研究者的苦,不只是经济拮据,而且还必须经常风雨无阻地往返于居住地和图书馆、档案馆之间。由于不同国家、不同城市经济发达程度不一样,图书馆储存的图书资料是大不一样的,这无疑制约着研究者的研究视野。因此,学者们总是千方百计地要居住在发达地区、发达城市,否则学术研究也不可能正常进行。

然而,在互联网时代,互联网就成为学术研究最重要的支撑平台。各种搜索引擎能把研究者带到任何一个数据库中,能够获得研究者想要的任何学术信息,然后在此基础上进行学术生产。这样的平台是基于互联网和云计算的技术平台。因在这样的平台上,学术生产变得轻松、省时,大量的时间用于思考,而不是在跑图书馆的路上。

第三,储存资料的改变。

在前互联网时代,研究者储存资料的方式是资料卡和书本。而资料卡是基于研究者的埋头阅读和勤于做笔记。然而,阅读的有限性和笔记的时间成本太大,导致研究者储存的资料非常有限。到后来,不仅自己的书房拥挤,而且自己的资料卡也成为累赘。特别是资料卡,丢掉舍不得,留下有实在没有地方放置。

互联网条件下,资料储存方式发生了革命性的变化。研究者只要打开电脑通过浏览学术信息,对有用的文献、可能有用的文献进行分类下载,可以储存在电脑中,储存在移动硬盘甚至云盘上,可以随时随地打开使用,从而使研究工作可以随时随地进行。

第四,研究思维的改变。

在前互联网时代,研究者的思维受到自己掌握的文献的束缚,研究的思维是"小思维",即基于有限文献而形成的思想,总是自认为是创新了。但是,外部的研究也许远远超过研究者所掌握的研究,但学术圈受技术落后制约而处于相对的封闭性,对外部的研究并不清楚。因此,"小思维"就决定了研究的视野小,学术品位也不高。

在互联网条件下,海量的文献决定了研究者从一开始就是"大思维"。由于掌握的文献相对比较全,而且没有封闭性,研究者的研究与外部的研究完全处于同一水平上。因此,这种"大思维"之下的研究才真正体现其研究的创新性。

第五,学术成果真伪检验方式的改变。

在前互联网时代,对学术成果真伪的检验很难,完全依靠读者对相同文献的阅读才能够发现一种研究是否存在问题,尤其是难以判断是否存在学术不端现象。如果没有人掌握这种信息,那么研究者即便存在学术不端问题也难以被同行发现。

在互联网条件下,大数据提供了新的检验方式和检验技术。只要通过一个软件连上相应的数据库作比对,就知道一个研究者的学术道德、学术创新性等情况。在这种情形下,研究者比此前要自律多了,因为人们每时每刻都在通过互联网在监视着每一个研究者。

总的来说,互联网带来了学术生产的大革命,简便、快捷、省时、高效,使得学术生产变得相对容易了。但是,技术是人创造出来的,技术同样也会有缺陷,会出现异化。在学术生产上,技术的异化表现为研究者会借助互联网技术的便利而大肆"制造"学术产品,滥竽充数,导致学术产品缺乏应有的学术权威和学术尊严。特别是由于互联网储存的海量学术资料,一些懂得互联网技术的人即便不懂得学术研究的实质,也可能会轻而易举地"制造"出一篇论文,并借助"制造"出来的多篇论文而获得学位、职称,成为专家。这样,专家的权威性就被侵蚀了。

今天,学术生产对技术的依赖性越来越大,不只是技术给学术研究带来的便捷,更重要的是技术为学术研究提供更广大的想象空间和更深刻的思想创新的可能。因此,不要刻意去回避技术或以别的什么理由拒绝技术,而是要以正确的态度审视技术的作用,让技术更好地为学术生产服务。

(本文参考胡键的文章《互联网＋学术生产》编写)

第四章　调查研究法

调查研究法不同于传统意义的调查,是随着统计技术与抽样技术发展出来的一种资料采集方式。在统计技术与抽样技术出现之前,人们所使用的调查方法比较简单,就是一般性的数据采集与汇总,可以称为传统调查研究法。

调查研究法在实证主义方法论的指导下,探讨人类社会行为、社会现象以及社会问题等,是社会研究中一种常见的研究方法。

第一节　调查研究法概述

这里讨论的调查研究方法,是现代意义的"调查"概念,不同于传统概念的"调查",目前学界普遍将"调查"与英文单词"survey"对应,更强调了调查研究的严谨性与科学性。

一、调查研究方法的含义

美国学者弗洛伊德·J.福勒撰写的《调查研究方法》、美国学者阿尔瑞克撰写的《调查研究手册》,从社会学的角度来分析调查研究,都把调查研究作为重要的社会资料采集方法。

一般而言,调查研究法是指为解决某一问题,通过观察、资料分析、统计数据的实际调查等方式,获得关于研究对象基本属性的信息和特征的调查工作过程。

从历史上看,社会调查是最为常见的一种调查行为,作为一种了解社会事实的活动已有几千年的历史,但它作为一套系统的社会研究方法则与近代的社会科学和社会实践密切相关。

现代意义的社会调查产生在资本主义兴起的西欧。当时社会调查统计方法主要用于研究、收集和组织社会情报数据,提供合理、可靠的统计数据。当时社会调查方法主要用于人口普查、农业资源、工业化和城市化、教育系统、公共卫生水平、商品消费和财富、工资、贫困、童工、自杀、犯罪等研究领域。

19世纪到20世纪初,社会调查的应用在美国越来越广泛。例如,1890年著名的贝利农村调查报告,直接促进了农村社会学的研究。1907年凯洛格在美国开始调查钢铁生产中心,研究了工作时间、工资、工业灾害、钢铁和工人之间的关系,并分析了公共卫生、学校教育以及社会福利等内容,阐述了城市化和工业化的关系及其对城市生活的影响。凯洛格在1914年发表《匹兹堡调查》,奠定了美国社会调查研究的基础。1935年,乔治·盖洛普创办了盖洛普民意测验所,总部设在普林斯顿。民意测验每年举行20～25次,总统大选年略多,调查内容包括政治、经济、社会等多方面,采用抽样调查方法,在全国各州按比例选择测验对象,派调查员面访,然后统计调查结果,分析并作出说明。

20世纪40年代至70年代,调查研究的数量方法发展十分迅速,经过多个学科的学者们的共同努力,调查研究的方法更加标准化、更加规范化。现在,抽样设计、测量、量表制作、统计分析、计算机技术、大数据处理、数据可视化等技术,越来越多地用到调查研究方法中来,使得调查研究法已经脱离了传统意义上的、简单的调查活动。

二、调查研究法的特征

调查研究法是经验主义和实证主义研究方法论的具体体现,植根于现代抽样技术与统计技术的发展。

(一)通过抽样获取样本

调查要求从总体中随机抽取一定数量的样本。通常抽样应保证随机性,并且具有较大的样本容量,以保证样本对总体的代表性。在现代社会调查中,一般要求样本容量大于400个。在样本选取过程中,常常通过各种质控方式,来保证样本抽取的随机性;利用统计和概率抽样理论和方法,使抽取的样本能够代表与反映高异质、高流动、高变化的社会现实。

(二)问卷是资料的采集工具

调查问卷的设计有一套特定的、系统的程序要求,在资料收集方法中占有重要地位。社会调查过程中,问卷连接着研究者与研究对象。研究者按照研究目的和问卷设计的原则,通过操作化,构建指标体系,完成问卷设计。研究者借助问卷,了解调查对象关于某个主题的相关信息。通过问卷和资料回收,研究者可以获取大量的研究所需数据,为后续研究提供数据支撑。因此,问卷成为调查研究方法过程中理论层面与现实层面链接的最重要一环。

(三)调查内容的多样性

调查研究的对象,可以是某一个人、一个群体,也可以是某一个国家或地区的情况,甚至可以是全球人群和社会现状。在具体的研究过程中,研究人员可以根据研究主题的大小和性质选择合适的方式抽取样本和获取资料。调查研究内容的多样性,在一定程度上增强了社会调查应用范围的广泛性。

调查研究法可以收集第一手的数据,获取关于研究对象的直接感性经验。调查研究法不依赖他人的成果,可以按照自己的目的和意愿来收集原始资料,与文献研究方法的非介入研究有所区别。

三、研究对象与作用

(一) 研究对象

调查研究法的对象,大致可以分为三种类型:

社会群体的社会背景。为了生存发展,人类社会群体之间必然要发生相应的社会关系。因此,认识社会,考察分析社会的各种现象,必然要研究社会群体的社会背景。社会性是人类活动的根本特点,人们总是用一定方式在社会组织中有目的地从事着一定的活动,彼此间形成各种各样的社会联系。为了更好地认识和协调人们的各类活动和各类关系,实现某种目的,维护某种利益,需要对社会的各类现象进行微观和宏观的考察了解,知晓他们所处的生活环境与社会背景。人类社会群体的社会背景是调查研究方法应用的重要基础,构成了后续研究最重要的自变量和控制变量。

社会群体的社会行为。社会行为,是社会群体中不同成员分工合作,共同维持群体生活的行为方式,是人类社会特有的一种社会现象。社会行为包括行为模式、动机、分工、协作、层级、地点、归因等,都是调查研究的重要研究对象。

社会群体的意见和态度。社会研究的对象是不同层次的社会群体,小至家庭,大至国家、全球。社会研究对象是社会现象,它不同于自然现象,社会研究对象主体通常是有着自身价值判断的社会人或有着某一共同观念的群体。社会人或群体对社会现象与社会结构有自己的态度和意见,这是调查研究重要的研究内容。通过调查研究法,研究社会人或群体的意见和态度,能更清楚地认识研究对象并进行归因分析。要注意的是,调查研究是通过对单个社会个体的意见和态度的认识,来获知群体的意见和态度。

(二) 分类

根据收集资料的具体方法不同,调查研究法可分为集中调查法、个别调查法与邮寄调查法。

集中调查法是指将受访者聚集在一个固定的场所,通过集中发放问卷、集中回收问卷的方法获取资料的过程。具体做法是:先通过某种形式将被调查者集中起来,每人发一份问卷;接着由研究者统一讲解调查的主要目的、要求问卷的填答方法等事项;然后请被调查者当场填答问卷;填答完毕后再将问卷收回。

个别调查法就是,在研究人员将问卷印制好后,派遣调查人员根据所抽取的样本,将问卷挨个发送到被调查者手中,同时与调查对象说明调查的要求和意义,请他们填答问卷,然后约定收取问卷的时间、地点和方式。

邮寄调查法是指通过邮政系统将事先设计好的调查问卷邮寄给被调查者,由被调查者根据要求填写后再寄回,是社会调查中一种比较特殊的调查方法。

按照调查对象的选择范围,调查法可分为概率抽样调查与非概率抽样调查。

随机抽样调查是指在总体中按随机原则抽取一定数目的调查单位(样本单位)进行调查,用所得的样本数据推断总体指标的一种非全面调查方式。所谓随机原则,又称概率法则,是指总体中各个单位都有同等的机会被选中的原则。

非概率抽样是指调查人员按照主观意志设立某个标准,从便捷性和方便性出发来抽取样本。非随机抽样调查有配额抽样法、判断抽样法与任意抽样法等。非随机抽样的样本是由调研人员凭其主观经验选定的,因此代表性依赖于调研者的经验,具有较强的主观性,所以调研结果误差很可能比较大,往往难以正确地反映总体的实际情况。

第二节 调查研究过程

社会调查研究要遵循一定的工作程序和原则,以保证调查研究工作的顺利开展。从社会调查研究的内在逻辑来看,调查研究过程包括确立选题、研究设计、调查实施、资料分析、撰写调查报告五个阶段。下面简要介绍各个阶段的工作内容。

一、确定选题

社会研究始于问题,问题的质量对于社会研究的价值具有决定性作用,因此一个好问题的提出是展开社会研究的前提。提出问题往往比解决问题更重要也更困难,因为解决问题仅仅是一种技能上的要求,而提出新问题、从新的角度去看待旧的问题,则需要有创造性的想象力,而且标志着科学的真正进步。[①]

社会调查研究的逻辑起点是选好研究课题。社会调查的目的不同,其所要达到的目标自然不同,而其调查设计的思路和侧重点也很不一样。在调查研究中,所确定的研究目标应该是具体的、可衡量的和可描述的。

判断一个社会研究课题质量高低的主要标准有:课题的价值、前瞻性、可操作性以及合适性。社会研究的选题应遵循如下三个基本原则:

目的性原则。在开展调查研究工作时,目的性、问题意识是获得好的研究效果的前提。社会研究的目的是多样的,可以是了解事物发展的状况,揭示事物发展变化的规律,寻找评价活动的事实依据,寻找决策活动的事实依据,或者为某一实际问题提出解决方案,等等。没有明确的目的社会调查是没有意义的,浪费人力、物力、财力。

---

① 爱因斯坦:《物理学的进化》,上海,上海科学技术出版社,1962。

价值性原则。在确定选题时要注意遵循以下两个原则:一是课题要有现实意义,即该课题是现实中亟须解决的实际问题,或者对解决现实问题有重大指导意义的理论问题;二是课题的理论意义,也就是说研究的成果应该具有一般性的意义,不是就事论事,为相关理论的发展能有所贡献。

可行性原则。选定调查课题要依据调查者的人力、物力、财力以及时间、能力等主客观条件来决定,调查课题要有完成的可能性。调查者进行社会调查,需要具备一定的知识、能力、社会关系、设备、资金、时间等。在选题时,要尽可能选择那些能发挥研究者的特长、有一定的工作基础和知识基础、研究者感兴趣的题目。同时选题还必须要适当考虑研究资源的保证问题,包括文献资料、时间、设备器材、科研经费等客观条件,以确保课题研究的顺利进行。

二、研究设计

研究设计,就是研究者根据研究目的、研究对象的性质和研究条件,对整个调查工作制定的一个指导性的工作方案。研究设计指的是包括选题在内的研究方案的设计编制过程,主要是回答"为什么要研究?""怎样研究?"等问题。

研究设计一般包括选择研究课题,确定研究的性质、分析单位和分析水平,选择研究方法和手段,确定资料收集方式,制定具体工作计划,等等。

在做研究设计时还要注意如下问题:

第一,确定研究对象。研究对象的选择是否恰当、界定是否清晰,直接关系到研究结果的有效性,甚至在很大程度上决定了整个研究工作的成败。研究对象可以是个人、群体、组织。群体如社区、青年人群、旅行团,组织如政府机构、政党、企业,等等。

如艾尔·巴比指出的,"社会科学家绝对可以研究任何事物"[①],根据不同的研究目的和主题,社会研究的具体分析对象可以是无限的,如"实践、插曲、邂逅、角色、关系、聚落、空间、制度、文化、社会世界、生活形态、报刊、书籍、图片、建筑物等,都可以作为分析单位"。

无论哪种类型的研究对象,往往具有如下两个特点:一是研究所收集的资料是直接描述研究对象中的每一个个体;二是将对这些个体的描述聚合(集合)起来,就可以描述由这些个体所组成的总体的特性,并由此可以用来解释某种社会现象。

第二,概念界定与操作化。社会科学研究对象不同于自然科学的研究对象,社会科学研究对象通常不是实体,而是以概念和理论体系出现的社会对应物,例如阶级、阶层以及社会流动等。因此在研究过程中,研究者需要对研究对象进行概念界定与操作化,将理论层面的概念转化为可以测量的变量和指标体系。按照操作化得出的指标体系,为制定一

---

① 艾尔·巴比:《社会研究方法》,北京,华夏出版社,2009。

套层次清晰、信度和效度兼备的问卷奠定良好的基础。

第三,确定所需要使用的抽样和资料收集方法。根据研究目的与任务以及研究对象的特点,来选择采用哪一种抽样形式。根据研究对象性质与现实可操作的条件和环境,确定资料的收集方式。

第四,确定调查进程。在调查计划中,需确定各个阶段的研究任务和研究周期。调查进程可以采用甘特表或甘特图绘制,这便于后期进度管理。甘特表或甘特图是用图表的形式将实际进展与计划要求进行对比,衡量计划工作的实际完成程度的一种方法,又称甘特进度表或条形进度表,由美国企业管理学家甘特(Henry Gantt)发明,常用于策划和编排工作。

三、调查实施

调查实施是指根据研究设计,深入调查对象之中,开展资料收集的过程。调查实施阶段包括工具编制与选取以及资料收集等任务。

这里所讲的工具包括调查问卷、量表、访谈提纲表,等等。问卷和量表是调查研究法的常用工具。量表与问卷之间有着根本的区别。在结构性上,量表和测验一般是依据特定的理论编制的,具有很强的结构性。在编制的过程上,要通过项目分析,最大限度地保证其可靠性和有效性。

不同的资料收集方式,有着各自不同的适用范围。研究结果的可靠性与有效性直接取决于资料收集的质量。研究人员经常使用的资料收集方法包括结构式访谈法和自填问卷法。自填问卷法包括个别调查法、集中调查法以及邮寄调查法;结构式访谈法包括面谈法、网络与电话调查法。在资料收集工作完成之后,还需要进行调查资料的整理,即对调查所得到的资料进行誊录、分类、归档,使调查资料有序化、条理化、系统化,为后面的研究工作奠定基础。

四、资料分析

调查获得的资料只能从表面上说明社会现象的基本特征,还需要使用统计方法和其他技术,对收集到的资料进行系统地统计分析和研究,才能得出关于社会现象本质规律的认识。

统计方法在社会研究中的应用十分普遍。从统计方法的具体应用来看,社会调查数据的分析可以从两个方面进行,即描述性统计和推断性统计。描述性统计是说明调查对象的分布特征以及研究变量之间的关系;推断性统计是基于所抽取的样本信息,使用概率论估计总体的分布特征,以此推断总体的基本特征。在社会研究中,常用的统计推断方法有参数估计和假设检验两种方法。可见,描述性统计是推断性统计的基础,推断性统计是对描述性统计的深化。这些统计研究方法将在本书第九、十、十一、十二章作详细的论述。

五、撰写调查报告

调查报告是调查结果的书面表现形式,表述了调查项目的价值和意义,告知读者研究的方法、途径、时间、地点和对象。调查报告是科学论文的基础,报告格式与语言风格要求精简与严谨。

根据不同的研究目的,社会调查报告可以分为标准的学术报告和政策建议。规范的学术研究一般包括引言、研究方法、结果分析、对策建议、小结、参考文献等。调查报告主要应用于实践领域或理论领域,应用的方式主要有发表于公开学术期刊、学术讨论和交流、政策参考、内部简报或汇编。报告应总结本研究工作的优缺点,说明对未来社会调查研究的经验,对研究成果进行评估。调查报告的具体写作方法将在本章第四节介绍。

第三节 测量与问卷设计

调查的资料以及社会研究成果的质量,都直接取决于测量的质量,测量是调查研究法的一个重要工作步骤。问卷是调查研究法中非常重要的资料收集方法,直接影响到调查的质量。通过统计和概率抽样理论和方法,可以使调查样本能够代表高异质、高流动、高变化的社会总体状况。测量、问卷设计以及抽样是调查研究法中不可或缺的组成部分。

一、测量

所谓测量,是指根据一定的规则,将自然物体或社会现象的属性与特征用数字与符号表达出来的过程。测量目的在于根据测量规则,将测量客体的属性用某种方法表示出来。自然现象的测量有明确的测量对象,而社会现象测量缺乏明确的对应物,标准化、准确化程度低,同时社会测量也易受人为因素的影响。因此,对社会现象测量的难度要高于对自然现象的测量。

(一)测量的要素

测量的要素包括四个,即测量对象、测量内容、测量法则、数字和符号。

测量对象,即现实生活中的事物或现象,通常需要运用数字或符号来表达,它对应的是"测量谁"的问题。

测量内容,即测量对象的属性和特征。事实上,在测量过程中测量对象反映的是测量对象的特征或属性,它对应的是"测量什么"的问题。

测量法则,即用数字和符号来表达测量对象的属性或特征的操作规则,它对应的是

"怎么测"的问题。换句话说，它是测量中要用到的具体操作程序和区分不同特征或属性的标准。

数字和符号，即用来表示测量结果的工具，反映测量客体属性和特征的各种数字和符号所构成的测量指标，它对应的是"测量结果"的问题。在社会研究中，测量结果可以是用数字表示的，也可以是用文字表示的。

（二）社会现象的测量层次

在社会研究中，常用到以下四种测量方法：

定类测量（Nominal Measures），也称类别测量或分类测量，它实质上是一种分类体系，即区分调查对象不同的属性或特征，用一个不同的名称或符号标记来确定类别。它是一种最低层次的测量。例如，运用性别、职业、婚姻状况、宗教信仰、出生地等特征，将所研究的人群进行分类，就是一种定类测量。

定序测量（Ordinal Measures），也称等级测量或顺序测量，它是对测量对象的等级或排序，测量值可以按照一定的逻辑顺序确定等级和顺序。定序测量不仅可以区分事物类别，也可以反映社会现象的高低、大小、强弱。例如：您对子女提供的家庭养老满意度为：(1)很差；(2)较差；(3)一般；(4)较好；(5)很好，这是对养老满意度的一种程度排序。

定距测量（Interval Measures），也称间距测量或区间测量，它是对测量对象之间的数量差别或间隔距离的测量，其测量结果可用具体数字来表示。例如，对人的智商、收入水平、人口平均寿命、电脑普及率等，可采用某种计量单位来表示各个测量对象之间的数量差别或间隔距离。例如，某地区城镇居民家庭电脑普及率是56%，而农村家庭电脑普及率是15%，城市比农村高41%，就是一种定距测量。由于定距测量中"零"并不代表"没有"，所以定距测量的数据只能做加减法运算，但不能进行乘除法运算，它是一种等距的测量。例如：华氏或摄氏温度计的零度不说明没有温度，而是代表在零度水会结冰。定距测量不仅能反映社会现象的数量状况，计算出它们之间的距离，因而其数量化程度比定序测量更高一个层次。

定比测量（Ratio Measures），也称比例测量和等比测量，是对测量对象之间的比例或比率关系的测量。例如，对出生率、性别比例、产品合格率、经济增长率等反映两个数值之间比例或比率关系的社会现象的测量，就属于定比测量。如，甲地的经济增长率是11%，乙地经济增长率是7%，甲地经济增长率比乙地出高4%或四个百分点。与定距变量相比，定比测量有一个绝对意义的零——"零"代表着"没有"。定比测量的数量化程度比定距测量更高一个层次，其测量结果不仅能进行加减运算，还能进行乘除运算，也可用作各种统计分析。

上述四种测量层次的数学特征可以用表4-1概括表示。

表 4-1　四种测量层次的数学特征

	定类测量	定序测量	定距测量	定比测量
类别区分($=,\neq$)	有	有	有	有
次序区分($>,<$)	/	有	有	有
距离区分($+,-$)	/	/	有	有
比例区分($\times,\div$)	/	/	/	有

（三）量表

量表(scale)，是用来测量人们的态度、看法、意见、性格等内容的一种社会测量工具。量表用来反映研究客体的某一组属性，通常有一套自身规则，并经过经验证明量表的效度。

例如，社会心理学里面经常用到的"SCL-90"，即症状自评量表(Self-reporting Inventory)，又名 90 项症状清单(SCL-90)，由德若伽提斯(L. R. Derogatis)于 1975 年编制，该量表共有 90 个项目，包含有较广泛的精神病症状学内容，从感觉、情感、思维、意识、行为直至生活习惯、人际关系、饮食睡眠等，采用 10 个因子分别反映 10 个方面的心理症状情况。

在自然科学中，常常用各种仪器测量量表，如机械式、电子式、光电式的量具，来测量对象的物理属性。在社会科学中，由于测量客体大多为概念，因此社会科学的量表通常是来反映社会现象概念的属性。在社会研究中，使用较多的量表有：总加量表、李克特量表、社会距离量表、语义差别量表等。下面分别作一简介。

总加量表(Summated Rating Scales)，又称总和量表、总全评量或指数和量表，由一组反映测量对象的态度或意见的陈述语句构成，受访者根据陈述语句分别给出"同意"或者"不同意"。根据受访者"同意"或"不同意"分别计分，然后累加得分，得出受访者对这组测量的总分，以此反映受访者对测量客体的态度得分。

李克特量表(Likert Scale)，是总加量表的一种细分，由一组反映测量客体的态度或意见的陈述语句构成，受访者根据陈述语句分别给出五种不同的态度，例如"很同意""较同意""同意""较不同意""很不同意"五种回答，分别记为 1,2,3,4,5，根据受访者五种不同的态度分别计分，然后累加得分得出受访者对这组测量的总分，以此反映受访者对测量客体的态度得分。李克特量表在调查量表中是运用最广的一种量表，兼具效度和信度，由美国社会心理学家李克特于 1932 年在原有的总加量表基础上改进而成的。

社会距离量表(Bogardus Social Distance Scale)，也称为鲍格达斯量表，用来测量社会群体对社会事物态度的重要工具，也是一种研究偏见行为成分的重要工具，由美国心理学家鲍格达斯创制。量表制度的根据是，社会群体对某一类人的偏见越深，就越不愿与该群体的成员亲近或交流。测量的方法是由研究者设计出一套能反映不同社会距离的意见,让受访者根据实际态度,从七种社会距离中选出愿意与该类成员发生的社会距离。这七种关系按照不同的社会距离依次是:(1)和他组成亲密的亲戚关系或与让子女与之通婚;(2)与他成为邻居关系;(3)在同一俱乐部中与他成为好友;(4)让他在我国从事与我相同的职业;(5)让他来我国定居;(6)仅让他在我国旅游访问;(7)不愿让他在我国停留,将他驱逐出境。

语义差异量表(Semantic Differential Scale),又称语义分化量表,是美国心理学家查尔斯·埃杰顿·奥斯古德(Charles Egerton Osgood)、萨奇(Suci)、泰尼邦(Tannenbaum)于1957提出的一种态度测量技术。

语义差异量表从使用上来说,比总加量表与李克特量表更加精细,在评价区间上往往由7~11个等级构成,能更为精准地刻画研究对象对某种事物的态度,但需要注意的是语义差异量表相对于总加量表与李克特量表信度较差,也是最难设计的一组量表。例如,邀请一部分受访者试听某一新专辑歌曲,首先列举几组反义词如"悦耳"与"难听"、"动感"与"舒缓"、"和谐"与"嘈杂"、"节奏强"与"节奏慢"以及"喜欢"与"讨厌"等,评价区间由7个等级构成,然后让受访者填写这一表格,通过累加反映受访者对这张专辑的评价。

在社会学、社会心理学和心理学研究中,语义差异量表被广泛用于文化的比较研究,个人及群体间差异的比较研究,以及人们对周围环境或事物的态度、看法的研究等。

(四)操作化

操作化(operationalization),就是将抽象的概念转化为经验层次上可观察的具体指标的过程,包括对那些抽象层次较高的概念进行具体测量所采用的程序、步骤、方法、手段的详细说明。

通过操作化处理,就可以把我们无法得到的有关社会结构、制度或过程,以及有关人们行为、思想和特征的内在事实,用代表它们的外在事实来替换,转换成可以依据一定的效度和信度进行经验观察的假设和指标,以便于研究。一个完整的操作化过程应有三个步骤:

1. 概念界定与变量转化

概念界定的第一步是将概念分解,从不同的角度或维度将概念所表示的现象进行分类,如对性别的分解,就可以直接用"男"和"女"来表示;对抽象层次较高的要逐步的分解,如"社会改革"将其分解为经济改革、政治改革、文化体制改革,等等,然后对这些分解概念再进行进一步逐一分解。

概念界定的第二步是做出概念定义,通过分解可大致了解一个概念的基本内涵和外延。根据概念的外延,就可以了解概念包含类型的共同属性和特征,从而对概念下定义,例如,当对社区进行界定时,通常要描述这个社区居民的生活状况、交往活动、文化活动、行为规范,等等。通过外延的界定,基本上就可以把社区定义为:社区是以一定地理区域为基础,由许多居民组成,具有某种互动关系,进行一定的社会活动,有比较相近的价值观念的一个生活共同体。

经过界定概念和确定其外延后,概念就转化为变量。变量是具体指出概念内涵的各种类型和各种状态,对应于社会中各种实际存在的事物。因此变量是可以观察和度量的,概念转化为变量形式后就可以进入科学研究的领域,这一步实际上就是从抽象领域到经验领域的第一步——从概念到变量。

2. 选择测量的指标

这一阶段的任务是如何测量变量,选用哪些指标来测量变量,这是概念层次外延的范围,它直接表示经验层次的现象。例如,要考察一个地区的经济实力,就可以使用地方财政收入、地方人均GDP、社会固定资产投资总量等指标来衡量。指标可以度量现象的不同状况和不同程度,如用辨认地图的快慢来衡量人的智商,用回答问路人的耐心程度来衡量一个人的公共道德意识。因此,对经验现象的度量可以在一定程度上说明抽象层次的概念。同时我们也要看到,指标只表示概念内涵的某一方面或某一方面的部分内容,因此要使测量更具有效度,就需要建立多个指标。

例如,"社区幸福指数评价体系"按照"居民感类别"分为八大类,分别是:社区安全感、环境舒适感、生活便利感、消费放心感、邻里友善感、身心健康感、家庭和睦感、社区归属感。[①]

3. 编制综合指标

对简单的变量可以用一两个指标,如性别;但对一个的复杂变量,则需要用多个指标构成的指标体系去度量,这由所要测量的概念的抽象程度和复杂程度所决定。

所列的一级指标不一定可以量化,再对它们分解为二级指标,如有必要,还可以细分为三级甚至四级指标,直到直接可测量的对象。

例如,在"社区幸福指数评价体系"八大类一级指标中,需要进一步细化,以便进行量化测度。以"身心健康感"为例,一级指标为"快乐指数";二级指标为:大型文化活动次数、公共卫生服务满意率、居民成果数及风采展示人次、平均预期寿命、订阅报刊、购书藏书户均数量、居民文化生活兴趣组的数量及活动数,然后按全市平均数进行比较,并换算成指数。

综上所述,操作化流程实际上是从抽象层次到经验层次,再到可操作层次这样一个三部曲的过程。

(五)评估测量指标的标准

科学知识必须具备一致性。科学研究中所进行的测量必须具有一致性,或者说必须具有可靠性,即通俗表达中所说的测量要正确和精确,在自然科学中被称为系统误差和偶

---

① 宋文辉:《幸福社区:和谐社会的基石》,苏州,古吴轩出版社,2006。

然误差,而在社会科学中则被称为效度和信度。

1. 信度

信度(reliability),即可靠性,指的是采取同样的方法对同一对象重复进行测量时,其所得结果相一致的程度。它反映了测量结果的稳定性和一致性。

信度系数:大部分信度指标都以相关系数(r)来表示,即用同一样本所得到的两组资料的相关系数作为测量一致性的指标,称为信度系数。

信度的类型:由于测量中误差变异的来源有所不同,各种信度系数分别说明信度的不同层面,因而各自具有不同的意义。如再测信度、复本信度、折半信度,等等。测算信度的基本方法有:

(1) 前测—后测方法

通过重复测量,预期获得的信息不应该有变化,应该得到相同的结果。如果前后两次测量结果有出入,而且差别很大,那么测量方法就有问题。

(2) 对分法

将问题随机分成两组,每组提供相同的问题,得出的结果也应该是一样的。如果结果不同,那么信度有问题。

2. 效度

效度(validity),是指测量工具或测量手段能够准确测出所测变量的程度,或者说能够准确地、真实地度量事物属性的程度。它又称作测量的有效度或准确度。

效度是一个多方面的概念,相对于特定研究目的和研究问题,下面介绍常见的几种:

(1) 表面效度(face validity),表面效度是由外行对测验作表面上的检查确定的,它不反映测验实际测量的东西,只是指测验表面上看来好像是测量所要测的东西。如学生进图书馆不能用来测量学生的成绩。

(2) 内容效度(content-related validity),又称逻辑效度,是指测量内容或测量指标与测量目标之间的适合性和逻辑相符性。简单来说,在理论层次上概念所具有的各种特征,在经验层次上的测量也应具有,如果二者相吻合,则表示具有内容效度。如成绩可以反映学生的学习效果。

(3) 准则效度(criterion-related validity),又称实用效度、预测效度或共变效度。

同一概念可能有多种测量方法,假如其中一种成为准则或效标(即衡量测验有效性的参照标准),就可以将另外的测量方法与之比较,所得测量指标与校标之间的关联程度就是准则效度。也就是说,当某种测量法 A 具有内容效度时,测量结果作为校标时,另一种测量法 B 的准则效度就由测量法 A 决定:如果测试某样本,显示测量法 B 与测量法 A 高度相关,就表明 B 的准则效度高。如驾驶笔试成绩与考生实际驾车技术之间的关系是汽车驾驶能力的效度。

(4) 构造效度(construct-related validity),又称结构效度,是指测验能够测量到理论上的构想或特质的程度,即测验的结果是否能证实或解释某一理论的假设、术语或构想,解释的程度如何。

构造效度应用于多重指标的测量情况,包含聚合效度与区别效度两种类型。聚合效度是指同一概念体系构建的多重指标体系之间彼此间有关联时,就存在聚合效度;区别效度是指与同一概念体系相反的概念体系构建的多重指标体系,指标体系之间存在着区别时,就存在区别效度。例如"结婚意愿"与"单身意愿"之间的测量指标体系应是不同的。

3. 信度和效度的统一

在社会调查中,离开信度和效度就无法判断测量指标的可信性与有效程度。信度主要反映指标体系的稳定性和可靠性,效度反映测量的准确性,信度和效度反映着测量指标体系的两个层面问题。例如,在现实生活中,我们称某个射击运动员是"神枪手",他应具备两个方面的条件:一是他打靶环数多;二是他经常靶环数多。"打靶环数多"可被理解为"效度",而"他经常靶环数多"就可理解为"信度"。

影响测量信度和效度的因素有研究者、测量指标体系、受访者、环境因素,以及其他偶然因素。总之,信度是效度的基础,是效度的必然条件而非充分条件;效度则是信度的目的和归宿,没有效度的信度就失去了其本来的意义。

二、问卷设计

经过操作化发展出来的指标体系,在现实研究过程中往往会转化为问卷。问卷是研究者精心设计的一套问题和答案选项的集合,问卷集中反映了前期研究设计与操作化的劳动成果。研究设计中的研究假设会转换成问题,进入问卷中。操作化发展出来的指标体系也会转换成问题,进入问卷中。问卷设计也不是将这些问题机械地堆砌到一起,而是经过系统的、有规则的排列组合而成。

(一)问卷设计的准备工作

问卷设计应该遵循一定的程序,这样才能最大限度地保证问卷的科学性。问卷设计的步骤为:

第一,根据调查课题,细化概念并确定测量指标体系。在编制问卷之前,要明确调查的目的是什么、受访者是谁、要收集哪些信息调查,等等,这实际上是一个计划过程。明确调查主题和调查内容,为问卷的设计奠定基础,这是调查问卷的设计最重要的一步,但通常也是最容易被忽略的步骤。之后,就要将概念转换为可衡量的指标,并确定相关测量的概念。如"北京市城市市政服务满意度调查"这个研究主题,首先需要有一个明确的目的和调查内容,应明确为什么需要调查、调查什么、应该收集哪些信息,等等。

第二,列出需要收集的信息,明确哪些信息可以通过问卷获得。并非所有的数据可以从问卷调查获得,所以在调查问卷的设计中,首先要列出需要收集的信息,清楚可以通过问卷调查来收集哪些信息,通过什么方式来收集,这有助于提高调查的效率。一般来说,一些真实简单的信息可以直接通过问卷调查获取,而一些较难获取的信息如受访者的心理情况等可以通过其他的数据收集方式如访谈法获得。

第三,明确调查的限制条件。明确研究是使用什么方式,需要多少人力、财力,调查中会碰到什么困难,等等,这有利于合理安排调度人员,提高信息采集的效率。另外在做农村调查中,需要注意调查的影响因素包括村落的传统文化、社会制度、宗教信仰、气候、风俗习惯,等等,所有这些在进行调查之前要做到心中有数。

(二)问卷的类型

根据不同的研究目的,问卷又分为开放式问卷、封闭式问卷和混合式问卷三种类型。

开放式问卷是指调查问卷由一系列的问题构成,但不会给出答案供受访者选择。开放式问卷通常包含"为什么""如何""什么情况"的问题。开放式问卷的优点是:(1)可以用来回答各种类型的问题,尤其是对于那些答案很复杂,或者尚未找出所有可能的答案的问题;(2)有利于参与者发挥主动性,进行自我表达,完全自由地表达他们的意见;(3)帮助研究人员获得正确的答案,甚至获得意想不到的发现。开放式问卷的缺点是:(1)数据的标准化程度低,难以量化分析;(2)只适用于那些有较高的文化素质和有书面表达能力的人;(3)拒访率较高。

封闭式问卷是指调查问卷由一系列的封闭式问题构成的问卷,问题的答案由研究者提前设定好,受访者只能在已给定的答案选项中选择。

为了规避开放式问卷和封闭式问卷各自的缺点,发挥各自优势,使用封闭式问题和开放式问题混合的问卷更好。一般来说,开放式问题应该放在最后,不要太多。设计封闭式问题之前,最好使用开放式问题来做试调查,以了解封闭式问题的答案并进行归类。

(三)问卷的结构

调查问卷的基本结构一般由标题、封面信、主体、编码、结束语等部分组成,各自的作用分别如下。

1. 问卷的标题

问卷的标题对应着研究主题,应突出反映调查的主题和研究对象。问卷标题应简洁,直接切中主题,注意激发受访者的兴趣,如"大学生责任意识调查""农民工春运情况调查",等等。而不是统而化之地使用"调查问卷"的标题,很容易导致被调查者由于不必要的怀疑而导致拒绝回答,降低受访率。

2. 问卷说明

在问卷的开头一般会对调查目的、调查项目的意义和相关问题进行解释与说明,主要作用是引起受访者的注意和兴趣,让受访者能积极支持和合作。具体内容包括:调查者的自我介绍,调查的目的与意义;匿名性说明与感谢。语气和写作应简明、准确、谦虚、诚实、平易近人。封面信尾端应说明研究单位。

3. 主体

问卷主体是问卷的核心部分,主要内容包括各种不同类型的问题和答案及其说明。

问卷主体应反映研究的主题和操作化发展出来的指标体系。题目与答案的构成,由研究需要来设定。题目可以设计成填空题、单项选择题、多项选择题以及开放式问题等。题目与答案的排列形式也可以根据研究需要来进行选择。国外学者艾尔·巴比在《社会研究基础》一书中,重点强调了矩阵式排列问题。例如:您参加养老保险后,子女与老人的赡养互动状况为:

	增加	减少	不变
物质支持	_____	_____	_____
生活照顾	_____	_____	_____
精神慰藉	_____	_____	_____

矩阵式问题的优势在于可以将多个问题压缩到一个问题中,同时对调查问卷的质控也有着重要的价值。通过矩阵式问题,如果受访者在矩阵式问题都勾选同一选项,就应该怀疑受访者是否反映了真实情况。

4. 编码

编码是将调查问卷中的每一个问题及其备选答案给予统一设计的代码,以便分类整理,特别是方便计算机处理。在大规模的问卷调查中,调查数据的统计工作非常复杂,通过编码技术,电脑可以极大地简化工作。编码既可以在问卷设计的同时就设计好,这被称为预编码;也可以在调查工作完成以后再进行,这被称为后编码。

5. 结束语

结束语也称致谢语,一般放在问卷的末端,一般研究者对调查合作方表示感谢,也可以咨询问卷设计和调查的受访者本身的看法和感受。

(四)问卷设计的原则

问卷的本质是一套测量体系,而测量的任务是为了满足研究需要,其基本设计原则为:

1. 问卷必须适合研究目的和假设

问卷设计任务或为描述对象,或做解释现象,或者是预测未来发展趋势。在设计问卷前应该明确问卷设计的目的。问卷设计一方面必须保证研究者收集资料的有效性,即问卷必须能收集到必要的信息以满足研究主题,另一方面问卷也是经过研究假设与操作化发展的一套问题与答案的集合,因此问卷必须与研究假设一致。

2. 问卷必须适合于研究对象

问卷中设计的问题的数量、措辞的选择和回答格式应该适合受访者的年龄、智力、社会、经济、文化背景和阅读水平,也应该适合受访者的心理情况,能够激发他们的回答兴趣,提高他们的参与热情。要设计一份相对完善的问卷,需要把握几个原则:

一是方便性原则。从研究者的角度来看,设计调查问卷主要是希望通过问卷对变量进行统计分析,来验证他们的假设。所以研究人员希望问卷的每一个问题密切联系研究假说。然而,受访者考虑问题并非如此。他们认为为什么会找他,而不是找别人做问卷调查,由此产生警觉,不愿意合作;他们可能会很忙,或者觉得这是一个对自己毫无意义的事情,不愿意浪费时间;如果问卷的语言过于专业化,问题和选项很难理解,会使受访者感到困难和恐惧而产生拒访情绪,或者填写时敷衍了事。这些因素都会影响到调查的质量。

二是趣味性原则。这一原则并不是针对所有的问卷,但是考虑到社会调查的普及,公众拒绝心理明显,研究者可以在一定程度上提高问卷的吸引力。

3. 问卷必须具有科学性与严谨性

问卷的本质是测量,测量是由一套法则构成的。法则的存在就要求问卷必须符合科学性与严谨性原则。

一是科学性原则。从方法论的角度,实证主义方法论是调查研究的基础。因此,在问卷设计的过程中应保证价值无偏或者价值中立,即不能通过设计问卷来迎合假设检验,取向问题的问卷调查不符合科学原理。偏见问题则是以显性的或是隐性的形式,使受访者迎合调查者,不能反映真实情况。

二是严谨性原则。问卷设计是一个非常严谨的工作,任何环节都不能粗心。提出研究假说后,要进行探索性研究,注意观察研究对象的特征、行为和态度,这个环节经常被许多研究人员忽略,从而导致设计缺乏针对性。设计的问卷应严格体现前面提出的指标体系。另外,应考虑调查设计问卷的数据收集方式,包括自填式问卷和结构性访谈两种。前者包括个人发送方法、集中定位方法和邮件定向方法,后者包括面对面访谈和电话采访。

(五)问题设计的原则

不同的问卷类型与调查方式对问卷中问题的内容与形式有不同的要求,但总体而言,均应遵循以下设计程序。

1. 确定问题的形式

主要有三种类型问题的表现形式:开放式问题、封闭式问题和这两种形式的组合。开放式问题不提供答案的选择,受访者根据自己的理解回答问题;在封闭式问题中受访者只能选择备选答案,不能自由发挥。

确定问题的形式,首先,要知道不同问题形式的优点和缺点,根据研究需要确定问题的问答形式;其次,必须根据受访者的特点来确定问题的形式,这样可以更好地收集数据信息;再次,所提出的问题形式要充分考虑问题的内容,根据内容决定形式;最后,通过研究目的来确定问题:描述性与解释性的研究目的,更多需要封闭式问题,有利于数据录入和统计分析;而探索式研究目的,则应更多使用开放式问题。

2. 编写问题采用六要素明确法

在问卷设计中编写问题时应该清楚什么人、什么时间、什么地点、做什么、为什么、怎么做六个要素。问题设计很容易产生歧义,比如"你用哪个牌子的沐浴露?"似乎有一个明确的主题,但可能有四个不同的受访者理解和回答:(1)最喜欢使用;(2)最常用的(不一定是最爱);(3)最近使用;(4)第一个想到的。此外,使用时间不清楚,可能是上次,上周,一个月,甚至更长。

3. 答案设计的原则

一致性原则,即答案设计必须直接与问题相关。例如,如果问"领导干部应该有什么能力?"列出的答案应该是:研究工作能力、科学决策能力、使用干部的能力、协调服务能力,等等。问题与答案应在逻辑上一致。

完备性原则,即答案的设计应该列尽所有可能出现的答案。例如,问"你的文化程度",如果答案是只有小学、中学和大学本科,显然违反完备性原则,还应该有"研究生"。在问卷设计中,由于研究者自身的知识局限性和前期观察的局限性,有些答案在大规模调查前是难以预见的。因此在问卷设计过程中,研究者通常在备选答案之外,另外加上"其他,请注明"的选项,以保证答案的完备性。

互斥性原则,即设计的答案必须是相互排斥的。例如,问"你的专业和技术职称",如果设计的答案是初级、中级、副高、高级,就不符合互斥性原则了,因为"副高"与"高级"不是互斥的,而是兼容的,因为高级就包含了副高和正高。

可知性原则,即设计的答案应是受访者能回答,也愿意回答的内容。如果问题是"2014年您家的恩格尔系数是_____""去年您消费的金额是_____元"等这样的问题,受访者往往难以回答或者回忆,这样就违背了答案的可知性原则。

4. 确定问题的表述

问题表述直接影响受访者的理解,将影响获取回收信息的质量。因此,当确定问题陈述时,必须考虑受访者的文化水平、职业、年龄和其他特征。

问题表达的要求是:(1)表达必须准确、清晰,避免模糊,避免一词多义和歧义;(2)问题陈述要容易理解,减少不要的专业术语;(3)问题陈述应避免使用假设,假设式的问题往往会诱导受访者填写,不能反映真实状态;(4)注意避免问题陈述与传统风俗习惯发生冲突,等等。

5. 确定问题的顺序

考虑到受访者接受的习惯和心理定式,问题的排列顺序也有一定的规则:(1)根据提问定式,问题一般先问行为,包括行为发生的地点、状态与频率,再问态度与意见;(2)从熟悉到陌生,从简单到困难,从浅到深,层层深入;(3)复杂、敏感,容易引起受访者反感的问题应放在最后;(4)问卷的结构清晰,问题宜采用模块化设计,避免出现题目跳跃,或者话题突然转移。

6. 问题的试调、测试修改与定稿

(1)多次检查,确认无误。主要从问题陈述、排序、选择、结构完整和其他的细节进行检查,同时也应检查错误的字符、语病等。初步检查后,可以进行试调查;(2)经过试调查,进一步发现问卷调查中存在的问题,修改问卷中存在的表述与语言等问题;(3)定稿,根据试调查,修改问卷,提升问卷的效度和信度,最后定稿。

(六)问卷设计中的技巧

1. 试调在问卷设计过程中的作用

设计调查问卷,自然要考虑研究者的需要。然而如果只从研究者的角度考虑,没有考虑受访者的状况,那么问卷设计往往就会出现一些不合理的地方。问卷调查可以简单地表示为:研究者—问卷—受访者的过程,其中"研究者—问卷"这个环节是指研究人员根据研究的目的和意图设计调查问卷。如果仅从这个方面考虑,调查问卷设计还不全面,还要从"问卷—受访者"这个角度来设计问卷,要考虑到受访者对问卷的态度、回答的难度,等等,因此,如果可能的话,可以要求若干受访者参与到问卷制定工作中来。

2. 研究者应知晓问卷调查中的两种障碍

分别是:(1)主观障碍,即问卷受访者在心理和态度上的各种不良反应,往往会形成一个问卷调查的重要屏障。例如,当受访者需要花太多的时间去思考、记忆、计算,那么受访者很容易产生厌烦的心理;当问卷调查的内容涉及个人隐私和一些敏感性的问题,受访者很容易产生匿名性的担忧,会出现废卷和拒访的可能;(2)客观障碍。问卷调查需要一系列的资源和条件才能保证调查的顺利进行。调查过程中的周期保证、经费支持以及调查对象的可及性等问题,都将直接影响到调查的质量。研究者在设计问卷之前,应通盘考虑到调查过程中的可能遇到的各种障碍,并做好解决预案。

3. 避免问题设计的常见错误

在问卷设计过程中,初学者在问题设计环节,往往会出现一些错误,这些错误将影响到问卷的质量。常见的错误为:

问题的语言过于专业化和学术化。不管是问题的设计还是答案的设计,应尽量使用简单明了、通俗易懂的语言,不要使用一些复杂、抽象和模糊的概念和专业术语。例如"您的家庭结构属于以下哪种:A. 扩大化家庭;B. 主干家庭;C. 核心家庭;D. 空巢家庭;E. 其他",这样的问题与答案设计将使受访者很难回答。

问题与答案的表述过于冗长。问题陈述的越长,就越容易产生不必要的问题,调查人员就越有可能与受访者理解不一致;问题越短,产生这种模糊的可能性越小。

问题包含双重或多重含义。双重或多重含义是指在一个问题中同时要求两个或更多的对象。例如,"你的父母退休了吗?"是一种双重含义的问题,实际上这个问题包含了"你的父亲退休了吗?"和"你的母亲退休吗?"两件事。

问题具有倾向性。例如,"众所周知,抽烟有害健康,您赞同这个观点么?"这个问题很难得出受访者的真实想法,因为这个题目已经带有明显的倾向性。利用大众知识去测试个人的态度是不合适的,因为按照社会心理学的一般原理,社会人都具有从众心态。

问题采用否定形式提问。在日常生活中,人们习惯于直接提问,不习惯否定形式的问题。否定式的问题,会让受访者产生认知焦虑,从而填错或者弃答。

直接问敏感问题。敏感性问题是社会调查问卷不可避免的问题,包括收入、健康状况以及个人隐私等,这些问题容易让受访者产生心理自卫本能。因此,如果直接问敏感性问题,将得不出受访者的真实想法。这些问题设计应采用间接调查或者委婉语言的形式。

4. 敏感问题的处理办法

敏感性问题在各类社会调查中都广泛地存在,有时候是不能规避的。针对敏感性问题,建议采用:

淡化陈述方法。尽量少用个人隐私词汇,采用公众可接受的词汇。如对避孕套的使用行为调查,可以问:"你是否有进行安全性行为,例如安全套?"另外对个人收入状况中的受贿情况调查,可以问"你的收入中是否存在灰色收入?"

分段答复法。调查分为两个阶段,设计两个问卷。第一阶段调查一般问题,第二阶段将问卷中的敏感性问题调查通过邮件的形式开展调查,由受访者回答匿名邮件。一般来说,用邮件回复的方式收集个人隐私的信息,比直接访问的成功率更高。

扩大回复范围法。在对数量问题的调查中,受访者往往担心会有负面影响。在设计问题中,可以扩大数据的范围。例如,您的个人所得税是____?答案:A. 1万元以下,B. 1万~2万元(含1万元),C. 2万~5万元(含2万元),D. 5万~10万元(含5万元),E. 10万~20万元(含10万元),F. 20万元及以上。这样就不会透露出受访者的准确收入额度。

利用卡片法。敏感问题的答案分为两类"是"和"否",然后做成"是"和"否"的卡片。在回答敏感性问题时,调查人员回避,由被调查者选择一个答案卡放进投票箱。

第四节 调查报告的撰写

调查报告是社会研究成果的集中体现。在完成了资料的收集分析处理之后,研究者以调查报告的形式将研究结果呈现出来,以供实际部门使用,同行交流或社会传播。

一、调查报告的类型

调查报告是一种将调研方法、过程以及成果通过文字、图表等方式反映出来的书面报告。这是以报告的形式告诉读者研究者所研究的问题、采取的方案、所获得的成果以及对所研究问题的认识或解决问题的建议、措施等。

研究报告根据其不同的性质、不同的读者人群分为不同的种类。

(一)描述性报告与解释性报告

根据调查报告在性质和主要功能上的不同,可以分为描述性报告和解释性报告两大类。

描述性报告主要是对研究现象进行全面、系统的描述。读者通过阅读调查报告中对调研资料和研究结果的详细描述,全面清晰地掌握某一社会现象的基本情况、发展脉络和自身特点。

解释性报告是用得到的研究资料来解释和说明某种现象产生的原因,或说明不同现象之间的关系。在这类报告中也要有一定的现象描述成分,这些描述虽不及描述性报告那样全面详细,却也是必不可少的,因为对现象的基本描述是解释和说明现象的原因及现象之间的相互关系的基础和前提,是为了后面的解释和说明做的铺垫性工作。

描述性报告与解释性报告之间并没有十分严格的界限。研究者在撰写调查报告时一般难以把两种报告截然分开,往往是既有描述又有解释,只是各自的侧重点不同而已。

(二)学术性报告与应用性报告

调查报告根据读者人群的不同可以分为学术性报告和应用性报告。

学术性报告主要用作在专业杂志或学术会议上发表。学术性报告比较严谨、专业性较强,以研究的方法作为主要描述的方面。

应用性报告则主要提供给政府机关或商业机构,为它们制定战略规划提供决策依据,或为解决实际问题提供解决方案。应用性报告要求能够直观地将调研结果反映出来,并且看重针对结果所提出的建议和解决措施。

(三)专题性调查报告与综合性调查报告

调查报告还可以根据其主题的范围不同分为专题性调查报告和综合性调查报告。

专题性调查报告是反映某一专门性问题,或者是着重反映调查对象的某一方面的情况。专题性调查报告的篇幅相对较短,但是针对性强,以解释现象为主,并提出解决问题的建议。

综合性调查报告反映某一问题的众多方面或者是多个有联系的问题。这种类型的报告篇幅较长,涵盖内容全面,系统性较强,读者可以从报告中看到事物相对完整的"鸟瞰图"。

二、调查报告的一般结构

不论是何种形式的调查报告,都要有规范的格式。尽管在用于不同的目的或者不同的场合上面有细微的差别,但总体上调查报告的逻辑都是遵循着从问题的提出为开始,到研究的结果和意义为结束的规律。调查报告的结构一般分为标题、摘要和关键词、文献回顾、研究设计、结果分析、结论和参考文献等几个部分。

标题。标题是一篇报告最突出的部分,它能反映出调查的内容,以吸引读者。因此调查报告的标题应该生动准确,体现调查目的。

摘要和关键词。摘要是一篇调查报告的开篇,是对整篇调查报告的一份简单说明,让读者首先了解到你的调研目的、研究方法以及取得的主要成果和一些其他信息。关键词是调查报告中最重要的几个名词术语,一般选取3~5个。

导言。导言是研究问题的一个引子,它一般包括研究问题的背景、研究意义以及问题界定等方面。

文献回顾。文献回顾是对该领域已经取得的研究成果进行分析和归纳,并进行适当的评价,以明确已有研究成果的基本情况,包括成效、不足、值得借鉴之处,等等。这一部分应该包含着准确简明的文献材料,对与自己所研究问题切实相关的研究做出分析评论。

研究设计。这一部分是调查报告的重要组成部分,但是在不同类型的报告中这一部分的写法有所不同。在应用性报告中,读者更看重的是结果以及提出的建议。而在学术性报告中读者更多关注该项研究的价值和科学性,如调查是如何进行的,研究方法是什么,如何得出结论,结论的一般性如何,概念是否明确,推理是否符合逻辑逻辑,是否有理论上的创新或突破等方面。

研究结果与分析。研究结果是对调查研究的发现的阐述。这一部分是调查报告的主体部分。在撰写过程中应该条理清晰、系统性强,避免将大量的文字事实或图表简单堆积在一起。

结论。结论是整篇调查报告的整合与收尾,将研究结果归纳为几条结论,便于读者很快把握研究的核心内容。

参考文献。即调查报告中所涉及的书籍和文章目录。

附录。即研究过程中所用的问卷、量表及计算公式的推导、数据计算方法等。

三、撰写调查报告各个部分的技巧

(一)标题

一般来说,调查报告的标题分为陈述式、结论式、问题式和双标题式等几种。

陈述式标题是在标题中直接点明研究对象、调查问题,例如《沁阳市草地资源调查报告》《北京市社会办养老院入住老人生活状况及满意度调查分析》。这种标题可以直观地反映出调查内容,方便读者选择阅读。

结论式标题是用一些结论性的语言、格言等作为标题,例如《解铃还须系铃人》,能够在标题中表现作者的观点;或者是以一种判断的方式针对某种社会认识的误区或不足给予准确有力的表达,例如《要更加重视转变社会发展方式》。

问题式标题则是采用的提出问题的方式,例如《他们为什么选择离婚》,这类题目对读者的吸引程度较高。

双标题式标题是把主标题和副标题放在同一个标题中,例如《走进边疆地区——民族调查其乐无穷》《预期退休年龄的影响因素分析——基于 CHARLS 数据的实证研究》,副标题说明主标题。

(二)摘要和关键词

摘要是对研究内容的一个概括性描述,一般在 200~300 字左右。摘要中的话语要简练、准确,将研究的主要内容、研究方法、主要结论,研究成果的应用价值等方面涵盖在内。

关键词要选取文章的核心内容,数量一般为3~5个。

(三) 导言

导言也称引言或绪论,在此部分要说明研究的问题是什么、研究的背景、研究目的、研究的意义,等等。

(四) 文献回顾

文献回顾是在所研究问题的大量相关文献做深入研读的基础上,对这些研究结果进行系统的归纳和总结,并对这些成果进行评价的工作过程。文献回顾的作用是帮助读者了解这一领域中已有的研究成果,方便审阅评价自己的研究。

在这一部分里研究者对查阅选取的文献既要简要说明其结果分析与结论,又要对此联系自己的调查研究进行评论。对于无关的内容要尽可能地忽略。在进行研究之前,研究者通过文献回顾应该对这一研究领域的成果有了相当的了解,在撰写研究报告时我们要考虑的是怎样在有限的篇幅内简洁明了地阐述文献内容并进行合理的评析。

如果文献回顾篇幅较短或者在整篇调查报告中不作为重点时,就可以将其放在导言部分。文献回顾是帮助读者了解这一领域中已有的研究成果,方便别人审阅评价自己的研究。

(五) 研究设计

研究设计的描述是一篇调查报告中的重要内容,这是学术性调查报告的一个显著特征。对于学术性调查报告来说,读者不只是要看研究得出的结论,也要看是如何完成调查研究的。读者将着重从这一部分来了解研究是按照怎样的方式进行的。通常来说,一份调查报告的研究设计部分包括研究对象的概念界定、研究假设、数据来源与样本特征、模型建立与变量说明等几个方面。

1. 研究概念的界定

对研究概念加以界定,可以让读者对你的研究观点有一个清晰的认识。

下面是一篇家庭养老满意度调查报告对"家庭养老"的概念确定:

> 尽管学术界对家庭养老的边界还存在诸多争议,结合国内外的调查结论,家庭养老的边界主要还是在代际之间。Shi(1993)指出,中国成年子女提供的代际支持几乎构成了老年群体社会支持的全部内容;另外一些学者(例如 Xu and Yuan,1997;郭志刚,1998;陈功,2003)通过调查得出,农村老年群体基本依靠子女提供的经济帮助以应付日常开支。基于此,本文认为,家庭养老区别于社会养老,是指家庭代际间子代对父代提供代际支持的行为与活动。由此,老年群体家庭养老满意度是指父代对子代所提供代际支持的满意程度。[1]

---

[1] 胡仕勇:《农村老年群体家庭养老满意度的影响因素分析》,载《中国农村经济》,2012(12)。

2. 研究假设的确定

在进行调查研究的时候，研究者根据之前的文献回顾对所研究的问题已经有了较为清晰的认识，在此基础上研究者应该提出研究的假设，并通过对一些因素的测量来验证所提出的假设。

3. 数据来源与样本特征的介绍

由于在实际研究中受各种客观条件的限制，数据收集的方式在实际操作中的应用各有不同，因此，在研究设计中要说明是采用了自填问卷法，还是结构访问法，或者是其他的调查方式，调查是如何进行的。对于调查研究来说，抽样、测量、资料收集是其研究设计的关键内容。因此在这一部分研究者应当详细介绍数据的来源，对数据所用的工具、搜集过程进行说明，并将问卷附在调查报告的后面。

4. 模型的建立与变量的说明

当解释完如何收集数据之后，接下来应该对在研究中如何分析数据进行说明。对于调查研究来说，其数据处理方式以定量的统计分析为主。在社会科学中，模型构建是研究者进行调查研究的重要工具，也是研究者论证假设的途径，所以研究者要根据研究问题、研究假设构建模型，对其中的变量进行解释，归纳出模型的结论，以帮助读者理解。

（六）研究结果与分析

调查报告中的结果是对调查研究所得来的数据进行分析处理后所得到的成果，是整篇报告中最重要的部分。在这一部分，数据分析与结果的解释两者密不可分。如果调查报告的内容偏少时，可以将结果与结论合在一起；如果研究内容较为复杂，在最后进行结论讨论的时候，需要在结果部分表达不同侧面的结果作为铺垫，要将结果与讨论部分分开撰写。

在结果的撰写上，我们一般遵循"总—分"式的原则，即先给出总体的、一般性的表述，然后延伸出个别的、具体细节的表述。研究者可以将得出的答案放在前面，在后面呈现经过数据分析后得出的结论。

在分析的时候，要将数据应用到设计的模型上去，整理出可以验证假设、得出结果的图表，从中进行调查结果的分析。在这一部分研究者还需要注意的问题是要处理好图表、文字资料和数据的关系。结果的表述并不是说图表越多就越科学越有力，或者把一些并不重要的数据统统罗列上去。这样只会使读者难以理解，降低调查报告的说服力，因此要学习如何获取、选择高质量的数据与图表。

（七）结论与讨论

当研究者阐述完了研究结果之后，接下来要将所得到的结果与之前所假设的内容进行联系，做到首尾呼应。讨论部分要告诉读者在研究中发现了什么，并回答研究假设是否得到证实。这一部分不要简单地重复之前结果部分所得出的结论，要说明从研究结果中得到了什么样的推论,这些推论中哪些与研究的数据资料结合紧密,哪些与抽象的理论更加切合,研究结果的理论意义和实践意义是什么。

研究者还应该在这部分说明本项研究结束后仍未解决的问题或者会出现的新问题,并对如何解决这些问题提出一些自己的看法。在学术性报告中结论与讨论的部分不宜写得太长,在调查报告中研究结果才是主要的,过长的讨论会使调查报告的结构显得十分失调,也可能会混淆读者对研究结果的认识。

(八)参考文献

在研究报告的结尾处,应该列出在研究过程中所阅读、引用、评论的文献目录,这些文献是研究的依据,也为其他研究者提供了查阅文献的参考。参考文献的写法有多种书写格式,各种期刊的参考文献格式也不尽相同,常用的基本格式在本书第十五章详细介绍。

(九)附录

附录包含的是一些与调查报告有关,内容相对独立的材料,可以是调查问卷、研究用的量表、特殊指标的介绍、数学公式、计算机软件等。将它们放在正文后面供读者查阅,以避免正文中某些部分篇幅过长,影响读者对研究重点的把握。

调查报告在撰写时要尽量使用简洁实用的语言,客观地陈述事实,尽量不使用第一人称。可以使用"笔者认为……"或者"结果表明……"。

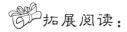
拓展阅读:

美国人怎样搞民意调查

在美国的报纸和电视上,每隔一段时间,就会公布一个民意调查,告诉大家一般美国人,对公众关注或有争议的政治、社会问题的看法。遇到选举年,对包括总统候选人在内的各种政治人物的支持率民意调查,更是影响选举结果的重要因素。可以说,美国上至总统,下至普通老百姓,对民意调查都很关心。那么,这些民意调查是怎么做出来的?记者采访了美国乃至全球最著名的调查公司盖洛普公司。盖洛普公司总部在新泽西州的普林斯顿市,离普林斯顿大学不远。

说起美国的民意调查,盖洛普公司的总编辑弗兰克·纽波特先生介绍了它的历史。美国最早的民意调查大约出现在公元1800年。当时主要是预测谁能当选总统,但这种民意测验只是偶尔为之,并没有扩展到其他领域,所以谈不上什么正式民意调查机构。

后来,随着经济和社会的发展需要,出现了商品市场调查和政治与社会民意调查,包括对一些公共道德问题的调查。随后就出现了专门的调查机构,盖洛普公司就这样在1935年应运而生。公司的创办人乔治·盖洛普原是一家广告公司的副总裁,负责市场调查。但他也是个心理学家,他利用心理学的方法,设计出了能准确反映被调查人真实想法的一系列调查问题和调查方法。

使盖洛普一举成名的是1936年总统大选,当时许多民意调查都不看好罗斯福总统连任,只有盖洛普预测,罗斯福能够连任。结果证明,一些当时著名的民意调查都预测错了,而盖洛普是准确的。从此,盖洛普名声大振,这件事奠定了盖洛普公司在美国民意调查领域的地位。

从调查的机构上来说,美国的民意调查可分为3种:

第一种是政府部门的民意调查。这种调查只有一个目的就是为了改进政府部门的工作,一般只了解两方面的内容:一是公众对政府部门颁布的有关政策的意见,一是对有关部门工作的满意度。对涉及政治的敏感问题或与大选有关的民意调查是不做的。

第二种是新闻媒体做的民意调查。这类调查集中在政治和社会方面,主要是为新闻报道服务。媒体做的民意调查常常有很强的新闻性和舆论导向性,对美国政府的决策有很大的影响。

第三种是专门调查机构做的民意调查。这类调查可能是有关政治和社会方面的,也可能是市场商业方面的。

它们除了自己设计民意调查项目外,还为特定客户做指定的民意调查。盖洛普就是这样的专业调查机构。

盖洛普因民意调查而出名,但该公司的业务90%是商业市场类的调查,而且这也是它的主要收入来源。

目前,美国全国性的民意调查机构只有不到10家,至于地方性的民意调查机构就不胜枚举了。经过70多年的发展,盖洛普公司现在已经是一个拥有3000多名员工的大型调查机构了,在美国有12个地区办公室,它的40个分支机构分布在全球20多个国家。可以说,盖洛普公司是美国调查机构的"老大"。

盖洛普的政治和社会民意调查频率是根据形势的发展而决定的。平时每星期做一次;遇到有重大问题,如伊拉克战争时,就每隔一天做一次;到总统大选的最后阶段,更是每天都做一次。也有一些是要按时做的"传统保留节目",如每年7月要做一次关于社会问题的民意调查,其中包括对同性恋看法的调查;8月要做一次关于教育方面的民意调查,这是为了配合新学年的开始。

盖洛普的这些调查大部分都是与CNN和《今日美国报》联合来做的,因为民意调查的结果在新闻媒体中使用得最多,而且媒体也是发布民意调查的最好载体。目前,媒体联合搞调查也很流行,如NBC电视台与《华尔街日报》、ABC电视台与《华盛顿邮报》和《纽约时报》等。但在民意调查方面,做得最多的还是盖洛普。

对于一个具体的调查来说,调查的问题设计就是最关键的了。盖洛普公司总部有几十位专家专门负责调查的问题设计。这些人里有心理学家、社会学家及其他方面的专家。他们的任务是保证所提问题公正客观,避免问题本身带有误导性,同时要使所问问题不游离民意调查的核心议题。另外,挑选调查对象也很关键。一般来说,一次民意调查要在全国挑选 2000 个对象,但得到的有效样本仅为 1000 个左右。

要保证这 1000 个有效样本的代表性、均衡性,这其中有很大的学问。一般说来,民意调查都有 3% 的误差,但因为盖洛普公司优秀的专家们设计了更合理的问题,选择了更具代表性的调查对象,因此,与其他民意调查机构相比,盖洛普公司总能更好地减少误差。

确定了民意调查的问题单子和调查对象后,盖洛普就将它们交给公司在全国的 700 多个专门的调查员开展调查。

电话采访是经常采用的民意调查手段。由于民意调查在美国已有很长的历史,美国公众对它已非常熟悉,因此一般不拒绝回答调查问题。另外,电话调查不需要向被调查对象支付什么报酬,对调查公司来说也是好事。

值得一提的是,虽然电脑网络在美国已相当普及,但盖洛普至今仍坚持用电话进行民意调查。这是因为,尽管电脑在美国已经相当普及,但还是有 40% 的美国人没有电脑,而有电话的人已经达到 97%。另外,使用电脑的群体主要是青少年,许多 60 岁以上的人和来自不发达国家的新移民只习惯于打电话,根本不用电脑。这样用电脑进行民意调查就不能实现随机抽样的公正性和均衡性。

目前,盖洛普公司董事长阿列克·盖洛普是该公司创始人乔治·盖洛普的儿子。

(由何洪泽在《环球时报》上的相关文章改编)

第五章 文献研究法

随着网络技术的发展、大型调查数据库的增多以及应用软件智能水平的提升,文献研究法在社会科学中的应用已经成为一种越来越重要的研究方式。

第一节 文献研究法概述

一、文献研究法的含义

文献中"文"指文本记载,"献",为口头相传。"文献"一词最早出现于《论语·八佾》,南宋朱熹《四书章句集注》认为"文,典籍也;献,贤也"。所以古时的"文"指各种典籍、文章,"献"则指的是古时先贤的一些见闻、经历、言论以及他们所熟悉的各种礼仪。《虞夏书·益稷》也有相关的引证说明"文献"一词的原意是指典籍与宿贤。后世关于文献的认识,便只限于一般的文字记载,不能表达为文字记载的东西,则不能称为文献。

文献,原义是指包含各种信息的书面或文字材料。随着大众传媒和社会的发展,可定义为包含预计研究对象的任何信息表现形式,包括官方文献、个人文献、大众传媒、二次文献、原始文献,等等。常见的文献类型有:个人日记、回忆录和自传、信件、报纸期刊、官方统计资料、历史文献、图片、视频等多种形式。

文献研究法(document study),是一种通过收集和分析现存的以文字、数字、符号、画面等信息形式出现的文献资料,来认识社会现象的本质及其规律性的一种研究方式。

文献研究法是科学研究的一种常用方法,任何研究都要以前人的研究成果、原始资料为基础,而它们往往以文献的形式存在。美国著名社会学家艾尔·巴比认为,文献研究法区别于调查研究方式,是一种非介入性的研究方式。非介入性是指在不影响研究对象的情况下研究社会行为的方式。同时，文献研究法既可以是定性的，也可以是定量的方法。

文献研究法的主要工作是在卷帙浩繁的文献资料中挑选出适合于研究目的的资料，并对其进行鉴别，再对这些资料作出恰当的分析，从中归纳出某些特征，揭示事物变化规律，最终得出研究结论。所以，文献研究法本身就是一个相对完整的研究过程，它不仅仅指资料收集，而且注重对资料的分析并得出结论。

文献研究法最基本的特点是借用别人既有的成果。利用文献研究法收集到的是第二手甚至第三手资料，研究者可以从中发现新的问题、找到新的视角、提出新的观点、获得新的论据，形成新的认识。研究文献资料，一方面可以减少研究时的盲目性、少走弯路；另一方面引用前人或他人的成熟的观点，可以使自己的研究更具有说服力。因此，文献研究法是一项实效性强且较为常用的研究方法，它既可以作为调查研究方式的辅助性研究方法，也可以不依赖于其他研究方式，独立完成研究项目。

二、文献研究法的特点

文献研究法的资料来源于前人或现有的已记载的资料中的各类文献资料。文献研究法相对于其他研究方式，有如下不同特点：

（一）无反应性

观察法和实地访谈法在研究过程中可能会带来调查对象的一些反应性问题。在方法运用过程中，观察法和实地访谈法不可避免地需要与研究对象近距离接触甚至面对面交流，介入研究对象的生活情境中，同时也可能会带给研究者自身和研究对象思想与价值观、行为方式的改变，即带来研究过程中的一些反应性问题。而文献研究法则避免了介入性与反应性问题，它不需要与研究对象直接接触，不会出现因接触研究对象而产生干扰的情况。因为文献研究的研究对象即各类文献是一种稳定的既存状态，不会因为研究人员的存在而改变研究对象的状态。

（二）非介入性与多样性

不同于实地访谈法和观察法，文献研究法收集到的基本都是第二手资料甚至多手资料。一般情况下，文献较为集中的地方有图书馆、档案馆或档案室、研究中心等，而文献研究法的资料来源主要就是通过这些渠道获得。

随着越来越多的大型数据库的出现，文献研究法的资料来源也变得更加多样化。如美国的 GSS（美国综合社会调查），中国人民大学的 CGSS（中国综合社会调查），北京大学的 CHARLS（中国健康与养老追踪调查），CFPS（中国家庭追踪调查）等。这些数据库集中了大量各类文献，以电子文本方式供研究者在网上查阅，这使传统的文献研究法发生了根本的变化。

（三）兼有定量分析和定性分析

区别于其他研究方式，文献研究法既有定性分析又有定量分析。文献研究资料来源的多样性,也直接导致了研究方式的多样性。文献,是他人已有的研究成果,既包括图书、报刊、书信等文字型资料,也包括各类数据记录、统计资料等数字型资料。

在研究过程中,在对文字性资料的加工过程中可以使用编码、统计分析等手段,将定性资料转变成定量内容,从而加以定量分析。文献研究兼具定性与定量的分析特点,使得研究者在使用文献研究法过程中有很大的自主性和灵活性。

三、文献研究法的新发展

在计算机与互联网技术快速发展的现今,文献研究法已经突破了传统的文献收集和文献处理方式,人们可以通过搜索引擎如谷歌、百度、搜狐等,在网上搜索海量信息,还可以使用许多文献处理软件和大型数据库,由此极大地提高了文献收集、处理和利用的效率,给科学研究带来了一场革命。目前使用较为广泛的文献处理软件有 NVivo 和 CAQDAS 两个,它们不同于专门的数据处理软件,用于文本、表格、图像、音频等信息要素的处理,常常称之为质性分析软件。

NVivo 是一款实用性很强的质性分析(Qualitative Data Analysis)软件,它功能强大,能够有效分析各种不同的数据,如大量的图表文字、影像视频、声音和录像带数据,是进行质性研究的绝佳工具。Nvivo 由澳大利亚 QSR 公司发行,最新版本是 NVivo10 for Windows。NVivo 以其自身强大的智能应用程序使质性分析和观察上升了一个档次,它可以将已有的定性资料进行转码形成定量的信息,从而进行归纳总结。另外 NVivo 软件操作较为简单、易于上手、便于教学。因为在同类软件中,NVivo 是一种使用 Microsoft 平台设计的软件。

CAQDAS(Computer Assisted Qualitative Data Analysis Software)也是一款十分有效的定性资料分析计算机辅助软件。CAQDAS 包括两个子系统,一是 Audacity,用于多平台声音编辑;二是 Alceste,用于文本资料分析,如对文本资料(开放式问题、文学作品、杂志文章等)的自动分析,被广泛应用于社会学、心理学、调查研究、谈话分析、市场咨询、广告学、媒体分析、历史学、法学、语言学、医学、文献研究等涉及大量文本资料分析的学科,是一个非常重要的工具。

随着互联网的迅速发展,越来越多的大型数据库出现,它们成为研究者重要的数据来源,使得文献研究法越来越受到研究人员的青睐。美国的 GSS(美国综合社会调查)、中国人民大学的 CGSS(中国综合社会调查)、北京大学的 CHARLS(中国健康与养老追踪调查)、CFPS(中国家庭追踪调查)等大型数据库使得文献研究法的运用更加普遍与便捷高效。

文献研究法的应用领域十分广泛,它可以被应用于研究任何文献或有记录的事件,可以需要用到文献研究法的领域有市场和媒体研究、文化研究、社会学、政治学、社会统计学、经济学等。在社会科学研究中运用内容分析方法,充分发挥研究者文献积累的优势以及研究人员高度的文献意识和信息处理能力,一方面可以紧跟社会热点,更好地为研究课题服务,成为管理者的"思想库";另一方面可以结合文献计量学等研究方法,为科学管理与预测的研究提供必要依据。

第二节 文献研究法的类型与应用

国内外对于文献研究法的类型划分各有不同。美国学者艾尔·巴比在《社会研究方法》一书中将文献研究法的几种不同类型统一归类为非介入性研究;国内学者张彦在《社会研究方法》中将文献研究法分为内容分析法、现存统计资料分析。

据所用文献类型的不同以及研究所用的具体方法的差异,文献研究法可以划分为若干不同类型,其中社会研究中最常用到的有三种文献研究方式:内容分析、二次分析和现存统计资料分析。这三种文献研究方式的内在逻辑和基本特征在许多方面有相似性,只是针对各自的应用,侧重点有所不同。

内容分析(content analysis),主要用于对各种大众传媒信息,尤其是对报纸、杂志、广播、电视及网络中的信息进行的分析,它的适用面也最为广泛。二次分析主要是对其他研究者先前所收集的原始数据资料进行的再次分析和研究,这种方法的运用需要有一个基本的前提,那就是现实生活中应存在大量的原始数据,研究者可以找到和获得它们。现存统计资料分析主要是对政府部门或民间机构发布的统计数据进行分析。

一、内容分析法

内容分析法作为文献研究法的一种较为常见的类型,兴起于 20 世纪。它是对被记载下来的人类传播媒介的研究,通过考察人们研究的杂志、文章、书籍、日记、信件、照片、小说、广告、诗歌、法律条文等来了解人们的态度、行为和特征,用以进一步了解社会变迁。

内容分析法的产生有其特定的客观基础。现代社会迅速发展,尤其是进入移动互联网时代,信息传播工具日益增多,信息内容急剧扩大。自 20 世纪 30 年代以来,社会上各种以印刷文字为主的出版物大大增加,除此之外,各种形式的信息载体也越来越普遍,例如各种以声音、图像为主要表现形式的信息载体发展迅速。在研究领域,越来越多的研究者尤其是社会研究人员,开始使用内容分析法,对报刊、书籍、广播、电视、网络等媒介所承载的信息进行系统的分析,以发现社会现象的变化规律和发展趋势。

(一)内容分析的定义

贝尔森和拉扎斯菲尔德认为:"内容分析法是一种对传播所显示出来的内容进行客观的、系统的、定量的描述的研究技术。"[①]虽然不同学者对此定义各有不同,但这个定义被许多教科书所接受和使用,其使用范围最广,影响也最大。斯顿指出,"内容分析法是一

---

① 彼得·阿特斯兰德:《经验性社会研究方法》,北京,中央文献出版社,1995。

种考察社会现实的方法,在这种方法中,研究者通过对文献的显性内容的特征的系统分析,得到与之相关的潜在内容的特征的推论"[①]。

根据以上对内容分析法的不同定义,可以总结出内容分析法的一般性定义。即,内容分析法是一种对现有文献内容进行客观的、系统的和定量或定性的描述与分析的一种研究方法。所谓"进行客观的、系统的"描述,表明内容分析法是一种规范的方法,它要求研究者根据一定的计划和规则,按照一定的步骤来读取文献内容,并将其中的信息规范有序地表达出来。"定量或定性"则表明内容分析法具有定量或定性分析方法的基本性质。

(二)内容分析法的实施

内容分析法主要包括两个方面的工作:一是怎样对一份现有的内容资料进行分析研究并获得量化的结果;二是怎样根据研究主题的需要,设计选择系统化分析的模式,合理地把各种内容分析的量化结果加以比较,并定量地说明研究的结果。内容分析的基础性工作是对样本的每一个分析单位就分析内容加以编码以取得质性或者量化结果,所以下面将对此进行重点介绍。

内容分析的一般过程包括:(1)确定课题,即明确研究的问题和研究目的;(2)抽样,即确定总体与分析单位,并抽取样本单位;(3)类目设计,即依据量化和量化的原则,就样本单位内容资料的维度分解设计出编码单;(4)编码记录,即按照预先设计的编码单,对样本中的每一个分析单位就分析内容完成编码工作,从而把分析样本转化成分析类目的数据形式;(5)信度评判,即量化结果,关于样本两个以上的独立编码之间要有满足一定要求的一致性;(6)统计分析,即最后要用数据作出事实判断。内容分析的一般过程可用图 5-1 表示如下。

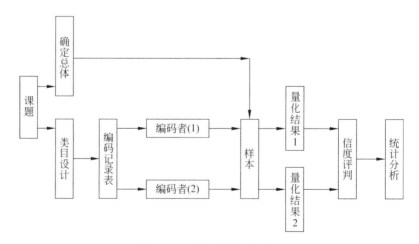

图 5-1 内容分析的一般过程

---

① 彼得·阿特斯兰德:《经验性社会研究方法》,北京,中央文献出版社,1995。

1. 确定课题

与其他研究方法的具体实施过程一样,内容分析法也是从选题开始的。所以,首先要开展的工作就是依据研究问题和研究目的,选取适合研究专题的文献资料。这些文献以各种形式存在,有些是既有的,即之前的研究者留下来的大量文献资料;有些需要征集,比如个人日记、信件、手稿等;还有些文献需要研究者长期积累。

罗斯柴尔德家族有 200 多年历史,是一个拥有 50 万亿美元、富过八代的财富家族,他们曾控制并主宰西方世界的金融业长达 100 多年,被认为是现代国际金融体系之父、用金钱征服世界的"第六帝国"。当今世界著名的金融历史学家、哈佛大学教授、牛津大学高级研究员尼尔·弗格森(Niall Ferguson)为了写作《罗斯柴尔德家族》一书,曾到英国等许多国家的博物馆、公共档案馆和罗斯柴尔德档案馆查阅了大量的历史文献,还阅读了罗斯柴尔德家族成员数百年来留下的数万封信件,并作了大量细致缜密的整理分析工作。尼尔·弗格森是罗斯柴尔德家族史研究权威,是极少数能横跨学术界、金融界和媒体的专家之一。

2. 内容分析抽样

在对某类文献进行内容分析时,首先要解决的问题就是抽取样本。在抽样之前先要确定好总体,在确定总体时,一定要注意保证总体的针对性和完整性。针对性是指要选择与研究问题有关的特定资料,完整性是指总体要包含所有有关的资料。抽样是就分析单位而言的。分析单位,或总体单位,是指在内容分析法中描述或解释研究对象时所使用的最小、最基本的单位。选择分析单位与具体的研究目的、研究总体密切相关。内容分析中的抽样通常是在电视节目、杂志、广告、报纸或其他类似文献的期号或标题中进行,部分则是在作者、书籍、章节、段落、句子、短语、词汇等层次上进行。从操作的过程来看,内容分析法完全遵循随机抽样的原则和方法,其特别之处在于,往往需要进行多阶段整群抽样才能满足其需要。内容分析法中运用得较为普遍的抽样方法主要有系统随机抽样、分层随机抽样、多段随机抽样三种。

内容分析中的抽样通常分为三个主要的阶段,它涉及三个不同性质的总体。在每一总体中所采用的抽样方式也常常是不同的。

首先是媒介的抽样。例如从所有的报纸中抽取若干种报纸,从所有杂志中抽取若干种杂志,从所有电视台中抽取若干家电视台。在进行媒介抽样时,经常采用分层抽样的方法。而常用的分层标准有:按地域分布划分,按受众的类型划分,按编辑方向划分,按重要性或规模划分,按播放时间划分五种。

其次是期号的抽样,即从期刊或报纸的所有期号中抽取若干期号,或从电视所有时段中抽取不同的时段,或是从所有栏目中抽取不同的栏目,等等。

最后是内容的抽样,即从所抽中的期号、时段或栏目中抽取所要分析的内容。

比如要从全国某一年的少年刊物中抽取某一类文章的样本,我们可以首先从该年全国所有的少年刊物名单中随机抽取10种刊物,再从刊物的12期期号中随机抽取5期,比如第2、3、7、8、11期;接着从抽中的每期刊物中随机抽取两篇文章,比如所有第3篇文章和第10篇文章;最后,由这10种刊物的2、3、7、8、11期中的所有第3篇文章和第10篇文章合在一起共100篇文章,组成一个样本。其他形式的文献也可以在时间、地点、规模、颜色、频率等各种层次上进行抽样。

内容分析法的抽样与调查研究的抽样一样,必须对样本所取自的总体进行界定。下面就是几个在内容分析中对总体进行界定的例子:(1)在1997年5月1日至8月31日这四个月中,出现在中央电视台第一套节目每晚7:30—9:30这两个小时中的所有广告节目;(2)发表在1950—1990年这40年间《中国妇女》杂志上的所有人物通讯文章;(3)1980—1990年,《社会》《幸福》《知音》《家庭》这四类杂志的所有封面。

3. 内容分析编码

内容分析的另一个关键环节是对样本中的信息进行编码,即根据特定的概念框架,对信息——无论是口头的、文字的、画面的,或是其他形式的——做分类记录。做编码工作时,要注意两个事项:一是选择编码的单位;二是要制定一份编码单。

选择编码单位,即是所选择的具体的观察单位或点算单位,要注意把它与研究中的分析单位加以区别。分析单位是研究所描述和解释的对象,它可以是内容分析中的编码单位,也可以不是。编码单是对文献资料进行观察和记录的工具,在某种程度上,它同结构式观察所用的记录单十分相似,作用相当于调查研究中所用的问卷。

一旦选定了编码单位,研究者就要对它们进行分类或赋予数值。分类的基本要求同问卷中的答案编制要求一样,要遵循两条原则:一是每一事实或材料——无论是小说的中心人物,还是书籍中的单词,报纸杂志中的文章或其他类似的东西——都必须是互斥的,即所制定的各种类别必须是互不相交的。一个被归为"男性"类的人物,就不可能又被归为"女性"类;被列为"政治"类的文章,就不能又被列入"知识"类中。另外,这些种类又必须是可以穷尽的,即要保证样本中包含的每一种情况都可以被归到其中的某一类中去。比如,假设在一项内容分析中,所有的人物都归入了"男性"类或"女性"类,但还有两个担任主要角色的动物如猫、狗等,我们将如何对其进行归类呢? 前一种情况,需要拓展原来的类别系统,增加一个"动物"类,或者增加一个"其他"类将那些不便于分类的事物放在一起。

4. 信度评判

内容分析必须经过信度评判,分析结果才会可靠有把握。内容分析的信度评判指的是对同一个样本的两个或以上独立编码(如双编码或三编码)的一致性的比较。一致性越高,内容分析的可信度越高;反之,可信度越低。信度(R)的具体计算公式如下:

$$K = \frac{n\bar{K}}{[1+(N-1)\bar{K}]} \tag{1}$$

式(1)中：n 为同一样本的编码数(如双编码 $n=2$；三编码 $n=3$)；

$\overline{K}$ 为平均对比和谐系数，是指同一样本两编码之间的平均接近程度，其中：

$$\overline{K} = \frac{2M}{(N_1 + N_2)} \quad (2)$$

式(2)中：M 为两组编码中完全相同的类目数；N_1 为编码员 1 所分析的类目数；N_2 为编码员 2 所分析的类目数。

通常，进行内容分析均是由研究者本人作为内容分析的主编码员，同时安排一个以上助理编码员独立地对样本进行再编码。

5. 统计分析

当编码记录及信度评判这两项工作完成之后，内容分析就进入了常规的统计分析阶段。文献定量研究中最常用的统计分析方法是频数计量法，常用频数或次数、百分数、频率、平均数、标志变异指标等统计指标，来解释所要说明的问题，然后以图表等形式将研究结果反映出来，最后制作出内容分析分类统计表。这些统计数值可以反映社会现象的一些基本特性。

（三）内容分析法举例

内容分析作为一种非常灵活的方法，有着较为悠久的历史。第二次世界大战期间，美国的情报部门就通过监听欧洲电台播放的流行音乐的数量和类型，并将德国电台与其他德国占领区内电台的音乐节目比较，用来推测欧洲大陆上盟军反攻的情况。

> **案例一：**
> 中国台湾著名植物学家潘富俊在他的新书《红楼梦植物图鉴》中提到，《红楼梦》的后四十回并非出自曹雪芹之手，而这个中原因竟然就在《红楼梦》中所描述的植物里！
> 潘富俊通过对《红楼梦》中提及的 200 多种植物的统计与分析，得出了他的结论。他的方法是将《红楼梦》120 回分为三个部分，每个部分 40 回，经过统计分析发现，前 40 回中平均每回出现 11.2 种植物，中间 40 回中平均每回出现 10.7 种植物，而最后 40 回中平均每回仅出现 3.8 种植物。
> 潘富俊指出，后 40 回作者的植物知识远逊于前 80 回的作者。后 40 回中只有 60% 提到茶，而且仅提到一种龙井茶；而前 80 回有超过 92% 提到茶，且有 9 种不同的茶。从这个结果来看，可以断定《红楼梦》的前 80 回和后 40 回肯定不是出自一人之手。
>
> **案例二：妇女形象分析**
> 风笑天曾经运用内容分析方法，对 1950—1990 年这 40 年中中国女性的形象及其变迁进行了分析。在这一研究中，风笑天选择新中国成立以来国内妇女界发行最早、

> 发行面最广、权威最高、就反映妇女状况来说代表性最大的《中国妇女杂志》作为分析资料的来源,选取了1952—1956年,1961—1965年,1978—1981年,1986—1989年这四个时期该刊的全部期号(总共208期),分别代表20世纪50年代、60年代、70年代和80年代,在这208期刊物中,共包含316篇人物通讯,它们所报道的325位主人公就构成分析的样本。根据研究的目的,风笑天对每一位主人公都依据七项指标进行分类和编码,这七项指标是:年龄、文化程度、政治面貌、行业、职业、劳模状况以及主要事迹。
>
> 研究结果表明,20世纪五六十年代的女性形象多为年轻的、低文化程度的普通工人、农民为代表,以党团员、劳动模范和努力生产的业绩为特征;70年代末期以年老的、较高文化程度的文教科卫人员为代表,具有努力生产、个人成就、勇于斗争等多种形象特点;而80年代则以高文化程度的中年文教科卫人员为代表,以个人专业成就和女强人式的工作业绩为主要特征。40年来总的趋势是:从五六十年代单一的劳动型模式,到70年代末的劳模型、个人成就型、勇于斗争型模式,又到80年代以个人成就型和女强人型为主的模式。女性形象在不同时期所表现出的这些特点,从不同的侧面折射出中国社会各个历史时期的风貌,反映出中国社会历史的巨大变迁。研究结果还表明,女性角色形象是时代的产物,是漫长历史过程中的一种客观反映,是新中国成立40多年来我国社会生活中的各种新事物、新观念、新思想与传统文化、传统观念等交互作用、共同影响的结果。社会历史的发展不断改变着女性的角色形象,不断赋予女性形象以新的内涵,同时女性角色形象也不断地体现和反映出我国各个时期的风貌。
>
> (摘自风笑天:《社会研究方法》,北京,中国人民大学出版社,2013。)

二、二次分析法

现有的、前人所积累的各种原始资料是文献研究法的另外一个重要的资料来源。换句话说,即研究者可以对前人留下来的原始资料进行整理分析,用一种不同的、有启发性的方式,将原来孤立分散的原始资料联系起来,并进行重新分析和解释。在实际研究工作中,一位研究者为研究某个课题而收集的资料,经常可以被另一位研究者用作另一个课题的研究中。

(一)二次分析的含义

二次分析(secondary analysis),也称作第二手分析或次级资料分析,指的是资料收集者对别人搜集的用于研究某一问题的现存资料,按照现在的研究目的重新加以整理、分析的一种资料处理方法,它要回答的研究问题与原先资料收集者想要回答的问题可能是不同的。

二次分析可以分为两种不同的类型:一是对于别人为研究某一问题而收集的资料,

重新换一个视角去分析新问题,即把同一种资料(别人的研究所收集的、已有的资料)用在对不同问题的研究中;另一种则是完全换一种新的技术和方法去分析他人的资料,然后对别人得出的研究结果进行检验,即采用不同的分析方法来处理同一种数据资料,以检验前人的研究结论的正确性。

二次分析所采用的资料都是其他研究者或研究机构通过实地调查所得到的原始数据。由于信息与网络技术在21世纪的快速发展,大型数据库在社会研究中的应用和普及,社会研究人员可以分享到世界上各种实地调查和统计所得的大量数据资料。

(二)二次分析的步骤

二次分析,一般情况下是先确定研究主题,然后根据研究主题来查阅相关资料。然而在实际情况中,往往是先发现一组很吸引人的或特别丰富的数据资料,然后再构想出一个能利用这些资料进行研究的问题,具体步骤可以分为:

1. 选择研究主题

研究者可以选择一个较大的研究主题用来作二次分析。当提出了某种研究问题或某个假设后,就需要仔细地考虑后续工作,如:如何进行操作化?哪些控制变量是比较关键的?是否需要以某种特定的方式测量因变量?一般情况下,为了保险起见,出于对研究的考虑,研究者通常会注意在研究设计中留有一定的余地,一旦发现研究的相关资料并没有具备研究所需要的各种特征时,研究者就可以稍微地改动或调整研究设计,以便更好地保证研究与可用资料相适应,这样处理可以节约一定的成本和人力。

2. 寻找合适的资料

因为二次分析用到的一般都是统计或原始调查所得到的数据资料,所以我们需要清楚地了解这些数据资料的主要来源。在西方国家,有很多专门从事调查研究的机构,它们拥有各种不同规模的数据库,因此数据资料来源比较广。而在我国,像这样的数据资料库还相对比较匮乏,从现有的情况来看,可利用且较为权威的只有中国人民大学的"中国综合社会调查"(CGSS)、北京大学的"家庭动态跟踪调查"(CFPS)等数据库。

事实上,大部分公开发表的研究都来源于大规模的调查分析,可以通过查阅过去一段时间的有关文献或期刊来获得有关大型调查的数据资料。当研究者在不经意的情况下发现一组看起来似乎十分吸引人的数据资料时,可以去仔细地阅读论文的资料部分对该资料的内容、收集方法等方面的描述。如果研究者是在一本著作中发现这组数据资料的,那么一般情况下,书中往往会有介绍收集资料的方法及过程的专门章节,另外还可以在书中正文内容后的附录中找到类似问卷、调查表等更为详细的信息。当研究者认为这组数据对研究确实有用时,可以与原始资料的收集者联系,尝试获得原始数据以了解更多细节,并从这些原始数据中选择需要的数据,开展研究和分析。

3. 对资料的再创造

在得到所需要的资料后,往往要对这些资料进行一些加工才能更好地为自己的研究目的服务。研究者需要从数据资料中寻找或者重新定义他所要研究的变量，还应该认真仔细地研究那些变量，然后根据自己的研究分析整理出一份每一个变量的频率统计，这样可以帮助研究者加深对数据资料的理解。比如说，若有很大一部分被调查者对于某一项目的问答是"不知道"，那么研究者就必须决定是否利用这一项目的资料，以及如何去利用它才能提高使用的效果。当然，研究者也可以只选择样本中的一个部分作为分析或研究的对象。

4. 分析资料

二次分析最主要同时也最繁重的工作，就是对资料进行重新分析。在这种分析中，各种统计方法和技术都适用。如果把二次分析的方法与调查研究的方法进行比较，可以更清楚地认识到这种方法的实质。

调查研究往往是研究人员根据自己的研究目的去实地收集第一手资料，也可以说他们是先"创造"出资料，然后再对这些资料进行分析和处理。在二次分析中，研究者自身不需要去进行实地调查，收集数据，"创造"第一手资料，只是根据自己选定的研究目标在别人创造的、已有的各种原始资料中去搜寻适合自己研究目标的资料并进行分析，即只是把别人已"创造"好的原始资料直接拿来为自己所用。

（三）二次分析法的优缺点

二次分析法将文献研究法的优点表现得较为明显，省钱、省时、省力。一方面，二手分析法的使用可以简化研究人员原来的那些复杂、辛苦的收集原始数据过程，使其变得简单易行，可减少甚至避免中间单调、枯燥的研究过程，例如数据的登录、输入、编码，等等，这样一来，研究人员就会有更多的时间和精力来分析所收集到的资料；另一方面，二次分析法特别适用于作趋势研究和比较研究。举个例子，可以通过不同的研究者在不同的地区分别收集的资料进行二次分析，来对比不同地区的情况；或者把不同的研究者对不同的群体进行调查所取得的资料进行二次分析，来对比不同群体的情况；还可以把其他研究者在不同时期对于同一问题所作的若干次研究的资料汇聚在一起进行二次分析，以便研究事物的发展趋势等。

二次分析法的主要缺点在于，无法保证研究人员所直接借用的资料的准确性，以及这些资料与当前待研究问题之间的契合性。这就是说，之前的研究者为他的研究目的所收集的资料，不一定正好与现在研究者的研究主旨相符；在二次分析中，研究人员所需要的资料可能在现有资料中完全无法找到。

三、现存统计资料分析

（一）现存统计资料分析的概念

在社会研究中，研究人员一般会用到各种现存的统计资料，如统计年鉴、报表、调查数据，等等。现存统计资料分析不同于二手资料分析，在二手资料分析中，研究人员获得其他人的研究资料并用作自己的研究之中,这些资料更多地只能用作参考。而现存统计资料的用途较多,因为它既可以为研究提供一些历史背景资料,又可以被视为研究本身的数据或资料的一种来源。

现存统计资料分析(analyzing existing statistics),是指利用官方或准官方的统计资料来进行研究的一种方式,它所用的资料是经过统计汇总的资料。这些统计资料,可以是官方发布的统计资料如各种统计年鉴,或民间统计资料,或其他调查(如各种民意调查、民意测验等)所得资料。

二次分析与现存统计资料分析有很多相似的地方,例如在使用资料方面,它们所用的资料都是那种既有的或别人已收集好的。不同的地方主要在于:二次分析是研究者对别人出于其他研究目的而收集的资料,再根据自己的目的进行重新加工,这些资料可以是文字资料,可以是数据资料;而现存统计资料分析所使用的则是经过加工的聚集资料,即以百分比、频数等统计形式出现的资料,以数据资料为主。在我国,价值较高的统计资料是由国家统计局编辑出版的《中国统计年鉴》,《上海统计年鉴》等地方统计年鉴,以及《中国人口统计年鉴》《中国教育统计年鉴》等其他多种行业或专业性年鉴。反映美国社会经济情况的统计资料有美国商业部出版的《美国统计摘要》。联合国编写的《人口年鉴》,每年提供国际上重要的人口数据资料,比如人口自然增长率、出生率、死亡率等。

(二)现存统计资料分析的主要步骤

选择合适的资料。一般情况下,多数研究会要求大量的聚集资料与其相适应。例如,任何关于全国范围内某一社会现象的趋势的研究,都会要求这种资料。如果研究者所研究的问题可能与某种聚集资料相适应,那么必须仔细地考虑能够用来回答这一问题的统计证据的类型。要从各种调查统计部门所编制的现存统计资料中,选择最适合待研究的问题,最有代表性和最有说服力的证据。

比较与分析资料。由于聚集资料一般都是通过综合汇总得到的,所以想要把它们分解开来一般不太容易。例如,对某地区某一时期的失业率资料,如果该资料本身没有将性别单独区分,研究者就无法将这一份数据资料分解成男性失业率和女性失业率。研究者一般所能做的是对各种统计资料进行多层次、多角度的比较,尤其是比较那些基于较小的单位,比如说市、县为单位的合计资料中的信息。

说明资料来源。研究者应清楚地说明在研究过程中用到的现存统计资料的来源或出处,准确地认识和理解所用统计资料的各种注释、测量指标的确切类型和总体基础,使这些统计资料能够更好地被别人理解,由此可以增强人们对统计资料的理解和可信度。

(三)现存统计资料分析中的资料质量

基于现存统计资料的研究会在不同程度上受到一定的限制。最大的障碍是现存统计资料本身的效度问题,即现存统计资料是否准确地包含我们所感兴趣的研究变量。如果我们从现存统计资料中所获得的测量与我们所希望测量的变量相差较大,那么这种分析的效率较低。因此,充分利用重复验证和逻辑推理这两种方法,可以提高现存统计资料分析的效度。

统计资料质量在很大程度上决定了现存统计资料分析的质量。要想提高现存统计资料分析的质量,就要减少和避免统计资料不准确、不客观的问题,并且要对这种问题出现和产生的可能性有着较为清楚的认识。当然,这一般需要研究者对报表和数据的性质有所了解,对数据失真的程度做出尽可能准确的估计,必要时要对这些数据做适当修正。

举例来说,如果某一现存统计资料中包含某一地区某一时间死亡率的统计数据,我们不能在不加以分析和了解的情况下就把这组统计数据看作现实的情况,因为这种统计数据往往只包括已登记在册的或者已经发现、已经上报的死亡人数,但不包括那些未被发现、未上报或者失踪未归且不能判定生死的人口。面对现有统计资料分析中出现的信度问题,重要的应对措施就是要知晓资料信度问题可能存在。调查资料收集的特征并制作一览表,可以帮助评估缺乏可信度的特征及其程度,而研究者也可以判断它对于研究工作的潜在影响。当然,如果能同时运用重复验证和逻辑推理的方法去分析研究所用的现存统计资料,在一定程度上就能克服这方面的问题,得出正确的结论。

第三节 文献研究法的优缺点

文献研究法主要是通过收集和分析现存的文字、图表、符号、数字的方法来观察研究社会现象,并不需要直接接触研究对象,这决定了文献研究法的优点和缺点。

一、文献研究法的优点

文献研究法超越了时间和空间的限制,可以对那些无法直接接触的研究对象进行研究,比如对已经过世的人物或历史事件进行研究,就只能通过查阅相关的文献资料进行研究。

文献研究法相对于调查研究法、实验法、观察法而言成本较少,也节省时间,不需要大规模地发放问卷、进行访谈,也不需要特殊的设备,节省了人力物力。

文献研究法具有间接性、无反应性的特点。研究者不会与文献中的人或事直接接触,研究者与被研究者之间没有互动,研究对象不会受到研究者的影响而产生变化,这就是其非介入性特点。

文献研究法的保险系数较大。假如一项研究,因为设计不严谨或准备不充分导致研究出了问题,如果从头再来就会浪费之前的人力物力,或者根本无法再进行,但如果运用文献研究方法则只需要对资料进行重新处理即可。随着学术研究的蓬勃发展和互联网技术的快速普及,各类文献资源越来越丰富,运用二次分析法、现存资料分析法可以获取更多的信息,大大缩短科学研究的周期。

二、文献研究法的缺点

首先,文献资料的质量难以保证。无论是图书、报刊上发表的文章,还是官方发布的统计资料,都有可能会隐藏着个人的偏见、作者的主观判断,或者在撰写或汇聚文献过程中受客观条件限制而形成种种偏误,这会对文献资料的准确性、全面性和客观性产生影响,降低文献资料的质量。许多文献由于缺乏标准化的形式,对它们进行整理分析难度较大。

其次,在查阅文献的时候,有些文献资料难以获得。许多文献并不对外公开或一般人不能轻易获得,这使一些社会研究难以获得丰富的文献资料。某些政府机构的文件、报表、档案等被当作内部机密,如外交档案、涉及国家安全的材料、军事资料等,许多要在几十年后才对社会公开,甚至一直不会公开,研究者只能间接地进行一些研究,从而增加了研究的难度和研究结论的准确性。

各国的《档案保管法》对政府档案向社会公开的条件作了一些说明,一般根据档案的密级和档案本身对国家利益的关系来确定它的公开年限。有的档案可能永远不会对社会公开,最后的结果是秘密销毁。档案分级是:绝密、机密、秘密三个保密级别。密级的不同,保管的年限也不同。

再次,在效度问题上,当研究工作是基于现有资料分析时,就会明显地受到现有资料的限制。因为在许多情况下,已经成文的资料并不能准确反映研究者感兴趣的事物或者不是研究所需的东西,这就需要研究者重新去挖掘文献或直接进行调研。

最后,在信度问题上,文献研究中的编码主要依据研究者对文献的主观认识,而对文献内容的主观鉴别、判断和评价中常常缺乏客观的标准,这有可能会使文献的降低信度。

拓展阅读:

社会科学研究常用数据库介绍

随着互联网技术的迅速发展,越来越多的大型数据库出现,成为研究者重要的数据来源,如美国的综合社会调查(GSS),国内的中国综合社会调查(CGSS)、中国家庭追踪调查(CFPS)、中国家庭金融调查(CHFS)等就是社会研究中常用的数据库。这些数据库通常由国际或者国内相关领域知名专家组成的研究团队完成,基于较大地域范围的调查,调查范围广,所选样本代表性好,样本容量大,专业识别度高,在国际与国内都有很高的知名度和声誉,为社会研究提供了良好的信息资源,在经济学、人口学、政治学、法学等学科的研究中应用十分广泛。

一、美国综合社会调查(GSS)数据库

综合社会调查(General Social Survey,GSS)是由美国芝加哥大学的"全国民意研究

中心"(National Opinion Research Center,NORC)负责具体实施的一项专门为了社会科学学者和学生设计的全国家庭抽样调查数据库。从1972年开始,GSS在美国全国范围内进行抽样调查,采取面对面访问的方式,目前为止已经进行了三十多次。GSS是美国国家科学基金会(NSF)到目前为止所支持的最大的社会科学研究项目,被视为重要的国家资源。GSS数据在美国的地位仅次于美国人口普查局(U.S. Census Bureau)的人口普查资料,在社会科学领域的参考引用率排名第二位,在社会科学研究领域具有显著的影响力。

GSS的网站是：http://webapp.icpsr.umich.edu/GSS。

GSS调查采用的是入户访问的方式,每次调查的样本都是单独抽取的,虽然无法对样本进行长时间的追踪,但是却可以利用GSS中重复变量的资料研究总体的变化趋势。

GSS调查内容覆盖面十分全面,包括政府角色、社会保障支持、宗教信仰、民族问题、妇女权利、对军队和征兵的看法以及工作就业等方面。GSS调查中每年都重复的变量包括基本的人口和分层变量,比如年龄、性别、种族、教育程度、婚姻状况、工作情况、家庭构成等。除了被调查者的基本社会资料以外,GSS的调查内容是按照模块来进行的。GSS的调查模块分为两类：一类GSS是作为国际社会调查协作项目组(ISSP)一员所采用的国际标准化模块,包括政府角色、社会支持与网络、社会公平、宗教信仰和环境等内容；另一类是美国GSS自行认定的标准化模块,具体为：对于种族、堕胎和女权主义的扩展量表,对军队和征兵的态度和社会政治参与等内容。

全国民意调查中心(NORC)在基于GSS调查所得数据的基础上定期推出GSS社会变迁报告、GSS研究方法报告、GSS跨国比较报告、GSS专题研究报告、GSS项目评估报告这五大类报告。这五大类报告现已成为美国最重要的社会研究资料库之一,其中的GSS项目评估报告重点评估了GSS数据库的社会效果。

二、中国综合社会调查(CGSS)数据库

中国综合社会调查(Chinese General Social Survey,CGSS)是中国人民大学社会学系与香港科技大学调查研究中心合作的大型社会调查项目,具有全国性、综合性、连续性等特点。该项目是一个长期项目,每年进行一次,具有严格的调查标准,可以进行跨国比较。开始于2003年的CGSS每年在全国125个县(区),500个街道(乡、镇),1000个居(村)委会,10 000户家庭中,对其中的个人进行一次性调查。

CGSS数据库的网站：http://www.chinagss.org/。

CGSS主要以中国社会结构的演变状况为核心,结合社会分层结构、利益结构和阶级意识三个主题,揭示社会分层结构的变化对社会利益结构和社会矛盾与社会冲突的影响,并评估未来的演变趋势。CGSS的数据包含了政府作用、社会网络、宗教信仰和环境保护等方面的内容,能够满足社会学、经济学、人口学等不同学科的研究需求。

在2006年,CGSS被国际社会调查合作组织(International Social Survey Programme,ISSP)接纳为中国的代表单位。

三、中国家庭追踪调查(CFPS)数据库

中国家庭追踪调查(China Family Panel Studies,CFPS)是由北京大学中国社会调查研究中心(ISSS)组织实施的一项社会调查。从 2010 年起,CFPS 正式实施基线调查,采集动态经验数据记录当前中国的社会变化。

CFPS 是一项全国性、大规模、多学科的社会跟踪调查项目。CFPS 样本覆盖 25 个省、市、自治区,将近全国总人口的 95%,因此 CFPS 具有全国代表性。CFPS 样本以家庭为单位,目标样本数量为 16 000 户,调查对象包含样本家庭中的全部成员。

CFPS 的网站是:http://www.isss.edu.cn/cfps/。

CFPS 调查中对个体、家庭、社区三个层次的数据进行追踪收集,以此来反映中国社会、经济、人口、教育和健康的变迁,为学术研究和公共政策分析提供数据依据。CFPS 调查重点关注的是中国居民的经济福利与非经济福利,包括经济活动、教育成果、家庭关系与家庭动态、人口迁移、健康等在内的诸多研究主题。

CFPS 在调查中采用了一套 T 表系统来构建完整的家庭网络,并收集家庭成员信息,克服了传统调查中家庭关系不清晰、信息缺失等问题,方便研究者掌握完整系统的家庭信息。CFPS 在抽样过程中打破了城乡区别,采用城乡一体化的抽样以及城乡整合的问卷。此外,CFPS 还在流动人口的调查、认知能力的测试、少儿的成长与发展、社会贫富问题上做了较多的工作,取得了可观的成果。

四、中国健康与养老追踪调查(CHARLS)数据库简介

由北京大学国家发展研究院主持、北京大学中国社会科学调查中心与北京大学校团委共同负责的中国健康与养老追踪调查(China Health and Retirement Longitudinal Study,CHARLS),是由中国国家自然科学基金委员会重点支持的大型数据收集项目。CHARLS 调查的目的是收集一组代表中国 45 岁及以上中老年人群体及其家庭的高质量微观数据,依据该数据来对我国人口老龄化的问题进行分析,推动人口老龄化问题的跨学科研究。其样本覆盖在全国随机抽取的 150 个县区,450 个村居,10 000 多户居民,18 000 个左右 45 岁及以上的个人。这些样本以后每两年追踪一次,调查结束一年后,数据将对学术界公开。因为 CHARLS 受访者遍布全国城乡各地,所以其对研究中国中老年群体来说有很好的代表性,说服力较高。

CHARLS 的官方网站是:http://charls.ccer.edu.cn/zh-CN。

CHALRS 的问卷设计参考了国际经验,包括美国健康与退休调查(HRS)、英国老年追踪调查(ELSA),以及欧洲的健康、老年与退休调查(SHARE)等调查。在 2008 年,CHARLS 首先在甘肃和浙江两省进行了预调查,一共得到了 1570 个家庭中的 2658 份个体样本,应答率达到了 85%,这些数据在学术界具有较高的认可度,能够广泛地用于学术研究。

五、中国家庭金融调查（CHFS）简介

中国家庭金融调查（China Household Finance Survey，CHFS）是西南财经大学中国家庭金融调查与研究中心进行的一项全国性的经济调查，主要收集中国经济体系中的微观层次的信息，包括固定资产与金融财富、债务和信贷约束、收入与消费、社会福利和保险、代际的转移支付、人口特征和就业情况、支付习惯等方面。

中国家庭金融调查的官方网站是：http://chfs.swufe.edu.cn/。

在CHFS的抽样方式上，中国家庭金融调查在抽样方式上采用了分层、三阶段与规模度量成比例（PPS）的抽样设计。初级抽样单元（PSU）为全国除西藏、新疆、内蒙古和港澳地区外的2585个市（县）。第二阶段抽样将直接从市（县）中抽取居委会（村委会）；最后在居委会（村委会）中抽取住户。每个阶段抽样的实施都采用了PPS抽样方法，其权重为该抽样单位的人口数（或户数）。值得一提的是，CHFS数据的人口统计学特征与国家统计局公布的数据非常一致，这表明CHFS调查中所抽取的样本具有很强的代表性。

六、其他综合性数据库

在社会研究中，除了用到上述专门性数据库之外，还可以使用许多综合性数据库。这些数据库往往收录社会科学、自然科学各个领域的研究成果，包含期刊、报纸、学术会议、学位论文等方面的文献资料。

国内常见的比较有影响的综合性数据库有：中国知网（含中国期刊全文数据库，中国博士学位论文全文数据库，中国优秀硕士论文全文数据库，中国主要会议论文全文数据库，等等），万方数据，中文科技期刊数据库（维普资讯），人大复印资料（全文）数据库，超星电子图书，等等。

常用的国外数据库：ProQuest，Wiley电子期刊（全文），EBSCO（全文/文摘），CALIS，SpringerLINK，美国国家经济研究局（National Bureau of Economic Research，NBER），等等。

此外，研究中还可以访问政府部门或国际组织或社会机构的官方网站，如各国政府网站、联合国、OECD、欧盟、世界银行、国际货币基金组织等，获取有关资料信息。

第六章　比较研究法

比较研究法是社会研究中常见的方法之一,还广泛地应用于自然科学、社会科学研究的各个领域。日常生活中也常常用到比较的方法来进行一些对比说明,但这里所讲的比较研究法是作为一种系统化的科学研究方法,其内涵已经远远超出日常生活中简单对比的含义。

比较研究法的广泛应用,带动了如比较教育学、比较政治学、比较经济学、比较社会学、比较人类学、比较法学、比较哲学、比较文学、比较史学、比较文化学等诸多学科的出现和发展。美国人类学家盖伊·斯旺森曾这样描述比较研究在社会科学研究中的重要性:"在缺乏比较之下所做的科学思考和科学研究都会令人匪夷所思。"

第一节　比较研究法概述

本节从比较分析法的含义、特点及分类三个方面对比较分析法加以概述。

一、比较分析法的含义

《牛津高级英汉双解辞典》解释说:比较研究法就是对物与物之间和人与人之间的相似性或相异程度的研究与判断的方法。

一般而言,比较研究法(comparative analysis approach),是指对两个或两个以上的事物或对象加以对比,以找出它们之间的相似性与差异性的一种分析方法,又称对比分析法、比较研究法或类比分析法。这种对比可以是事物的属性上的比较,也可以是数量上的比较。

比较研究法是根据一定的标准,对两个或两个以上有联系的事物进行同异关系的对照、比较,从而寻找其异同,以揭示事物本质,探求事物发展规律的一种研究方法。它实质上是从剖析、对比事物的个别特征和属性开始,对事物的某些特征或属性进行研究。人们根据一定的标准或以往的经验、教训把彼此有某种联系的事物加以对照,确定其相同与相异之处,对事物进行分类,并对各个事物的相关方面进行比较后,找出事物的内在联系,认清事物的本质和变化规律。

比较研究法是一种思维方法,也是一种具体的研究方法,其特点在于:从比较的角度把握对象特有的规定性;研究对象必须具有可比较性,从而限定了研究的内容和范围。

二、比较研究法的特点

比较研究法具有应用的广泛性和对其他研究方法的渗透性的基本特性。

广泛性是指任何科学研究问题或者某一科学研究的某一个环节都可以采用比较研究方法。

渗透性是指任何相对独立的研究方法如观察法、调查法、实验法、历史法、解释学的方法、分析学的方法、行为研究方法等之中,都可以包含比较研究的成分。

比较研究法的广泛性和渗透性往往是不可分的。例如,一项课题研究的各主要环节都需要比较法的参与——如通过比较选择有价值的研究课题,对文献材料进行比较研究,对实验、调查、观察所采集的数据资料通过比较进行整理加工,用比较的方法对整理后的资料进行定性分析和定量分析并形成研究结论;甚至研究成果的鉴定过程也有比较方法的参与,如与预定目标的比较,同类研究成果的比较等。

但这个特性并不意味着比较法仅仅作为一个"成分""要素",或者作为一种思维方法,存在于其他研究方法之中。比较研究法像调查法、实验法一样,也是一种独立的、具体的研究方法。也就是说,社会研究可以把比较法作为一种重要的研究工具,再配合以其他的方法来开展研究工作。同时,由于比较研究方法简单易行,研究结论是从比较研究的推论中得出,其客观性程度也有待实践证明,并辅以其他科学研究方法加以检验和修正。

三、比较研究法的分类

比较研究可按比较对象所处的时空状态和相互联系、比较对象间待比较属性的数量、比较对象的范围、比较项目的性质、研究目标等不同角度进行分类。根据不同的标准,我们可以把比较研究法分成如下几类:

(一)按比较对象所处的时空状态和相互联系,可分为横向比较与纵向比较

1. 横向比较

横向比较就是对同一时间存在的不同事物的状况、特征、形态进行比较,它是按照空间结构横向展开的。因为每一事物都不是孤立存在的,所以必须在相互关系的比较中认识事物的本质。如对同一时间,发达国家与发展中国家间人均 GDP 和人均收入水平的比较,我国东中西部地区经济发展水平的比较等,都属于横向比较。

2. 纵向比较

纵向比较即时间上的比较,是对同一事物在不同历史时期的形态进行比较,从而认识

事物的发展变化过程,揭示事物发展变化规律的方法。它是按照事物发展的时间序列纵向展开的,通过事物在不同时期的表现状况和演进历程的动态展示,搞清楚其来龙去脉和不同时期的特点。如一个国家的社会制度的变革、政治经济体制和教育制度的改革历程等。

纵向比较中有一种重要的比较方法就是历史比较法,它是指按照时间顺序解释同一社会内部或不同社会中的社会现象或事物的相似性和差异性的一种研究方法。

按照 T. 斯考克波尔(Theda Skocpol)和萨默斯(Margaret Somers)的总结,常用的历史比较主要有三种类型:(1)以理论论证为主的历史比较,主要是为了进行理论证明,即通过对处于不同社会历史环境中的不同实例的说明,来证明一种理论或观点的普遍性;(2)以说明特定事物过程为主的历史比较,是把两个或多个事物放在一起,对比说明它们与某一主题或特定理论之间的关系,故它强调历史事物的特殊性,分析这些独特性如何导致了特定的结果;(3)以宏观因果分析为主的历史比较,是通过对某些重大历史过程的比较研究,为社会发展与变迁提供因果性解释。

在社会研究中,为全面分析研究对象的本质特征和发展变化的规律性,往往既要进行横向比较,也要进行纵向比较,两者结合运用,更利于深刻认识事物的现状和变化趋势。

(二)按比较对象间待比较属性的数量,可分为单项比较与多项综合比较

1. 单项比较

单项比较是就事物的某一种属性所作的比较,它一般是对事物或现象的某一本质特征的强调。如比较不同国家的经济体制、比较不同企业的所有制性质、比较员工个人的收入等。

2. 多项综合比较

多项综合比较是就事物的多方面属性进行的比较,如企业间经济效益的比较,既要对包括人力、物力、财力的投入的比较,也要对包括产量、产值、利润方面的产出的比较,还要比较企业间的投入产出比,如劳动生产率、资金产值率、资金利税率等。

单项比较是按事物的一种属性所作的比较,多项综合比较是按事物的多种属性进行的比较,单项比较是多项综合比较的基础,但多项综合比较才能更清楚地认识事物的全貌,把握事物本质。

(三)按比较对象的范围,可分为宏观比较与微观比较

宏观比较是从整体出发,从宏观层面把握事物的本质,对事物的异同点或基本规律进行比较。如对发达国家和发展中国家间、一国的两个地区之间的经济社会发展水平的比较,就是宏观比较。

微观比较是对单个具体事物或现象的比较,从微观上把握事物的本质,对事物的异同点或基本规律进行比较。如同类企业间的比较、同类产品的性能比较、个人的生活习惯比

较等,就是微观比较。

(四) 按比较项目的性质,可分为定性比较与定量比较

定性比较是对事物间的质的属性的比较,通过事物间质的差异来说明事物的本质,反映事物发展变化的规律。如在黑龙江省选择鹤岗市,在湖北省选择十堰市,比较这两个地级城市人们的饮食习惯、社会风俗、气候特征,等等,就是定性比较。

定量比较是对事物间的数量属性进行分析比较,通过事物间的数量差异来说明事物的本质,反映事物发展变化的规律。如比较黑龙江省鹤岗市和湖北省十堰市这两个地级市的人口数、地域面积、财政收入、经济增长率,等等,就是定量比较。

任何事物都是质与量的统一,按辩证法的观点,认识事物既要认清事物的质的方面的特征,也要把握事物的量的表现,这样才能获得对事物的完整认识。因此,在社会研究中,定性比较与定量比较应相互结合,首先要认识事物的质的方面特征,再在质与量的联系中去探寻事物的发展变化规律。与自然现象不同,社会现象中有很多事物的特性还不能够用数量的方法来描述,或者用数量的方法描述不够准确,还只能从质的属性特征上把握,如比较南方和北方两个村落的风俗习惯,更多地还是依赖于定性比较。所以,在社会研究中,不能盲目追求量化分析,当然也不能完全没有量化的观念。对事物量的认识,是对事物认识的深化和精确化,也应做到心中有"数",用数据来说明问题。

(五) 按研究的目标,可分为同类比较与异类比较

同类比较是对两种或两种以上同类事物进行比较,寻求不同事物的异同点,以探索事物或现象发展的共同规律。同类相同点比较,可以找到事物发生发展的共同规律;同类相异点比较,可以找到事物发生发展的特殊性。如高新技术企业都具有高风险、高投资、高收益等共同特征,但不同类型的企业有产品差异,技术特性也不同。

异类比较是对两个或两类性质相反的事物或一个事物的正反两方面加以比较,以比较两个事物的不同属性,发现它们在不同表征下的异同之处,特别是异中之同,从而探索事物的变化规律的一种研究方法。如选择作为全国百强县的江苏省昆山市(县级市)和作为全国贫困县的云南省香格里拉县,将这两个县的经济发展水平进行对比,就是异类比较。

从思维过程来看,异类比较与同类比较相同,也是从个别到个别的推理,但是它的反差大,结果鲜明,有利于鉴别和分析。通过"同中求异""异中求同"的分析比较,可以更好地认识事物的多样性与统一性。

比较研究法也有其他一些分类方法。例如,美国学者科恩把比较研究分为四种类型:个案比较研究、文化背景比较研究、各国比较研究和多国家比较研究。社会研究中常用的比较法还分为类型比较法和历史比较法两类。

四、比较研究法的作用

相较于其他社会研究方法,比较研究法虽然看上去有些简单,但无论在实际调查过程中,还是在理论研究中,比较研究都是不可或缺的基本研究方法。在选题过程中,通过比较研究,可以选定有重要价值的研究课题;在搜集文献情报与资料的过程中,通过比较研究,对所需要的材料进行鉴别,包括揭示一些较专深的不易明察的资料信息,找出有价值的研究资料。比较研究法在社会研究中的作用主要表现在如下方面:

第一,比较研究有助于追溯事物发展的历史渊源,研究事物发展的过程和规律。对同一事物的不同历史时期的形态进行比较,可以发现事物在不同时期的表现状况和演进历程,全面掌握事物的发展动态,有利于找出事物的发展规律。将不同时期城市居民家庭人均居住面积进行对比,就可以发现人们居住条件改善的情况。

第二,比较研究可以帮助人们更好地认识事物的本质。"不识庐山真面目,只缘身在此山中。"认识一个事物常常要借助于与其他事物的比较来实现。因为只有比较,才有鉴别;有鉴别,才有认识。例如,比较一个优秀学生和一个后进生的学习与生活习惯,就可以找到影响他们两人学习成绩的原因。

第三,比较研究能帮助人们获得新的发现。按照辩证法的观点,当量变发展到一定程度,就会产生质变。事物和现象的发展变化虽有规律可循,但在事物发展变化过程中也会产生新的东西,通过对比分析就会获得一定的新发现。

第四,比较研究为决策的制定提供依据。政策的制定是一个复杂的过程,涉及诸多因素。为使决策科学、合理,就必须对各种因素有一个全面的认识,这就需要将某一问题与其相关的事物进行比较,从比较中分析优劣得失、长处弱点,从而使政策的制定更加合理科学。

第二节 比较研究法的运用

一、比较研究法的运用步骤

比较研究法的运用虽然没有一个固定的模式,但有一个基本的操作步骤和实施程序。下面从乔治·贝雷迪的教育比较研究四步骤出发,推及一般的比较研究步骤。

(一)贝雷迪的教育比较研究步骤

美国比较教育学家乔治·贝雷迪在《教育中的比较方法》(*Compartive Method in Education*, Holt Rinehart and Winston, Inc., 1964)中,比较了一些国家的教育情况,他把比较研究法的实施分成四个阶段:描述、解释、并列、比较。

1. 描述

比较研究从详细描述所比较的对象国家的教育基本情况开始,搜集相关的资料文献,以把各国的教育制度和现状尽可能细致、全面、客观地描述出来。为了从文献中得到更加确切的知识,有必要对研究的对象国家进行实地考察。

2. 解释

在对这些国家的教育情况进行了详尽、客观的描述之后,就要对所了解的教育情况进行解释,即说明这些教育现状所形成的原因、历史,了解事物是怎样的(How),为什么那样(Why)。

3. 并列

从严格意义上讲,比较研究从并列阶段才真正开始。在这个阶段,首先把前两阶段里已经描述并解释过的教育现象进行分类整理,按照一定的规则将其顺序排列起来;然后确定比较的形式,确定比较的标准或参照物;最后分析材料,提出研究假设。

4. 比较

比较研究的最后步骤就是对比阶段。在对比阶段里,要对并列阶段提出的假设按照"同时比较"来证明正确与否,然后作出一定的结论,它是四个阶段中最重要的一个步骤。它的主要任务是对第三阶段所列材料进行全面的比较研究,验证所提假设的正确性,作出最后的研究结论。

上述四个阶段既相互联系,又各有侧重,互为依托。前一阶段为后一阶段提供条件,奠定基础;后一阶段承前启后、为前一阶段的深化。

(二) 比较研究法运用的一般步骤

一般而言,在应用比较研究法时,可以采取如下步骤:

第一,确定比较研究的问题、对象和标准。首先,根据研究的目的确定研究的内容和范围,明确比较的问题;其次,选择比较的对象;最后,确定比较的标准。

第二,搜集比较研究的资料。通过调查访问、查阅文献等方法,广泛搜集资料,并对资料进行必要的整理和加工。

第三,进行具体的比较研究。列举比较对象的相同点和不同点,运用历史的、辩证的、联系的观点分析其异同的原因。对所比较的事实、数据进行充分的研究,分析为什么是这样,而不是那样,分析形成这一事实的原因、理由和因素。

第四,作出比较研究的结论。对比较对象的材料、情节进行全面分析和研究,从而对于所研究的问题提出比较结论。

二、用比较研究法确立因果关系——穆勒五法

法国社会学家涂尔干从实证主义的角度指出,社会学的重要工作之一就是建立社会现象间的因果关系,因为我们不能从社会现象中直接观察到它们的因果关系,但可以通过

比较的方法来确认因果关系存在与否。涂尔干指出,使用科学的比较方法,根据因果关系的原理去考察社会事实时,必须以下列命题作为比较的基础:一种相同的结果总是相对应于一种同样的原因。

英国哲学家穆勒在《逻辑体系》一书中,从逻辑推理的角度提出了五种比较方法,即穆勒五法(Mill's Five Canons,Mill's Methods):求同法、求异法、求同求异法、剩余法和共变法,用来寻求因果关系。这也就是传统逻辑所讲的"求因果联系五法",见表6-1。

表6-1 穆勒求因果联系五法

方法	求同法		求异法		求同求异法		剩余法		共变法	
场合条件	先行特性	被观察特性	先行特性	被观察特性	先行特性	被观察特性	先行特性	被观察特性	先行特性	被观察特性
场合1	ABEF	abs	ABC	a	ABC	a	ABC	ab	A_1BC	a_1
场合2	ACD	acd	BC	—	ADE	a	B	b	A_2BC	a_2
场合3	ABCE	afg	—	—	PG	—	C	b	A_3BC	a_3
因果结论	A	a	A	a	A	a	A	a	A	a

表6-1中,"先行特性"栏中的大写字母表示现象在不同场所表现出的特性,"被观察特性"栏中是观察到的结果特性,"因果结论"栏表示先行特性A是被观察特性a的原因。

求同法是指,如果在现象出现的若干个场合中,仅有一个共同的情况,那么这个共同的情况就是现象的原因(或结果)。求同法又称为一致性比较法(method of agreement)。

求异法是指,如果在被研究对象出现和不出现的两个场合中,仅有一个情况不同且仅出现在被研究现象存在的场合,那么,这个唯一不同的情况是被研究现象的原因(或结果)或必不可少的部分原因。求异法又称为差异性比较法(method of difference)。

求同求异并用法是指,如果仅有某一情况在被研究现象存在的若干场合中出现,而在被研究现象不存在的若干场合中不出现,那么这一情况是被研究现象的原因或结果或必不可少的部分原因。

剩余法是指,如果已知某一复合的被研究现象中的部分是某情况作用的结果,那么这个复合现象的剩余部分就是其他情况作用的结果。

共变法是指,如果在被研究现象发生变化的若干场合中,唯有一个情况也发生变化,那么,这个唯一变化的情况便是被研究现象的原因或结果。

在这五种因果分析法中,穆勒认为求异法是最重要的方法。然而,涂尔干认为共变法最适用于社会学研究,因为这种方法不必把所有不同的因素都一一排除之后再进行比较,只需把两类性质虽然不同,但在某一时期有共变性的现象找出来,就可以作为这两类现象之间存在关系的证据。

第三节 比较研究法的运用原则

尽管比较研究法在社会研究中应用十分广泛,但并不是在任何条件下都适用。比较研究法的应用要遵循以下基本原则。

一、比较对象的可比性原则

可比性是指被比较的对象之间具有一定的内在联系,具有某些本质上而不仅是表面上的共性。

对象的可比性通常包括时间可比性、空间可比性和范畴可比性等几个方面。时间可比性是指所比较的数据、事实和情况应当是同一时点或同一时期的;空间可比性是指要考虑到研究对象在空间范围、所处地域上的差别;范畴可比性是指被用作比较的事物的属性、内涵、层次等具有可比性。如将一所研究型大学与一所职业学院相比、将一个国家与其内部的一个省相比,这都是不具有可比性的。

在将反映现象特性的一些指标在进行对比时,要求指标的内涵和外延可比,指标的时间范围可比,计算方法可比,所反映的总体的性质可比。将我国计划经济时期的职工年收入与现在的职工年收入进行简单对比,是不具备可比性的,两个不同时期的职工收入的内涵与外延、计算方法等有很大不同,在计划经济下有许多福利因素没有计作收入;将我国1995 年和 2015 年的 GDP 进行对比,也不具有可比性,因为要考虑到物价因素、GDP 计算范围的变化等因素。

比较研究对象的选择尤其重要。美国社会学家尼尔·J. 斯梅尔塞(Smelser, Neil J.)在他的《社会科学的比较方法》(*Comparative Methods in the Social Scicnces*)一书中,提出了选择比较研究对象的五条标准:第一,分析对象必须适合于研究者所提出的那种理论问题;第二,分析对象应该与被研究的现象有贴切的因果关系;第三,考虑到对分析对象进行分类的标准——它们的"社会性"或"文化性";第四,分析对象的选择应该反映与这个对象有关的资料的可利用程度;第五,只要可能,选择和分类分析对象的决定,应该以标准化的和可以重复的程序为基础,因为这些程序本身不会成为导致错误的重要根源。

二、比较研究对象资料的真实性原则

作为比较研究对象的相关信息和资料必须是真实可靠的。当今科技发达,信息的传播渠道非常广泛,为进行比较研究获得资料提供了极大的便利,但是也存在虚假信息增多的隐患。在获取资料时,不论比较的资料是亲自调查、观察搜集的,还是查阅文献、借鉴他人研究的结果获得的,都必须保证资料本身是客观、真实的,只有真实可靠的资料才可能保证结论的正确性。

三、比较对象的双(多)边性和比较规则的统一性原则

双(多)边性是指比较只有在两个事物或两个事物以上才可能发生。换言之,比较的对象至少有两个。

统一性是指比较研究必须坚持统一的比较标准,即要用同一种单位或标准去衡量。没有统一的标准,就无法比较,或者是无法确认比较的结果。因此,对于两个或多个比较对象,要坚持一致的规则进行比较研究。

四、比较研究事物的本质特征原则

事物不仅有现象的异同,更有本质的异同。比较研究应透过现象抓住事物的本质,从表面上差异极大的事物之间,找出其本质上的相同之处,即异中求同;在表面极为相似的事物之间找到其在本质上的不同之处,即同中求异。切忌仅抓住表象而忽视本质,这样难以准确地认识事物。

五、比较研究项目的全面系统性原则

事物存在和发展的条件是各种各样的,其中有的是主要的,决定事物的根本性质;有的是次要的,不决定事物的根本性质。同时任何事物也不是孤立存在,而是与其他事物密切联系的。因此,要全面认识事物间的异同,应坚持对研究的事物进行全方位、多角度的比较。在比较时,任意选择个别条件,片面地进行比较,或者割裂事物之间的联系,孤立地进行比较,仅仅根据一些零碎、片面的材料轻率地做出结论,都是不正确的。例如,在比较两个国家的政治制度时,不能简单地说明一种制度的孰优孰劣,而要从这个国家的政治、历史、文化、社会习俗、经济等多个方面来考察,才能理解这种政治制度存在的合理与否,比较出两个国家的政治制度存在的合理性。

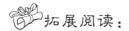拓展阅读:

德国和日本实力的百年对比分析

下面的一个实例来自网络文献,它运用比较研究法,从经济总量、人口、领土面积等方面,对一百多年来德国和日本实力的变化进行对比分析,由此可见两国实力的此消彼长。

1870年,在铁血宰相俾斯麦的指挥下,普鲁士击败了法国。1871年1月18日,一个新的强国——德意志帝国在凡尔赛宫宣告成立,当年它的领土约61万平方公里,人口4000万,工业产值占世界13.2%,在英国(32%)和美国(22%)之后,居世界第三位。当时还没有GDP这个概念,工业产值是衡量一个国家实力最权威的标志。此时,日本明治维新刚刚开始才三年,它的面积约36万平方公里,人口3300万,工业产值基本可以忽略不

计,在世界上的比重接近于零。可以说,这个时候,日本和德国没有什么可比性,德国远远强于日本。

到了1900年,原本就有一定基础的德国快速发展,在这一年,德国工业产值占世界16%,依然排在美国(30%),英国(20%)之后,但地位进一步提高。本年德国人口5600万,居欧洲第二位。日本经过32年的明治维新和甲午战争,工业产值占了世界1%,虽有一定起色,但依然非常落后。该年日本人口4000万,面积37.7万平方公里(1879年吞并琉球,改冲绳县),并有台湾地区作为殖民地。德国工业产值是日本的16倍,依旧远远强于日本。如果按GDP算,当时世界上主要大国所占比重为:美国23.6%,英国18.8%,德国17.9%,俄国8.8%,法国6.8%,日本2.4%。德国是日本的7倍半,因为德国工业发达,国民经济中工业占的比重相对大,而日本农业占了大头。日本和德国的差距还是很大的。

1913年,即第一次世界大战爆发前的最后一年,德国工业占世界15.7%,超过了英国的14%,仅次于美国的38%;法国为6%;沙俄为4.7%;日本保持不变,1%。虽然日本在1905年战胜了沙俄,得到了库页岛的南半部,1910年吞并了朝鲜,但与德国的经济差距基本没变。本年,德国人口为6700万,日本约5000万。

第一次世界大战的失败让德国损失极大,180万人战死沙场。1919年,根据《凡尔赛和约》,德国失去13%的领土、10%的人口。从此,盛产煤、铁的阿尔萨斯—洛林归还法国,纺织中心西里西亚大部分割给了新独立的波兰,剩下的东普鲁士与本土互不连接,海外殖民地约330万平方公里全部丢失。战后,德国面积变为53万平方公里,人口6000万,其工业产值占世界的比重降为9%,以后还要支付大量赔款。可以说,"一战"使德国实力大大削弱,协约国将它洗劫一空。而与此形成鲜明对比的是,日本和美国在战争中大发横财。战争期间,日本工业飞速发展,1919年,产值占了世界2%,并委任统治了原属德国的南太平洋上的一些岛屿。这一年,日本人口约5500万。日德间的差距明显缩小,但战败的德国仍然强于战胜国日本。

第一次世界大战结束后,协约国于1924年8月制定的德国赔款支付计划,史称"道威斯计划"。该计划的执行对20年代后半期德国经济的恢复和发展起了重要作用。1924—1929年德国支付赔款110亿金马克,获得外国各种贷款约210亿金马克。德国人对美国人的赔款额没有拿回美国,而变成了在德国的投资,克虏伯、宝马、奔驰等这些大企业都是在道威斯计划下强大起来的。德国经济开始恢复,1927年和1929年,重新超过英、法,回到了世界第二位。1929—1932年的经济危机对资本主义各国打击很大,美、英、法、德、日、意都受到了影响。1933年,希特勒上台,德国经济又开始恢复。到1937年,德国占世界工业产值12%,居世界第三;第二为苏联,占13.7%(两个五年计划大力发展工业);日本为4%,居世界第六位。德日间的差距进一步缩小,但日本海军实力超过德国,这是唯一领先的一项。该年,德国人口与日本持平,都是7000万。

比起"一战","第二次世界大战对德国的打击更是毁灭性的,700万人阵亡,东普鲁士划给苏联,改名加里宁格勒州,奥德河以东10万多平方公里割给波兰,居民全部迁徙到德国其他地区,大量工业设备被战胜国掠夺,主要是苏联。更惨痛的是,剩下的土地被分成两个德国,其中东德10.8万平方公里,西德24.8万平方公里。"二战"对日本的打击也很大,但相对德国却轻了很多,日本死亡310万人,吐出了库页岛南部、朝鲜和中国台湾,但依然拥有琉球群岛,并且全国处于美国保护之下。

1950年,在美国的经济援助下,德国、日本以及英、法、意等国的经济基本恢复。本年,联邦德国GDP为233亿美元,日本为107亿美元(这时一般不再用工业产值衡量国力);西德为日本的2倍,居世界第五位;日本居世界第八位;第六、第七分别为加拿大和意大利。德日的差距又有缩小,日本开始了全面赶超西欧的时代。该年,西德人口为4900万,东德1800万,日本为8300万,单从人口上看,两德加起来也已经落后于日本。

20世纪六七十年代,如果说西德经济是快速发展,那日本就是超高速发展,1966年和1967年,它的GDP先后超过英法两国,1968年,是日本历史上划时代的一年,它的GDP超过了联邦德国,跃居世界第三位,仅次于美国和苏联,而这一年,正是明治维新100周年。而在同一时代,尽管西德在20世纪第三次超过英法,但却开始落后于日本。日本在钢铁、汽车、造船、海外纯资产等方面都已远超德国。只有两项德国依然领先,即机械制造和对外贸易。

到了20世纪末,由于苏联的崩溃,德日两国的GDP排名都上升了一位,居世界第三、第二位。日本的领先优势进一步扩大,2000年,日本GDP为4.77万亿美元,占世界14.7%;德国为1.88万亿美元,占世界6%。日本GDP是德国的2.5倍,人均是德国的1.6倍。日本人口为12700万,德国为8200万。德国虽然统一,但东德GDP只占全德7%,微不足道。可以说,一百多年过去,风水轮流转了。

进入21世纪,日本经济基本在零增长的边缘,德国略有增长,而欧元不断升值,日本领先的优势有所缩小。2005年,日本GDP为4.99万亿美元,德国GDP为2.85万亿美元,日本是德国的1.8倍,人均是德国的1.15倍,但德意志领先的时代却很难再出现了。两国面积是:德国35.7万平方公里对日本37.7万平方公里,相差不大,但考虑到日本有广阔的领海,所以还是它占优。

综观一百多年来德国逐渐落后于日本的原因,个人认为主要是以下几点:

(1) 德国发动了两次世界大战,丧失了许多土地和人口,威廉二世和希特勒想要的"生存空间"不但没有扩大,反而进一步收缩,失去了土地盛产粮食和工业原料。假如德意志历代领导人能坚持俾斯麦的地区守成主义,以德国强大的军事力量作保证,用和平的方式崛起,那么说不定它的面积还是"一战"前的61万平方公里,就会比现在的日本领土要大不少,两国人口也应该差不多。因为没了战争,两次大战的人口损失就免了,被割让的土地上的人民还是德国人。

(2)"二战"中德国的精华被美苏两国掠夺一空。"二战"前,德国的科技是世界最强的,获得诺贝尔奖的德国人是美国人的3倍,德国是最先开始研究原子弹的,但在"二战"前,纳粹的反犹太人行动使大批科学人才流亡美国。"二战"后,可以搬动的工业设备、精密仪器和大量技术资料落入苏联手中,更多的科学家被带往美国,留给德意志的是一片废墟,满目疮痍。

(3)日本在"一战"中实力增强,而"二战"的损失没有德国大。日本在"一战"中与德国和其他欧洲国家是此消彼长的关系,英法德忙于厮杀,它们的传统市场就被日本逐渐占领。"二战"中,日本虽然也失败,但相对于德国被四国占领的命运要好得多,它由美国单独占领,避免了被掠夺,本土基本没怎么丢失。

第七章　实验研究法

一般来说,社会研究不会满足于对社会现象的描述性的概括,而要进一步探索现象之间的因果关系,或问题背后的内在原因,实验研究法是研究社会现象内在规律的一种重要的方法。实验研究起源于自然科学研究,是常用的自然科学研究方法,如各种物理实验、化学实验、生物实验、材料抗耐力实验,等等。从20世纪起,社会研究开始借鉴自然科学中的实验研究方法,首先在心理学研究中得到应用。目前,实验研究法已经广泛应用于社会研究的众多领域。

第一节　实验的概念与基本要素

一、实验的概念

德国社会学家彼得·阿特斯兰德将社会研究中的实验定义为"一种在有控制的条件下可重复的观察;其中一个或更多的独立变量受到控制,以使建立起来的假设或假说所确定的因果关系有可能在不同情景中受到检验"[1]。

一般认为,社会研究中的实验可以定义为:研究者根据一定的研究目的选择一组研究对象,在高度控制的条件下,人为地改变或操纵某些条件,通过观察其产生的后果,从而对社会事实或现象获得认知的一种研究方法。相对于其他社会研究方法来说,实验研究有着更为直接和明确的实证主义的背景和原理,这一特点在检验变量之间的因果关系上表现更为突出。实验研究一方面可以验证理论假设,达到构建社会理论的目的;另一方面,也可以尝试进行新的社会政策或社会改革效果的预测,以获取必要的社会实践基础。

---

[1] 彼得·阿特斯兰德:《经验性社会研究方法》,164页,北京,中央文献出版社,1995。

二、实验的基本要素

实验研究从方法论来说是定量研究的特定类型,有实证主义的理论背景,因此实验研究有一套完整的概念体系。这套概念体系包含三对核心要素:一是实验变量,包括自变量与因变量;二是实验检测,包括前测与后测;三是实验对象,包括实验组与控制组。任何一项实验研究,都会涉及这些概念,正是这样的核心概念要素,组成了实验研究所特有的研究方法。

(一)实验变量

实验变量被分为自变量和因变量。自变量是在实验中加以控制或主动施加的变量,是引起其他变量变化的变量,也称为原因变量。因变量是在实验中需要检测的随自变量的变化而变化的变量,也被称为结果变量。实验研究建立变量之间的因果关系是通过控制自变量和检验因变量来实现的。

在实验研究的自变量中,需要控制保持其前后不变的自变量称为控制变量,而需要主动施加造成变化的自变量称为实验刺激,实验研究的基本任务是考察实验刺激对因变量的影响。正因为此,与一般变量有所不同的是,实验刺激往往是二分变量,即变量取值只有两个:有和无,给予实验刺激或者不给予实验刺激。

(二)实验检测

实验检测是在实验过程中对实验对象的观察与测定,以检测实验对象在实验观察项目上的差别和变化,而这种变化是由于实验刺激的不同带来的。在一项实验设计中,通常需要对因变量进行前后两次相同的检测。在给予实验刺激之前进行的实验检测,称为前测;在给予实验刺激之后进行的实验检测,称为后测。研究者通过比较这两次实验检测的结果,来衡量因变量在被给予实验刺激前后所发生的变化,从而反映实验刺激对因变量所产生的影响。

(三)实验对象

实验对象是实验中所涉及的对象,其中在实验过程中接受实验刺激的实验对象称为实验组,不给予实验刺激的实验对象称为控制组,也称为对照组。控制组在各方面都与实验组相同,只是在实验过程中不施加实验刺激,以考察实验刺激对因变量的影响情况。在实验研究中,研究者不仅要观察施加了实验刺激的实验组的实验结果,也要观察没有施加实验刺激的控制组的实验结果,通过对比这两组结果,来分析实验刺激的作用。

第二节 实验的逻辑和程序

一、实验的逻辑

实验研究与其他社会研究方法的区别在于,实验研究是通过控制情境和变量来研究社会现象的变化,建立变量之间的因果关系。这决定了实验研究的逻辑和程序有别于其他的研究方法。

(一)实验的基本逻辑

实验研究的目的是建立和检验变量之间的因果关系,验证推测现象 X 是产生现象 Y 的原因。为了验证这一假设,研究者需要观察 Y 的变化情况。首先测量在没有 X 的影响下 Y 的情况,然后施加影响,有了 X 作为实验刺激之后,观察 Y 的变化情况,比较这两次测量的结果,分析 X 对 Y 的影响。这就是实验研究的基本逻辑。具体表现如图 7-1 所示:

图 7-1 实验研究的基本逻辑

一位研究者想要研究能否通过某种激励政策来改变员工的工作效率,希望验证新的激励政策与工作效率之间是否存在因果关系。为此,他在实验进行前对工人的工作效率进行测量,然后推行新的激励政策。过一段时间后,他对工人的工作效率再次进行测量,并比较前后两次工作效率的测量结果。如果前后两次测量相差无几,表明新的激励政策对工作效率没有产生影响;如果前后两次测量有明显差异,表明新的激励政策对工作效率产生了好的影响。

假设第一次测量结果为 Y_1,第二次测量结果为 Y_2,则实验刺激 X 产生的效应为:

$$X = Y_2 - Y_1$$

如果 $X \neq 0 (Y_1 \neq Y_2)$,则表明新的激励政策会提高工人的工作效率。

(二)有控制组实验逻辑

上述是实验法的基本逻辑,然而现实中社会研究所遇到的问题,面临的情况要更加复杂。由于社会现象往往是由多种因素共同影响,相互交织而成的,因此要研究两个变量之间的关系,需要把其他变量固定下来,避免其他因素变动干扰实验的结果。在上述实验中,前后两次测量除了由于新的激励政策带来影响以外,还有可能因其他因素会发生变动而造成两次的测量结果出现差异,因此必须把其他因素固定下来,以确定 Y 的变动是由于 X 产生的。另外,还有一种可能的影响因素,即由于第一次对 Y 进行的测量的行为本身会对第二次测量的结果产生影响,即存在前测的影响。哪怕实验刺激没有起到效果,第二次测量结果也会可能产生变化。

为了解决这一问题,实验法常用的方法是引入一个控制组。对控制组来说,接受前后两次对 Y 的测量,但是不施加实验刺激,即不引入自变量 X。这样,在"实验组与控制组两组对象是相同的"前提下,可以通过实验组前后两次测量结果之差,减去控制组前后两次测量结果之差,得到的是仅仅反映自变量 X 对因变量 Y 的影响。

在上述实验中增加一个控制组,将实验组与控制组放置于相同的环境中,其中唯一的差别是对实验组施加实验刺激,而对控制组不施加实验刺激,比较这两组的实验结果。如果两组前测与后测结果之间的变化情况不同,表明实验刺激产生了作用;反之,如果这两组前测与后测结果之间的变化情况相同,则表明实验刺激未产生作用。

研究者增加一组实验对象,这组实验对象不接受新的激励政策,并同样接受前后两次工作效率的测试。假设两组实验对象测试结果如下:

实验组:第一次测量值为 Y_{11},第二次测量值为 Y_{12};

控制组:第一次测量值为 Y_{21},第二次测量值为 Y_{22};

则实验刺激 X 的效应 $X = X_1 - X_2 = (Y_{12} - Y_{11}) - (Y_{21} - Y_{22})$。

如果 X 的效应 $X \neq 0$,即 $X_1 \neq X_2$,则可以得到"新的激励政策可以改善工作效率"的结论。

二、实验的程序

实验研究的程序与其他社会研究方法的基本相同,遵循着社会研究从选题到设计,直至得出研究结论的逻辑过程。但是由于实验研究在研究方法、研究设计、对象选取、资料收集与分析等方面均有其特殊性,因此在具体的操作程序上与其他方法有所不同。

(一)实验的准备阶段

实验准备阶段是明确实验所有设计的环节,是整个实验工作最核心的部分。包括以下具体工作:

1. 建立因果关系假设

因果关系假设是整个实验研究的起点,对自变量和因变量界定清楚明确,便于实验的设计与实施。

2. 实验设计

(1)后测设计

后测设计是最简单的实验设计,将实验对象分成实验组和控制组,对实验组施加实验刺激,而对控制组不施加实验刺激。只进行一次实验检测,即后测,而省略前测,通过比较实验组和控制组后测的结果的差异来判断实验刺激对因变量的影响程度。由于后测设计没有进行前测检验,往往要求对实验组和控制组的实验对象进行随机抽取,以保证两组受试者保持一致。

另外,后测设计不进行前测,无法比较出两组实验对象的差异,因此需要进行重复测量。后测设计操作上简单高效,可以进行多次重复实验,用全部实验的平均值作为后测比较的基准,以保证实验结论的可靠性。

(2) 古典实验设计

古典实验设计是最基本,也是最标准的实验设计,又称为经典实验设计。古典实验设计包括了实验组、控制组、前测、后测、实验刺激、因变量等全部实验设计中的因素,故也称为双组前后测设计。具体设计思路为:第一,随机指派实验组和控制组;第二,对实验组和控制组进行第一次实验检测,即前测;第三,对实验组施加实验刺激,对控制组不施加实验刺激;第四,对实验组和控制组进行第二次检测,即后测;第五,比较两个组前测与后测结果之间的差异,从而得到对实验刺激与因变量之间的关系的推测。

如果实验组后测与前测的绝对差异大于控制组后测与前测的绝对差异,就表明实验刺激对因变量有影响,并且这个影响是正向的;如果实验组后测与前测的绝对差异等于控制组后测与前测的绝对差异,就表明实验刺激对因变量没有影响;如果实验组后测与前测的绝对差异小于控制组后测与前测的绝对差异,就表明实验刺激对因变量有影响,并且这个影响是负向的。

(3) 索罗门设计

索罗门设计是将实验对象随机分成四组,其中两组为实验组,两组为控制组,两组中分别有一组进行前测,有一组无前测,故这种实验设计也被称为四组设计。这种实验设计组对一组实验组和控制组按照后测设计来进行,只进行后测检验,而省略前测检验;而对另一组实验组和控制组按照古典实验设计来进行,既在实验刺激施加前对两组进行前测检验,同时也在实验刺激施加后对两组进行后测检验。

实质上,索罗门设计是将前面两种实验设计方法结合起来,其突出的优点是可以将前测的反作用从实验结果中分离出来,以使得实验检测中实验刺激对因变量的影响更为显著和清晰。这是一种理想的实验方案,集中了后测设计和古典实验设计的优点,控制性强,结论清晰。但是,这种实验设计实验对象多,实验所需要的成本较高,一般较少采用。

3. 引入实验刺激

实验刺激的引入是实验设计中十分关键,也是非常困难的一个环节。实验刺激要易于控制,便于测定实验刺激与因变量之间的影响关系。通常在社会研究中,很多变量不容易被控制,例如个人的性别、年龄、家庭背景或性格特质等,也有很多变量出于政治的、伦理的原因限制,不能进行操纵,这也成为社会学者较少采用实验研究的一个重要原因。

4. 明确因变量的测量方法

实验研究的结果是基于对因变量的前测与后测结果的对比得出的,明确因变量的测量方法,并准确测量出因变量的结果,是实验研究能够验证研究假设,得到研究成果的关键。完善对因变量的测量,提高测量的信度与效度,使实验结果更科学和可靠。

(二)实验的实施阶段

实验实施阶段是实质性的操作阶段,这个阶段的主要任务是按照实验设计的要求进行各项实验活动,包括以下内容:

1. 选择实验对象

按照实验研究的要求,对实验组和控制组需要寻求各方面都一样的实验对象。在选择实验对象的过程中,为了能够创造出两组相同的对象,通常采用的方法有两种:

一是匹配。匹配是指依照各种标准或特征,找出两个完全相同或几乎完全相同的实验对象进行配对,将其中一个实验对象分配到实验组,另一个实验对象分配到控制组。实际上,我们可以在一个、两个,甚至三个变量上找出相同的实验对象,但是要保证两个组的实验对象相同,就必须找出在所有变量上都相同的实验对象,而这在现实研究中几乎无法实现,其中的困难主要在于:首先,现实中没有足够多的对象供我们选择,随着需要符合的相同变量数目的增多,符合条件的对象会越来越少;其次,研究者难以对所有可能影响因变量的变量进行匹配。现实中,还存在没有被研究者意识到的影响变量,研究者无法用来对对象进行匹配;最后,很多变量在实践中很难测量,难以转化为具体的、可操作化的指标,因此也就难以进行匹配。

尽管做到严格意义上的完全匹配很困难,但是匹配的方法在实际研究中依然具有一定的作用。研究者可以利用与研究主题密切相关的变量来进行匹配,而忽略或舍弃一些与研究主题关系不紧密的变量。但是这样得到的研究结论也仅限于一定的范围,在做结论时应留有余地。

二是随机选择。随机选择是按照随机抽样的原理和方法,将实验对象随机分配到实验组和控制组中,以保证实验组和控制组得到的都是随机样本,被分配到两组的实验对象基本相同。随机选择提供了一种创造两组几乎相同的研究对象的方法。之所以是说几乎相同,是因为随机选择的方法存在误差,这主要是由于当实验对象数量较少时,不满足大数定理,得到两组样本会存在差异较大的情况。因此,使用随机选择这种方法,需要实验对象达到一定数量,这样才有较多的选择余地。

2. 实验检测

实验检测分为前测和后测。按照实验设计的要求,分别对实验组和控制组进行前测和后测检验,或只进行后测检验,不进行前测检验。实验检验的要求是对实验组和控制组的检测方法、检测工具、检测结果、测量方法等各方面要完全一致,这样才能准确地测量出实验组和控制组之间的差异,得到准确的实验结论。

第三节 实验的基本类型

实验通常分为实验室实验和现场实验两种基本类型。实验室实验是对实验环境有严格控制的条件下进行的实验;而现场实验是在自然现实的环境下进行的实验,实验者只能部分控制实验环境的变化。

下面介绍社会研究中几个很经典的实验研究的案例,以了解各类实验研究的性质和特点。

一、实验室实验

实验室实验是在严格控制的人工环境中进行的实验。在这种实验中,与研究主题无关的变量都被隔离开来,仅控制与研究主题相关的变量。实验室实验成功的关键是创造出一种接近自然的实验情境,使得实验参与人员的行为更符合平时行为的标准。

(一)津巴多监狱行为模式研究

为了研究人和环境因素对个体的影响程度,心理学家津巴多(1972)设计了一个模拟监狱的实验,实验地点设在斯坦福大学心理学系的地下室中,参加者是男性志愿者。津巴多用心理测验和体能测试,挑选了 24 名看起来心理稳定、行为正常的学生参与实验,这些受试者均来自美国和加拿大的中产阶级家庭。他们中的一半随机指派为"看守",另一半指派为"犯人",被选作犯人的受试者由当地警察逮捕,并关押在地下室监狱中,三人一间的囚室,并被告知要关押两星期之久。实验者发给"看守"们制服和哨子,并训练他们推行一套"监狱"的规则。剩下的另一半扮演"犯人"角色,他们穿上品质低劣的囚衣,并被关在牢房内。所有的参加者包括实验者,仅花了一天的时间就完全进入了实验。看守们开始变得十分粗鲁,充满敌意,他们还想出多种对付犯人的酷刑和体罚方法。

几天后,犯人们的心理发生变化,要么变得无动于衷,要么开始了积极的反抗。用津巴多的话来说,在那里"现实和错觉之间产生了混淆,角色扮演与自我认同也产生了混淆"。尽管实验原先设计要进行两周,但它不得不提前停止。"因为我们所看到的一切令人胆战心惊。大多数人的确变成了'犯人'和'看守',不再能够清楚地区分角色扮演还是真正的自我。"实际上,实验并未持续两周之久,而是到第六天这个假监狱就关闭了。原因是研究者对实验所引发的行为非常忧虑:被选为"看守"的学生真的扮演起看守的角色,如同对待牲口一样对待被选为"囚犯"的学生,并享受其中,以此为乐;而被选为"囚犯"的学生则很快进入囚犯角色,想到的是如何避免惩罚和逃生。

实验意义:津巴多监狱行为模式研究是典型的实验室研究案例,通过人为控制,制造实验情境,验证实验假设。针对这个实验,有批评者指出,这项研究难以适用在真实场景中。在真实的监狱中,看守知道要与囚犯相处较长时间,大部分人会尽力避免极端敌对情况出现,与囚犯建立适当的、积极的关系,而非实验中表现出的极端对立关系。尽管如此,这个实验的结果还是解释了监狱暴力存在的原因,即监狱暴力存在不是由于看守和囚犯的个体人格造成,更多的来自于监狱这样特殊的、不平等的社会结构。因此,实验表明,社会结构可以轻易改变个人的偏好,并塑造出与特定社会结构相符合的群体角色定位。

(二)权威服从实验

1974年,美国心理学家米尔格兰姆(Stanly Milgram)利用实验法研究权威与服从的问题。米尔格兰姆用高额的报酬聘请助手,很快吸引到了40名被试。另外,他还专门聘请了几位合格的"演员",作为本实验的另外两个重要角色。一位扮演表情严肃、身着传统的灰色实验室工作服、感觉上很一丝不苟的权威人士,也就是主试。他负责在实验中对被试者下达继续进行实验的各种命令,而实际上他只是一名普通的中学物理教师。还有一名普通职业会计师,他负责扮演那个被要求进行联想记忆的学生,同时也是电击的"承受者"。这两位合谋人的精彩演技为本实验增色不少。

实验的地点被安排在耶鲁大学社会互动实验室。每一位被试都被安排在不同的时间来参与实验,报酬为每次4美元。米尔格兰姆将任何无关变量都控制得恰到好处,以防止这场精心设计的实验被不相关的因素影响。这个时候,两位米尔格兰姆的实验和合谋人开始陆续登场。主试也就是权威的扮演者会带领被试与另一位"被试"见面,并向他们说明本实验的实验"方法"和"目的":这是一项对学习中惩罚效应的研究,老师让学生对各种各样的单词配对进行联想记忆,如果学生回答错误,作为老师的一方就要对学生施加电击。每错一次,老师就需要将电击的幅度增加一级。陈述完毕后,主试会建议两名被试采取抽签的方法决定谁当学生,谁当老师。显然,只有真正的被试者被选作老师时,实验才会有意义。但是,米尔格兰姆在这里又玩儿了个小花招:两张纸上实际上都写着"老师",合谋人永远都会说自己抽到的是"学生",而被试永远看到的都是"老师"。然后,证据当场销毁。

实验的第一步是让被试亲自将"学生"牢牢地绑到电椅上,并且将各种复杂的连线和电击粘贴到学生的身上。"学生"的面前有一个标有A、B、C、D选项按钮的装置,这是用来回答被试提出的种种记忆问题。之后,被试会被带到有着电击装置的那个房间,两间屋子没有窗户之类的东西可以互相看见,但被试与"学生"可以通过麦克风听到对方的声音。而米尔格兰姆会通过一面单向玻璃观察被试的行为表现,相信这时薄薄的玻璃后一定闪烁着他期待的目光。一切准备就绪后,实验正式开始。

被试要宣读一些成对的词(比如蓝色、天和狗、猫)给学生听,再考他的记忆力。考察时先念一组词中的第一个词,然后念四个可能答案词,让他选择其中正确的一个词。"学生"通过面前的按钮来选择答案,这时另一间房间相对应的灯泡就会亮起来,被试由此判断"学生"回答正确与否,如果错误,被试就需要按照主试的要求对学生施加电击。而"学生"会以其精湛的演技对每种不同的电击水平作出相应的生理和行为反应(虽然感受不到真电击,但主试对电击强度的选择也会通过某种装置让"学生"知道)。事实上,就连记忆错误的发生时机都是事先安排好的,以此来平衡这个变量可能会造成的误差。

刚开始的任务还算简单,但是,随着单词记忆数量的提升,"学生"的出错率越来越多,被试对他施加的电击强度也越来越强。75伏开始,学生会发出呻吟声;到120伏的时候,他喊出声来:"电击已经弄得他很痛了!"到150伏时,他惨叫:"我受够了,放我出去!"如果此时被试动摇,站在他旁边的权威就会以命令的口气说:"请继续。"到270伏至300伏时,"学生"会歇斯底里地叫喊:"我有心脏病,我要立即退出实验!"被试如果再次犹豫不决,研究者则会说:"实验要求你继续进行。"到300伏以上,学生开始猛烈撞击墙壁。当被试几乎祈求地转向研究者时,他则会更加严肃地说:"继续进行实验是极其必要的。"超过330伏时,隔壁只有可怕沉静,但主试会告诉被试,不回答也与答错做相同的处理:"你没有别的选择;你必须进行下去。"

参与实验的40名受试者,最终的实验结果见表7-1:

表7-1 权威服从实验结果

电压等级	拒绝执行命令被试人数	电压等级	拒绝执行命令被试人数
轻微的电击(15～60伏)	0人	猛烈的电击(255～300伏)	5人
中等的电击(75～120伏)	0人	极为猛烈的电击(315～360伏)	8人
较强的电击(135～180伏)	0人	危险、严重的电击(375～420伏)	1人
很强的电击(195～240伏)	0人	致命(435～450伏)	26人

这样的结果对所有人来说都很有冲击力,包括米尔格兰姆本人。谁会相信竟然有26个人也就是65%左右的被试会按照主试的命令将实验进行到底?本实验前,米尔格兰姆曾经让耶鲁大学的学生对实验结果做过预测,平均预测结果仅仅是1.2%,也就是40个人中应该只有半个人会将电压等级调到最高。实验结果与事先预测之间出现非常大的偏差。即便是在进行到最高等级电压之前就拒绝继续实验的14名被试,最低的也到了300伏才停下来,这时,作为学生的人已经开始无法忍受,猛击墙壁了!

实验意义:实验室实验要求人工创造并控制实验情境,很多实验刺激都是虚构的。而米尔格兰姆的权威服从实验则是事先不告知受试者,在受试者不知情的情况下进行的实验,实验结果相对真实可靠。实验结束后的人格测试表明,这些受试者中没有一个人是虐待狂,甚至没有任何人格上的缺陷,在家庭中都是好儿子、好丈夫,在工作上兢兢业业,没有任何不良嗜好。更有意思的是,任何一个被试,无论他们在哪个电压等级上拒绝服从权威,人格上都没有明显的差异。这便证明了米尔格兰姆之前的假设——人们会服从权威的命令做一些违背道德伦理的事情,不是因为其具有服从性的人格,而是当时的权威服从暗示的情景所致。对于服从权威,是每个人心中的天性之一,只要情景适宜,权威服从就会被"激发"出来。

(三) 班杜拉的模仿学习实验

美国心理学家班杜拉被誉为是社会学习理论的创始人,认知理论之父。班杜拉研究儿童模仿学习能力,将被试儿童分为甲、乙两组。在实验的第一阶段,让两组儿童分别看一段录像,甲组儿童看的录像片是一个大孩子在打一个玩具娃娃,过一会儿来了个成人,给大孩子一些糖果作为奖励。乙组儿童看的录像片,开始也是一个大孩子在打一个玩具娃娃,过一会儿来了个成人,为了惩罚这个大孩子的暴力行为,将他揍了一顿。

看完录像片后,班杜拉把两组儿童送进一间放着一些玩具娃娃的小屋里,结果发现,甲组儿童都会模仿录像片里大孩子的样子,打玩具娃娃。而乙组儿童却很少有人打玩具娃娃。这一阶段的实验说明,对榜样的奖励能使儿童表现出榜样的行为,对榜样的惩罚则使儿童避免榜样的行为。

在实验的第二阶段,班杜拉鼓励两组儿童学录像片里的大孩子,打玩具娃娃,谁学得像就给谁糖吃。结果再把两组儿童一个个送进放着玩具娃娃的小屋,两组儿童都争先恐后地,使劲打玩具娃娃。这说明通过看录像,两组儿童都已经学会了攻击行为。

实验意义:班杜拉学习模仿研究表明,儿童具有学习模仿能力,当这种模仿能力受到鼓励之后,会进一步强化这种学习模仿;而当这种模仿能力受到惩罚之后,会抑制学习模仿能力。在第一阶段实验中,乙组儿童之所以没有人敢打玩具娃娃,并非儿童没有学会这种模仿,而是因为他们害怕打了以后会受到惩罚,从而暂时抑制了攻击行为,而当条件许可,他们也会像甲组儿童一样,把学习到的攻击行为表现出来。

(四) 阿希的从众效应实验

阿希的从众效应实验(Asch's conformity research)是 1956 年,由心理学家阿希(Solomon Asch)设计的从众现象的经典性研究——三垂线实验,是研究从众现象的一个经典实验。

所谓从众,是指个体受到群体的影响而怀疑、改变自己的观点、判断和行为等,而与周围的人群保持一致。阿希实验就是研究个人会在多大程度上受到周围人群的影响,而违心地接受明显错误的判断,与周围人群保持一致。

在实验中,阿希请大学生们自愿做他的被试,告诉他们这个实验的目的是研究人的视觉情况。当某个来参加实验的大学生走进实验室的时候,他发现已经有五个人先坐在那里了,他只能坐在第六个位置上。事实上他不知道,其他五个人是跟阿希串通好了的假被试(即所谓的"托儿")。阿希要大家作一个非常容易的判断——比较线段的长度。他拿出一张画有一条竖线的卡片,见图 7-2,然后让大家比较这条线和另一张卡片上的 3 条线中的哪一条线等长。判断共进行了 18 次。事实上这些线条的长短差异很明显,正常人是很容易作出正确判断的。然而,在两次正常判断之后,五个假受试者故意异口同声地说出一个错误答案。于是许多真被试开始迷惑了,他是坚定地相信自己的眼力呢,还是说出一个与五个假受试者一样、但自己心里认为不正确的答案呢?

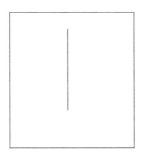 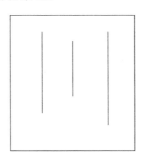

图 7-2　比较线段的长短

结果当然是不同的人有不同程度的从众倾向,但从总体结果看,平均有 37% 的人判断是从众的,有 75% 的人至少做了一次从众的判断。

实验意义:阿希的从众效应实验是从实验的角度来研究人的从众心理,通过简单的实验设计,得到准确的实验结论。从总体结果看,平均有 37% 的人判断是从众的,有 75% 的人至少做了一次从众的判断,而在正常的情况下,人们判断错的可能性还不到 1%。当然,还有 24% 的人一直没有从众,他们按照自己的正确判断来回答。同时,实验还表明,一般认为女性的从众倾向要高于男性,但从实验结果来看,并没有显著的区别。

实验后,阿希对从众的被试作了访谈,归纳出从众的情况有三种:

(1) 被试确实把他人的反应作为参考框架,观察上就错了,发生了知觉歪曲;

(2) 被试意识到自己看到的与他人不同,但认为多数人总比自己个人的看法要正确些,于是就改变自己原来的观念,跟着多数人一起做出了错误的判断;

(3) 被试明知其他人都错了,为了与大家保持一致而不成为另类,就跟着作出了错误反应,发生了行为歪曲。

二、现场实验

(一) 霍桑实验

霍桑实验(hawthorne experiment)是心理学史上最出名的实验之一,由哈佛大学的心理学教授乔治·埃尔顿·梅奥(George Elton Mayo)主持,在美国的西方电器公司(Western Electric)位于伊利诺伊州的霍桑工厂(Hawthorne Works)进行的这一系列心理学实验研究,并以此为基础发展了行为科学理论。

霍桑工厂是一个制造电话交换机的工厂,具有较完善的娱乐设施、医疗制度和养老金制度,但工人们仍愤愤不平,生产效率很不理想。为找出原因,美国国家研究委员会组织研究小组开展实验研究。霍桑实验共分四阶段:

第一阶段：照明实验

时间从 1924 年 11 月至 1927 年 4 月。

当时关于生产效率的理论占统治地位的是劳动医学的观点，认为也许影响工人生产效率的是疲劳和单调感等，于是当时的实验假设便是"提高照明度有助于减少疲劳，使生产效率提高"。可是经过两年多实验发现，照明度的改变对生产效率并无影响。具体结果是：当实验组照明度增大时，实验组和控制组都增产；当实验组照明度减弱时，两组依然都增产，甚至实验组的照明度减至 0.06 烛光时，其产量亦无明显下降；直至照明减至如月光一般、实在看不清时，产量才急剧降下来。实验表明，照明不是影响生产效率的主要原因。

第二阶段：福利实验

时间是从 1927 年 4 月至 1929 年 6 月。

实验目的总的来说是查明福利待遇的改变对生产效率的关系。但经过两年多的实验发现，不管福利待遇如何改变（包括工资支付办法的改变、优惠措施的增减、休息时间的增减等），都不影响产量的持续上升，甚至工人自己对生产效率提高的原因也说不清楚。

后经过进一步的分析发现，导致生产效率上升的主要原因如下：(1)参加实验的光荣感。实验开始时，6 名参加实验的女工曾被召进部长办公室谈话，她们认为这是莫大的荣誉，这说明被重视的自豪感对人的工作积极性有明显的刺激作用；(2)成员间良好的人际关系。

第三阶段：访谈实验

研究者在工厂中开始了访谈计划。此计划的最初想法是要工人就管理当局的规划和政策、工头的态度和工作条件等问题作出回答，但这种规定好的访谈计划在进行过程中却出乎意料，得到意想不到的效果。工人想就调查提纲以外的事情进行交谈，结果发现工人认为重要的事情并不是公司或调查者认为意义重大的那些事情。访谈者了解到这一点，及时把访谈计划改为事先不规定内容，每次访谈的平均时间从 30 分钟延长到 1～1.5 个小时，多听少说，详细记录工人的不满和意见。访谈计划持续了两年多，工人的产量大幅提高。

工人们长期以来对工厂的各项管理制度和方法存在许多不满，无处发泄，访谈计划的实施恰好为他们提供了发泄机会。发泄过后心情舒畅，士气提高，使产量得到提高.

第四阶段：群体实验

梅奥等人在这个试验中选择 14 名男工人在单独的房间里从事绕线、焊接和检验工作，并对这个班组实行特殊的工人计件工资制度。实验者原来设想，实行这套奖励办法会使工人更加努力工作，以便得到更多的报酬。但观察结果发现，产量只保持在中等水平上，每个工人的日产量平均都差不多，而且工人并不如实地报告产量。深入的调查发现，这个班组为了维护他们群体的利益，自发地形成了一些规范。他们约定，谁也不能干得太多,突出自己;谁也不能干得太少,影响全组的产量;并且约法三章,不准向管理当局告密,如有人违反这些规定,轻则挖苦谩骂,重则拳打脚踢。进一步调查发现,工人们之所以维持中等水平的产量,是担心产量提高,管理当局会改变现行奖励制度,或裁减人员,使部分工人失业,或者会使干得慢的伙伴受到惩罚。

实验意义:霍桑实验是实验室实验中的经典案例,实验结论为行为科学的创立奠定了基础。这一实验表明,为了维护班组内部的团结,可以放弃物质利益的引诱。由此提出了"非正式群体"的概念,认为在正式的组织中存在着自发形成的非正式群体,这种群体有自己的特殊的行为规范,对人的行为起着调节和控制作用。从而得出了人际关系比人为措施更具有效力的结论。

(二)"啤酒盗窃案"实验

"啤酒盗窃案"是控制较少的现场实验。温斯格尔(1973)在实验中建立实验假设,认为人们对盗窃行为表现出来的正义感与周边是否有他人在场有关,在没有他人在场的情况下会表现出更多的正义感;反之,在周边有他人在场的情况下,则会较少表现出正义感。为了验证实验假设,实验首先安排实验人员分别扮演盗窃啤酒"盗贼"和"店员"。当受试者进入实验现场时,"盗贼"故意问"店员"最贵的啤酒在哪里,然后趁"店员"离开的时候拿走一箱啤酒。

实验进行了48例,在所有试验中,仅仅20%的顾客在"店员"回来后主动报告了啤酒被盗窃。如果顾客没有主动报告,"店员"会追加询问刚才那个人在店里做了什么,用以敦促受试者报告盗窃行为。在追加询问之后,原先未报告盗窃的人中有51%的受试者会报告发生的盗窃行为。同时,实验还验证了盗窃报告率与顾客的性别、盗窃啤酒的数量没有显著的关系。实验还表明,店中顾客的人数会影响盗窃事件的报告率。当店中只有单个顾客时,累计有65%的案例有人报告;而当店中有多个顾客时,也只有65%的盗窃案有人报告,而综合顾客的人数来看,单个顾客的盗窃报告率要高于多个顾客的盗窃报告率。实验表明,在有其他顾客在场的情况下,人们往往会采用事不关己的态度,因此报告率会低于单个顾客时的报告率。

实验意义:"啤酒失窃案"是典型的现场实验,对实验情境和实验条件控制较少。这个实验设计简单,既没有控制组,也没有进行前测,只有实验刺激和对因变量的测量,情境自然,并且在实验实施中采取概率抽样选取实验对象,这些都使得这一实验具备较高的信度和效度,实验所得到的结论也得到了广泛的推广和应用。

第四节 实验研究的基本特点

实验研究法区别于其他社会研究方法,有其特有的优势,但也存在许多难以克服的缺陷,需要在社会研究中进行一些技术处理。

一、实验研究的优点

（一）直接验证因果关系

与其他社会研究方法不同，实验法最突出的优点是可以直接验证因果关系，明确区分自变量和因变量。使用问卷法或者访谈法，一般的逻辑是研究者通过实际收集的资料检验变量之间在数量上是否存在共变关系，由此建立研究结论，而变量之间在某个测量指标上的统计相关性是否能够直接表明变量之间真实存在统计相关性，是难以验证的。另外，要判断出变量之间哪个是主动的原因，哪个是被动的结果也非常困难。

实验法的研究逻辑是，通过前测确定受试者的状况，然后施加实验刺激，再经过后测来研究受试者的情况。在实验过程中，只要通过严格控制，确定受试者没有接受其他刺激，那么受试者后测与前测之间的差异，就可以被解释为是由于实验刺激的影响造成的。因此，实验法可以直接验证变量之间的因果关系，并且能够清楚地区分自变量与因变量，是在社会研究中建立因果关系的最好的方法。

（二）具有很强的控制力

在所有的社会研究方法中，实验法具有最强的控制力。按照实验法的研究思路，对实验对象的选取、实验条件的确定以及实验环境的设置，都有明确的要求，具有很强的控制力。实验法的要求是通过对实验过程的严格控制，尽可能排除外部因素对实验结果的影响，减少各种误差的产生，使得最终实验结论能够成立。实验法对实验变量、受试者、实验检测等环节的严格控制，实现了验证变量之间因果关系的目的，提高了结论的可信性。

（三）易于操作和重复验证

实验法相比于其他社会研究方法，具有研究对象少、研究目的明确、研究设计清楚、研究时间较短、研究成本较低的特点，易于在实践中进行实施，具有很强的可操作性。检验研究结论的可靠性的一个重要方面来自于研究的可重复性。实验法非常容易进行重复验证，即使是在实验环境发生一些变化的情况下，实验研究的研究结论还是可以得到反复验证。从这个意义上说，实验法具有较强的可信度。

二、实验研究的缺点

（一）人为控制实验情境

实验法从实验设计上来说，就是需要人为去控制或制造一个实验情境，在特定的实验情境下来检验实验结果，而这样的情况在自然状态下未必会发生。因此，实验法对实验的控制程度越高，就离自然状态越远，得到的结论在现实中的可推广性和适用性就越弱。实验法的研究逻辑是通过各种实验设计，将与实验无关的因素的影响控制在最小的限度以内，突出实验刺激对因变量的影响，从而确立自变量与因变量之间的因果关系。因此，实验法是一种人为干涉并进行严格控制的研究方法,是在特定情境下发生的结果,而非自然状态下能够得到的研究结论。

从另一个角度来看,实验法需要控制其他因素对实验的影响,从而达到通过实验刺激来验证自变量与因变量之间因果关系的目的,然而现实社会中"其他因素"对不同个体的影响程度通常是不一样的,社会现象的复杂性决定了很多社会现象不能通过实验法来得到验证,实验法中的实验过程往往也不能代表现实社会中的过程。因此,实验法得到的研究结论很难在现实社会中得到推广,不具有普遍意义。

(二)样本选取的问题

在使用实验法时,选取样本要注意以下两点:

一是要按照实验法的设计思路,寻找实验组和控制组两组受试对象,这两组受试对象应该在各个方面完全一致或几乎一致,通过比对两组受试对象前测和后测结果的差异,作出实验刺激与因变量因果关系的推论。然而,在现实研究中,寻找两组几乎一致的受试对象是非常困难的事情,实验对象过多,会使得实验法的控制性下降;而实验对象过少,会使得两组受试者出现较大的随机误差,因此两组实验对象往往存在某些差异,使得实验法的研究结论受到质疑。

二是在实验法的研究结论由样本推广到更一般的总体时会受到影响。当把一项实验研究的结论推广到更大的总体时,往往会存在风险,主要是由于实验结论所依据的实验对象和现实世界中的对象往往不一致,所处环境也会发生变化。在实验法中,实验所选取的样本对象往往难以满足抽样推断所需要的大样本的要求,样本代表性存在必然的缺陷。因此,在社会研究中,使用实验法得到的研究结论,多用于解释和理解社会心理或小群体的社会行为,而很少涉及大范围、大规模的社会行为研究。

(三)实验设计者的主观影响

罗森塔尔实验的一个重要结论是:"人们对他人行为的期望,可以导致他人行为向预期方向的改变。"这个结论在实验法中的表现是,实验设计者对实验结果有主观判断和预期,这些判断和预期会转化为有意无意的暗示传递给受试者,部分受试者会受到实验判断或预期的影响,而改变原有的行为模式,去迎合这种期望,最终影响实验对象原本的行为方向。从实验法本身的研究过程来说,可以通过改进变量的控制、提高测量的精度等手段,加以技术上的控制。但是实验法本身是一个从实验设计开始就存在主观价值判断的研究方法,研究者的主观影响很难在后面具体实验过程中完全消除掉。因此,当实验法存在人为影响而改变实验结论的可能时,实验法本身的适用性和结论的可靠性就受到了限制。

(四)社会伦理和法律的限制

实验法的一大挑战来自于社会研究的对象不同于自然物体,社会研究中的一些特定行为研究会受制于社会伦理道德的限制,甚至于法律的限制,这也是实验法使用受到制约的一个重要因素。在进行实验研究时,必须要充分考虑所进行的实验是否存在显性或潜在的不良后果,要避免由于实验设计者的某些主观好奇而影响受试者的身心健康,或对社会产生不良影响。

二、实验研究的两个案例

下面以两个案例来简单说明实验研究法的实际应用。

案例一:"威利·豪敦"电视广告做了什么

威利·豪敦(willie Horton)在1988年美国总统竞选期间播出的一个政治广告里出了名。在一个周末,威利·豪敦从马萨诸塞州的一个监狱获释,后因事实强奸和虐待,被判谋杀罪。总统候选人乔治·布什(George Bush)通过广告来与他的竞争对手迈克尔·杜卡科斯(Michael Dukakis)竞争,而当威利·豪敦被释放时,迈克尔·杜卡科斯正好是马萨诸塞州州长。暂且不论广告里面是否存在误导信息,观察家认为这个广告引起了公众对犯罪的恐惧。批评者认为广告里面包含了种族歧视的信息,因为大家都知道威利·豪敦是一个非洲裔美国人。

门德伯格(Mendelberg,1997)设计了一个实验来验证白人观众是否对犯罪或者种族主义信息作出了反应。实验的受试者是来自密歇根大学的77位非西班牙裔白人学生,平均年龄为18岁。受试者填答了一个现代种族歧视量表,共分为七个项目,利用五点李克特量表进行测量,被分为有偏见和无偏见两种。学生被随机分到两组中,一组为实验组,另一组为控制组。实验安排学生观看一个50分钟的电视节目,他们被告知这个研究是关于政治竞选中的实际问题的报道。实验组在观看的电视节目中间看到了一个关于威利·豪敦的新闻版块,而控制组则看到的是批评候选人迈克尔·杜卡科斯的关于环境污染的报道。

在后测中,学生们填答了关于一系列公共事务,包括犯罪指控和旨在减少种族不平等的政府项目的测评。实验采用的方法是两组后测,是一个2×2的因子设计,即对是否有种族歧视与是否有威利·豪敦的广告观看之间进行交互。结果显示,实验更多的是种族问题,而非犯罪问题。观看了威利·豪敦的广告的学生并没有因此而变得更加反对犯罪,但是却表现得更加反对种族平等。作者得出的结论是:"当受到威利·豪敦的故事所释放的种族暗示性信号的刺激之后,偏见会产生这样的理解:非洲裔美国人的地位提高了,白人正在失业,取而代之的是非洲裔美国人……在看了威利·豪敦的故事后,有偏见的美国人甚至会更加反对种族平等了。"

在一个相关的实验中,瓦伦迪诺(Valentino)比较了1996年美国总统选举的候选人排名,研究参与者观看的新闻节目中会插入以下三个不同的内容:有的人看到了不带犯罪故事的新闻,其他人看到了一个团伙犯罪故事中的非白人嫌疑犯,剩下一些人看见了一个犯罪故事中的白人嫌疑犯。从实验的结果来看,没有看到犯罪故事的那些受试者对比尔·克林顿(Bill Clinton)的评分最高,那些看到白人嫌疑犯的受试者对克林顿的评分低一些,而那些看见非白人嫌疑犯的受试者对克林顿的评分最低。实验表明,新闻报道能够以一种会影响竞选偏好的方式预先"灌输"种族观点。

案例二:在日常交往中外表吸引力、机会和成功关系的实验

研究者试图了解可以感知的外表吸引力是否会影响日常交往,以及增加获得金融回报的机会。研究者想要验证,人们仅仅依据外表就相信有吸引力的人做事更加负责,并且更愿意与其合作。

在俄勒冈大学(University of Oregon)的学生报刊上,研究者发布了一则广告,征集受试者,许诺参加第一项研究的人每人可以获得20美元,愿意继续参加第二项研究的,则每人可以再获得20美元。根据游戏的规则,参加者可以中途退出,也能获得至少5美元。大部分的参加者都是本科生,也包含少数当地居民,其中58%的参加者是女性。

首先,每个受试者可以选择与另外一个人进行游戏。如果他们都同意,则可以进行合作,否则是不合作,或是单独行动。如果没有对象进行合作,双方的回报都很低;如果双方都合作,则回报水平为中等;如果一方合作,而另一方不合作,则"防守"(即不合作方)会获得更高回报,而提出合作的一方则获得很少回报。受试者对自己和其他六名参与游戏的人的吸引力打分,从1分到11分,其中11分代表着非常有吸引力,而1分则代表一点吸引力都没有。

实验结果表明,那些认为自己吸引力很低(1~5分)的人获得的回报,只有那些认为自己很有吸引力(9~11分)的人的一半。若不考虑性别,可以看到那些自认为不太有吸引力的人希望与人合作,而那些自认为很有吸引力的人则不太喜欢与人合作。

研究者发现,人们更愿意与有吸引力的人进行游戏,在游戏中更愿意与他们合作。但是有吸引力的人并不喜欢合作,他们获得的额外回报是因为其他人高估了他们的合作意愿,而他们拒绝与之合作时成为"防守"的一方,所获取的回报。

拓展阅读:

麻省理工教授用实验揭示婚恋真相

这个男女配对实验出自麻省理工学院著名经济学家 Dan Ariely 所著的书籍 *The Upside of Irrationality*(中文书名《怪诞行为学2:非理性的积极力量》,北京:中信出版社,2010),从中可以看出男女恋爱行为的真相。

一、实验设置

实验人员找来100位正值青春年华的大学生,男女各半,然后制作了100张卡片,卡

片上写了从 1～100 总共一百个数字。单数的 50 张卡片给男生,双数的 50 张卡片给女生,但他们并不知道卡片上写的是什么数字。工作人员将卡片拆封,然后贴在该大学生的背后。

实验规则:

(1) 男女共 100 人,男生单数编号,女生双数。
(2) 编号为 1～100,但他们不知道数字最大的是 100,最小的是 1。
(3) 编号贴在背后,自己只能看见别人的编号,而不知道自己的编号。
(4) 大家可以说任何话,但不能把对方的编号告诉对方。
(5) 实验要求:大家去找一个异性配对,只要两人加起来的数字越大,得到的奖品越高,奖金归他们所有。
(6) 配对时间有限。

这个实验设置很简单,就是要男女都能找到适合自己的异性,争取能凑到最大的总和。实验是有奖金的,奖金金额为编号数总和的 10 倍。比如,83 号男生找到了 74 号女生配对,那么两人可以获得 $(83+74)\times 10=1570$ 美元的奖金。但如果 2 号女生找到了 3 号男生配对,那么两人只能拿到 50 美元的奖金了。

二、实验开始

由于大家都不知道自己背后的数字,因此首先就是观察别人,很快分数高的男生和女生很快被大家找出来了。

例如,99 号男生和 100 号女生。这两人身边围了一大群人,大家都想说服他们和自己配成一对。"来跟我一起嘛!我会给你幸福的!""我们简直天作之合啊!"

是的,有些人天生就自带"女神"/"男神"光环,谁都想和最好的"女神"/"男神"配对。

但人类的一夫一妻制决定了,一个人不可能同时和 N 个人配对,因此他们(高分者)变得非常挑剔,他们虽然不知道自己的分数具体是多少,但他们知道一定是比普通人的要高。

为什么?看看围在自己身边的那些狂蜂浪蝶就知道了,从这些追求者们殷切的眼神中就能够看出来。

自小是女神的人为什么被外界看起来更加"高贵冷艳傲慢",是因为从小到大她们都有太多狂蜂浪蝶扑过来。追求者太多,哪有时间去一一好口相向?只能高冷一点把不合格的拒之门外才是最佳策略。

那些碰壁的追求者迫于无奈只能退而求其次,原本给自己的目标是一定要找 90^+ 的人配对,慢慢地发现 80^+ 也可以了,甚至 70^+ 或者 60^+ 也凑合着过了。

但那些数字太小的人就很悲催了,他们到处碰壁,到处被拒,被嫌弃。

据一位学生事后表示,在参加了这场游戏之后,他对人生的理解都有了不同……因为他在短短几小时里就感受到了人间的冷暖——他们背后的数字太小了(基本都是个位数),要找一个愿意配对的人简直是难上加难。最后他们想出来的办法无外乎两条路:

一个是大家自己找个差不多的凑合凑合算了,比如5号和6号俩人配成一对,虽然奖金只有110美元,那也好过没有。

二是和对方商量,如果你愿意和我配对,那么拿到奖金的时候就不是对半分,我愿意给你更多,比如三七分或四六分,等等,或者事后再请你吃饭,虽然请客吃饭花的钱肯定多过奖金数额,但是找不到人配对实在是太没面子了。(这个在现实中就有交易婚姻:交易条件包括房子、财产、其他物质不等;代际婚姻、假婚姻等。)

经过了漫长的配对过程,眼看时间就要到了,还有少数人没有成功配对,这些人没办法了,只能赶紧地草草找人完成任务,因为单身一人的话是拿不到奖金的。

最后的倒数阶段,没有配对的都胡乱找了个人,当然也有坚持不配对、单身结束游戏的大学生。

三、实验结束

心理学家发现,绝大多数人的配对对象其背后的数字都非常接近自己的数字,换言之中国古人说的"门当户对"还是很有道理的。

比如55号男生,他的对象有80%的可能性是50~60之间的女生,俩人数字相差20以上的情况非常罕见。

你们猜100号的女生的配对对象是谁?

有趣的是,100号女生的配对对象竟然不是99号男,也不是97或95,竟然是73号男生,两人相差了27!为什么会相差这么多?

原来100号女生被众多的追求者冲昏了头,她采取的策略是"捂盘惜售"(因为她并不知道100是最大值,也不知道自己就是100号),她还在等待更大数字的男人,等到大家都配对完毕,她终于开始慌了。于是她在剩下的男生里找了一个数字最大的,就是那位73号幸运儿。她最后也尝试过去找90+的男生,但是人家都已经有女伴了,让他们抛弃现有的女伴跟她配对并不现实,何况已经配对了他们不会为了这点钱而损害自己的名声。

从实验中,还可以总结出很多经验:

(1)因为人太多地方太小,你并不可能跑去看每个人背后的数字。(空间,圈子,地域限制)

(2)你只要看谁边上围着的人多,谁就是数字较大的人,而那些身边孤苦伶仃门可罗雀的人,肯定是数字小的,通过这个方法你可以立刻筛选出目标对象。(多数抉择,光环效应)

(3)小数字的人追求大数字的人一般都很辛苦,因为要大数字的人接受小数字的人总不是那么甘心,因此追求方要付出更大的努力才行,但更大的可能是你再怎么努力,对方也不理你。(女神与屌丝)

这场心理学实验实际上就是人类恋爱行为的实验简化版。需要注意的是,这个实验完全建立在人是"经济人"的假定之上的,而忽视了情感、心理、审美、精神等非理性和非经济的因素。

第八章　　制度分析法

制度分析方法(Analysis method of the institutionalism),是将制度作为分析的对象或变量,研究制度的性质、结构、作用、运作机制、变迁模式、供给与需求、交易费用及其测度、设计与配置等内容的一种研究方法。这里的制度可以理解为人际交往中的规则及社会组织的结构和机制,以规范一个组织或群体的行为方式。如一个国家的政权组织形式、选举制度、经济体制、政党制度、宪法与其他法律体系,企业的产权结构、治理制度安排,企业承包合同,债券、股票等金融产品契约,社区管理规定,一个地区的风俗习惯,等等,都是制度的具体形式。

制度分析法又名制度经济学,早先用于对经济制度和经济行为的研究,后来学者们将这种方法广泛用于政治、法律、文化、国际关系、社会管理、企业管理等各种人类活动领域,是一种重要的社会科学研究方法。

按照研究传统和研究方法的不同,制度经济学可以分为旧制度经济学和新制度经济学。

旧制度经济学(The Old Institutional Economics,OIE),是指始于19世纪末20世纪初,并延续至今的美国制度主义传统,代表人物有凡勃伦、米契尔、康芒斯、加尔布雷斯等人,没有系统的理论。这一学派以西方正统经济学的"异端"出现,继承"凡勃伦传统",主张从社会制度发展的角度论述制度结构和制度变革,强调制度在社会经济生活中的决定作用;反对使用数学建模,更多的是对制度的历史性和材料性描述,强调社会制度对个人行为的影响;把批评理性最大化行为假设作为其主要任务,更强调规范、习俗、文化的作用。

新制度经济学(The New Institutional Economics,NIE),是指源于新古典经济学并将自己当作是对新古典经济学的修正和拓展的制度经济理论,代表人物有科斯、诺思、德姆塞茨、威廉姆森和张五常等人,兴起于20世纪50年代,主要包括产权经济学、交易费用经济学、新经济史以及契约经济学等分支,更广义的新制度经济学还包括奥地利学派和演化制度学派。这一学派运用新古典经济学的逻辑和方法进行制度分析,侧重从微观角度研究制度和制度变迁对资源配置效率的影响;吸取了新古典的一些分析方法,比如理性人、最大化和边际替代等,并且有自己系统的理论和假设检验,更强调方法论的个体主义,这点与新古典经济学是一致的;一方面部分接受新古典的技术方法,但是另一方面又对其有所排斥,比如以威廉姆森为代表的交易费用经济学就拒绝完全理性的假设。

第一节　制度、制度系统与制度分析法概述

一、制度的含义、特征、分类

(一) 制度的含义

制度是人类文明的重要尺度,是人类政治生活进步程度的基本标尺。人们对制度的含义有不同的理解。凡勃伦指出:制度实质上是个人或社会对有关某些关系或作用的一般思想习惯;人们是生活在制度——思想习惯——指导下的。在他看来,制度就是指导个人行为的各种非正式约束。康芒斯认为:制度是集体行动控制个体行动的一系列行为准则或规则。舒尔茨将制度定义为一种行为规则,这些规则涉及社会、政治及经济行为,例如,它包括管束结婚与离婚的规则、支配政治权力配置的规则、宪法中所包含的规则、由市场或政府来分配资源与收入的规则,等等。诺思认为,制度是一系列被制定出来的规则、守法秩序和行为道德、伦理规范,它旨在约束主体福利和效应最大化利益的个人行为,他把制度作为一种由正式规则(如政治规则、法律条文、经济政策、合同、公司章程,等等)和非正式规则(社会规范、风俗习惯、道德准则,等等)构成的社会博弈。

概括来说,新制度经济学家对制度的定义可以表述为:制度是在一个特定群体内部得以确立并实施的行为规则;这套行为规则抑制着个人可能出现的机会主义行为,使人的行为变得可预见。

由此可见,制度的内涵可以表述为:制度是约束人们行为的一系列规则,它抑制着行为主体在交际活动中出现的机会主义行为;制度与人的动机、行为有着内在的联系,制度是人们利益选择的结果;制度是一种"公共物品",每一个个体都有约束作用。

(二) 制度的基本特征

从制度的含义可以看出,制度具有如下基本特征:

(1) 制度具有强制性。制度的强制性是指不论行为主体是否愿意都必须遵守。度量标准和奖惩措施是制度强制性实施的基础。度量标准的明晰度决定了制度能否发挥其强制性;奖惩措施的力度决定了制度强制性的强弱。如我国对酒驾处理的相关规定就具有强制性。

(2) 制度具有公共性。制度是公共物品,具有影响上的非排他性。如我国政府制定

的九年制义务教育政策,对所有适龄青少年都是有效的。

(3)制度具有外部性。制度的外部性是指一项制度的制定、维持和取缔,对行为主体之外的环境会产生或好或坏的影响。制度是一种公共物品,本身极易产生外部性。如果一项制度对外部环境产生好的作用,就称为正外部性;产生坏的作用,就称为负外部性。制度外部性的大小取决于该项制度安排的决策方式。如政府提高企业排污标准,这就会带来自然环境的改善,产生正外部性。如果政府通过补贴,鼓励企业大量使用煤炭,就会带来严重的环境污染,产生负外部性。

(4)制度具有有界性。制度的有界性是指制度的适用范围或管辖范围,即其有一定的界限。一项具体的制度并不能适用于所有人、地区、领域、组织等。如一个国家的宪法只在本国适用。

(5)制度具有利益性。制度的制定与废除与人的利益密切联系,给所有人带来正(负)值净收益的制度具有利益中性;给部分人带来正值净收益但给他人造成零或负值净收益的制度具有利益非中性。如政府颁布提高个人所得税,就会减少高收入人群的个人收入,但会增加公共财政收入,有利于增加公共财政支出。

(三) 制度的分类

制度可以从不同的角度进行划分,下面介绍三种常见的分类方式。

1. 从制度的形式和实施机制,以及是否具有成文规则和权威性的执行及惩罚机构的标准来划分,制度可分为正式制度和非正式制度

正式制度是以成文形式存在,且有权威机构将其付诸实施的制度。正式制度的形式包括国家权威机构制定和实施的法律法规、政府颁布的文件、公司奖惩规定,等等。

非正式制度是以非成文形式存在,或以成文形式存在,但没有权威机构负责执行的制度。

非正式制度是一定地域范围内的人们在长期交往中无意识形成的约定俗成、共同恪守的行为准则。非正式制度主要包括:社会规范、宗教信仰、意识形态、道德伦理、风俗习惯等。这些非正式制度对社会的存续极其重要,它存在于社会生活的各个方面、各个层次,约束着人类的各种行为和相互关系。

非正式制度构成正式制度的实施基础,离开了非正式制度的支持,绝大多数的正式制度是无法实施的。

正式制度与非正式制度的区别与联系如下:

区别:首先,从实施机制来看,非正式制度缺乏有约束力的实施机制,其本身并不能构成一个独立发挥效能的制度形态;而正式制度则具有强制约束机制,能发挥其效能并使之变成可预期的行为准则。其次,从形成和演变的过程看,非正式制度的形成和演变是一个相对较慢、渐进的过程,形成的成本较低,但是当其与制度环境不一致时,会阻碍制度的创新,增加制度实施的成本;正式制度的形成和演变时间较短,但是其运行成本较高,因为正式制度的制定和执行是公共选择的过程,在这个过程中会产生讨价还价和寻租活动,耗费一定的社会资源。

联系:两者有一定的相互生成关系。一方面,非正式制度是正式制度产生的前提和基础;另一方面,一定的正式制度确立后将约束人们的选择,并逐步形成一种新的行为习惯和伦理观念等,形成一些新的非正式制度。同时,两者也是相互依存、相互补充的。正式制度作用的发挥离不开非正式制度的辅助作用,非正式制度作用的有效发挥也要依赖于正式制度的支撑。非正式制度只有与正式制度具有一致性、反映性和内生性时才能成为正式制度演变和实施的手段与工具。

2. 按照制度产生的方式不同,可以将制度分为内在制度与外在制度

内在制度是由人类在积累经验的过程中演化而来,它是人类为了更好地合作而形成的行为规则的集合。外在制度是被理性设计,并被清晰地制定在法规条例中,并由权威机构负责正式执行。

3. 按照制度的不同功能,可以将制度分为核心制度与边缘制度

核心制度服务于制度系统的基本目标,它在制度系统中居于核心和基础地位。边缘制度直接服务于核心制度,对核心制度起补充和辅助作用。

二、制度系统的含义、结构、特征

(一)制度系统的含义与结构

一个社会的制度规则构成一个完整的且具有内在一致性的制度系统,离开这种自成一体的制度系统,单项的制度规则往往难以发挥预期的功能。制度系统是由许多正式和非正式的制度安排构成的总和,这些制度彼此之间形成一定的关系,彼此间相互补充、相互支撑,形成一定的结构,共同构成了一个完整的制度体系。

对于制度系统的构成,人们常常有不同的理解。这里从制度的一般概念出发,分析制度系统的一般构成,这对于人们从纵向、剖面认识制度具有重要意义。从整体的视角来研究,制度系统可分为以下几个方面:一是目标系统,其作用在于约定社会关系的动机、目的和要求,目标系统决定了制度的性质,规定了制度运动和发展的方向,是制度系统的灵魂所在;二是规则系统,是指约定行为关系的原则、规范和程序,规则系统服从和服务于目标系统,体现目标系统的精神实质,合乎目标的要求,目标系统的变化将带来规范系统的大变动;三是组织系统,是指贯彻和执行规则系统的组织机构或社会主体,组织系统与规则系统的协调和认同程度决定了目标系统的实现程度;四是设备系统,是指规范、约束行为关系的保障机制。

(二)制度系统的特征

一个社会或群体的制度构成一个系统,其中的元素是各项具体的制度。这些制度不是孤立存在的,相互之间往往形成这样或那样的关系,可以统称为关联性,这种关联性包括各项制度之间的相关性和层次性。

1. 制度系统的相关性

制度系统的相关性是指各项具体制度之间有一定的关联性,这种相关性主要表现为三种类型的关系:独立关系、耦合关系和互斥关系。

独立关系是指两项制度之间是相互独立的,彼此独立地发挥作用,不存在相互依存的关系。当一个制度系统中各项制度之间都是独立关系时,这个制度系统可以称作是可分离制度系统。制度系统的可分离性质表明各项制度可以独立作用和变化,而不影响其他制度的正常实施。如我国的交通规则、会计准则、计划生育制度三者之间便是独立关系。

耦合关系是指两项制度在约束同一行为主体的行为时需要互相配合,才能使行为主体的行为比在没有这种配合时能更好地实现这两项制度的功能。当一个制度系统中的各项制度之间都是耦合关系时,这个制度系统被称作非分离制度系统。制度系统的非分离性质表明各项制度之间联系密切,一项制度发生的变化会影响其他制度功能的正常发挥,极端的情况导致整个制度系统的效能降低甚至完全丧失功能。如市场经济制度和民主政治制度之间具有耦合关系,劳动市场制度和失业保险制度之间具有耦合关系,高考招生制度和高中的教学管理制度也具有耦合关系。

互斥关系是指两项制度对于同一行为主体的同一种行为约束恰好相反。从短期来看,具有互斥关系的两个制度子系统可能暂时并存,例如,我国经济体制改革过程中曾在80年代中期实施过一段时间的价格双轨制,如一些产品的价格同时实行市场价格和调配价格。但是,从长期来看,具有互斥关系的两个制度不能并存,例如,对同一个企业来说,不可能既按照计划经济的一套制度去约束它,又按照市场经济的一套制度来要求它。

2. 制度系统的层次性

制度系统的层次性是指一个制度系统的各项制度从总体上看构成一个层级系统,其中一些基础的制度称为基本制度,在此基础上衍生出来的制度,称为派生制度。基本制度往往是一些抽象原则,不加阐释难以直接实施,其操作性不强。派生制度往往是对基本制度内涵的具体规定,能够具体实施,具有较强的可操作性。例如,宪法就是一个国家的基本制度,由它衍生而来的各种具体的法律、法规、法令、政策,便是它的派生制度。

制度系统的层次性具有一定的基本功能:一是相对稳定的基本制度,有助于事先避免和事后消解为适应条件变化而需要经常变动的不同派生制度之间的互相冲突。二是通过具体的派生制度,使基本制度能够得到有效地贯彻。基本制度对人的行为的约束往往比较抽象、模糊,而派生制度则比较具体、明确,基础度越低的制度,其约束往往越是具体。

三、制度分析方法的含义、特征及运用

(一)制度分析方法的含义

制度经济学家将制度作为变量,把集体主义和整体主义引入经济理论的研究中,建立

了更为接近现实经济活动的制度分析方法,它采用结构分析法、历史分析法和社会文化分析法来研究社会经济问题,揭示制度对社会经济发展的影响,及这些制度在社会经济体系中的地位和作用。

(二)制度分析方法的特征

(1)动态化特征。从演化的视角来看待发展中的世界。由于技术变化与经济政策之间存在着互动关系,技术变革是引起制度演化的真正动因,因此,要解决社会经济发展中面临的问题,就要在制度演化的动态过程中寻找真正来源。

(2)"非纯粹经济分析"的特征。制度分析方法将制度内生化,把社会经济当作一个整体的系统,既考虑"经济因素",又考虑"非经济因素",如政治、法律、社会意识等方面。

(3)集体主义特征。制度分析方法关心集体行动,而不是个人行为,认为只有对集体行动的结果或集体行动对个人选择的控制和约束进行研究,才能更好地理解个人行为。

(三)制度分析方法的运用

制度分析方法是经济学方法史上的一次革命,也为其他社会活动、政治生活等人类活动领域的研究提供了一个有效的分析工具。例如,制度分析法可以用于如下方面的研究:

第一,用于分析制度的特性、结构、作用、供给与需求,为制度设计提供思路。

任何一个组织的运行,都需要制度来维护,正式制度和非正式制度均不可少。在了解组织特性的基础上,分析一个组织需要建立什么样的制度与制度体系,即了解制度需求,于是设计相应的制度,提供制度供给,可以为组织的运行提供保障。例如,一个新的公司的成立,需要一系列的制度来维系,需要制定多项管理制度;为建设资源节约型、环境友好型社会,政府需要制定许多相应的政策措施,以鼓励人们节约资源、爱护环境;我国由传统的计划经济向市场经济转轨时期,废除了一大批旧的法律法规,建立了许多新的法律法规,由此保障了我国经济体制的顺利转轨;一个国家采取何种政体,即采取何种国家治理形式,与社会各阶层在国家政治经济中的地位有关,也同时受到该国的政党关系、自然环境、历史传统、民族构成、文化习俗等因素的影响。如资产阶级国家有君主立宪制、民主共和制(内阁制和总统制)等不同政体,中华人民共和国的政体是人民代表大会制度。

第二,用于研究制度的变迁模式,掌握制度变化的规律,以更好地发挥制度的作用。

一个组织的制度变迁,是采取渐进式还是突进式、诱致性还是强制性、单项(局部)式还是整体式的制度变迁方式,取决于组织的特性、组织对制度变迁的需求、各种制度变迁方式的特点。此外还可以研究制度变迁的动因、路径、影响因素、规律,克服制度变迁中的路径依赖,使制度变迁朝着人们期待的方向变化。

第三,通过研究一项制度的交易费用和外部性,用于评价制度的效率,以提高制度在资源配置中的作用。

交易费用可以看作是一项制度运作的费用,交易费用的大小可以说明制度运作的效率。一个交易费用大的制度不是一个有效率的制度。研究交易费用的决定因素、性质、计量，有助于评价制度的效率。

一个组织的制度设计所规定的社会行为还会对组织之外的环境产生影响，这就是制度的外部性。这种外部性可以是正的外部性，也可以是负的外部性。对社会行为的外部影响的评价是制度设计中要考虑的一个重要方面。

环境污染问题是外部性问题存在的典型事例，例如，位于河流上游地段的造纸厂，在生产的过程中将产生的污水直接排放到河流中去，河流中的水资源受到污染，影响到处在下游的居民用水，下游居民为了改善水质，需要投入一定的成本进行净化处理。造纸厂的行为对居民产生了负的外部性，为了解决这个外部性，对受到外部性影响的居民应该予以补偿。同时在解决水污染的外部性问题上，政府可以通过制定详细的规则，当水污染达到一定程度时，可以对排放污水的企业强制关闭，或强制要求它购买污水处理设备来处理污水，或征收一定的税收由政府建设污水处理设施。

第四，制度分析中的产权理论分析方法有着多方面的应用，这对界定主体行为十分重要。

产权是指财产所有权。财产所有权是指所有权人依法对自己的财产享有占有、使用、收益和处分的权力。产权还可以理解为不同主体基于对特定客体的权利，相互之间发生的各种各样的关系的明确界定。

私人物品、公共物品、俱乐部物品，都有不同的产权安排方式。一个公司中也要明晰产权，这样才能明确责任。一个合理的公司产权制度安排有助于公司的健康可持续发展。

人们常常把财产理解为拥有的金钱、物资、房屋、土地等物质财富，包括动产、不动产和知识财产（即知识产权）三大类。在制度分析法中，财产除了作上述理解外，还可以作更为广泛的理解，如对某项权利的享有权，如城市小区居民是可以享有安静的权利，还是楼下商店可以享有放高音喇叭的权利；小河旁边的村民拥有享受清洁河水的权利还是上游的化工企业可以拥有自由排放污染物的权利；城市道路上，自行车、电动车、小汽车、载重汽车等，各种车辆的通行权利应该怎样设计，才既能保证各个主体的权利，又能保证道路的高效率使用。

契约设计或合同设计是社会政治经济领域中常常碰到的问题。契约设计中有多个利益主体，如何在各个主体间分配这些利益是契约设计的核心内容。如工程承包合同就是一项契约，在合同中要规定合同各方的权利、义务、责任，做到各司其职；银行存款单、股票、债券等，都是一种契约；企业的激励机制也是一种契约设计。一个合理的契约设计，可以明晰产权，主体各司其职，界定责任，保证组织的高效率运行。

第二节　制度的起源与功能

一、制度的起源

在一个资源稀缺的世界，如果没有对人力资本、实物资本、自然资源的使用进行约束的一个合理的制度安排，那么这个社会就难以生存下去。为了生存，人们经过反复学习，为使资源得到更好的配置，就必须制定许多规则，约束社会成员的行为，维系社会的稳定发展，这些规则就是制度。制度就是这样起源的。

人们从不同角度解释制度的起源，比较有影响的理论解释有如下几种：

（一）"囚徒困境"产生合作的起源

通过"囚徒困境"可知，完全理性的参与者选择不合作策略，使他自己的期望收益达到最大化，但是这种结果往往是无效率的，因为，如果双方均选择合作策略，这种情况会给参与者带来的期望收益大于非合作时的期望收益，产生"合作剩余"。个体理性与团体理性之间存在冲突。

为什么参与者明明可以选择合作为自己带来更大收益的情况下反而选择不合作呢？这是因为，在单次博弈中，双方采取非合作策略使收益分配达到"纳什均衡"，因此不会采取合作策略。然而社会行为往往不是一次性的，人们之间的交易是频繁的，所以，在重复博弈中，参与者发现不合作的机会成本会远远大于合作的收益，参与者的理性和追求利润最大化的目的使得参与者要选择合作。因此，合作是当事人的行为相互作用时，达成的具有约束力的协议，而达成协议的过程则是制度起源的过程。

（二）科斯的制度起源：交易费用起源说

科斯认为，在没有交易费用的情况下，亚当·斯密的"看不见的手"会引导资源达到最优配置，使其发挥最大效率。然而，科斯发现，真实世界里的市场机制并不是免费的，交易费用大于零，为了节约交易费用，企业应运而生。由于企业内部不用签订和执行市场合约，因此有效地降低了交易费用。

在市场交易中，对资源配置起主导作用的是价格；而在企业中，则是通过权威关系进行调节的，因此企业是用权威代替价格机制。企业的设立是为了减少交易费用，而企业这种形式本身就是制度，因此制度起源于减少交易费用的目的。

（三）诺思的制度起源：契约论起源说

当消费者的需求随市场规模扩大到一定程度时，分工和专业化开始出现和发展，而且市场规模越大，分工和专业化程度越高，产品和服务交换的频率增加。专业化降低了生产成本，但交易规模的扩大却导致交易费用的增加。

人总是追求自身效用最大化的,但是在交易参与者众多、参与者的认知能力有限时,彼此信息不完全或不对称,于是欺诈、违约、搭便车等"道德风险"问题就会出现,使得交易者之间发生利益冲突,交换的"摩擦"增大,导致交易费用的增加和交易后果的不确定性增大,损害经济主体的福利,由此人们为约束生产的合作规则和交易的市场规则而缔结契约,而这种契约就是为防止机会主义而产生的制度。

二、制度的功能

制度之所以产生和存在,是因为它具有解决人类反复面临的某些问题的功能。关于制度的功能,不同学者对其理解有所不同,这里主要结合制度功能的层次性和相关性进行分析。制度的功能主要表现在如下五个方面:

第一,为经济提供服务。舒尔茨认为制度是为经济提供服务的。信息的不完全和不对称,导致道德风险的发生,但是制度可以提供特定信息,在一定程度上降低不确定性,形成稳定预期。制度在减少不确定的同时,能够为经济活动提供服务。例如,货币及信用制度的出现,为交易活动提供了便利;公司的设计激励制度,有助于激发员工的工作积极性,使员工为完成公司目标而努力工作。

第二,为合作创造了条件。传统经济学理论强调经济主体之间的竞争而忽视了合作。社会分工和专业化程度的提高,使得经济主体的劳动效率提高,市场规模扩大,但分工所导致的协调成本增加。从这一角度看,制度是人们在社会分工与协作过程中多次博弈达成的一系列契约的总和。制度通过规范参与者的行为,抑制了参与者的机会主义行为,减少信息成本和不确定性,为人们在经济活动中的合作提供了可能。如一个双方取得一致的工程合同,规定了各自的权利与义务,彼此遵守合同,各自履行职责,按期完成任务,有利于双方将来的进一步合作。

第三,降低交易成本。科斯指出,经济活动中的交易费用不为零,企业的产生就是为了降低交易费用,企业通过将费用较高的外部交易内部化,避免交易双方因交易环境恶化、信息不完全等导致的机会主义行为和不确定性,有效的信息使预期结果成为可能,这节约了交易成本。因此,制度减少了不确定性,也就降低了交易成本。

第四,外部利益内在化。当个人行动的个人成本不等于社会成本,个人收益不等于社会收益时,就存在外部性。外部性的产生主要是由于产权的界定不清晰,因此可以通过对产权加以界定,建立排他性的产权制度进行严格约束,降低交易成本,从而使外部利益内部化;在产权界定明晰的基础上引入市场价格机制,明确交易双方的权责利,实现外部利益内部化;对外部性的制造者进行征税,将部分负外部性内部化到生产者身上,从而约束其行为。

第五,提供激励功能。制度的激励功能是制度最基本、最核心的功能之一。德姆塞茨认识到制度的激励作用,认为激励作用就是人在受到刺激后,改善资源配置、追求自身利益最大化。制度可以抑制人的机会主义行为、提供有效信息、降低不确定性,从而降低交易成本。在降低交易成本的基础上,结合减少不确定性和减弱外部性,就会产生制度的激励功能。因此,当经济活动的交易费用降低了,则抑制人的机会主义行为、提供有效信息、降低不确定性的制度就会起到激励经济主体的作用。然而,对社会有害的交易活动,如毒品交易、走私等,政府通过制定严格的法律政策,对其进行严厉打击,提高其交易费用(犯罪成本),这有助于减少和制止有害交易的发生。

从我国户籍管理制度的变迁,可以看出户籍管理制度的功能的变化过程。中国历史文化悠久,户籍制度源远流长,几经变革。我国现存户籍制度作为一种对人口进行管理的制度安排,提供了人口登记、人口统计数据等基本功能。除此以外,户籍制度还充分发挥了社会管理功能,对维护人民政权和社会治安起到了非常重要的作用。我国的城乡二元结构强化了户籍制度限制人口迁移的功能,有效地维护了城乡人口迁移的有计划性,维护了社会秩序的稳定,对于我国迅速发展工业生产、进行社会主义现代化建设发挥了积极的作用。后来,随着我国市场经济体制逐步建立和完善,城乡二元经济出现融合的迹象,大批农村剩余劳动力进入城市打工,推动了户籍制度严格限制人口迁移的功能转向松动,户籍制度改革不断深入,通过住房和收入规定发挥户籍限制人口迁移的功能,避免短时间内过多农村人口迁入城市、超过城市经济社会的承载能力、造成社会秩序混乱,以保证城市的健康发展。放宽人口迁移的限制条件,使更多符合条件的农村人口落户城市,将会推动我国的城市化进程,促进社会经济稳步发展。

第三节 制度变迁理论

一、制度变迁的机制

制度变迁(institutional change),是制度的替代、转换与交易过程,是更高效的新制度替代原有低效的旧制度的过程。根据均衡价格理论,学者们提出了制度变迁的供求分析框架来解释制度变迁。

(一)制度需求与供给

1. 制度需求

当按照现有安排所带来的效用不能使人得到满足,就会导致新的制度安排形成,因此,制度的需求就是对更高效用的需求。

根据诺思的观点,制度变迁的需求主要来源于以下四个方面:

第一,为达到规模经济。随着企业生产规模的扩大,企业经济效益提高,形成规模经济。当企业规模较小时,需要投入较大的资本量才能形成规模较大的企业,但是企业的组织形式决定了企业资本量的规模。有限责任的公司可以筹集到大规模的资本量,获取内含于规模经济中的利润;而无限责任的合伙制企业难以筹集到大规模的资本量,因此无法带来规模经济的潜在利益。

第二,为减少外部性。由于产权的界定不清晰,容易导致外部性的存在。通过制度创新,可以使外部性内部化,或降低负的外部性,从而增加社会总收益。

第三,为减少不确定性。在成本相同的条件下,人们更倾向于低风险的选择。风险厌恶程度随不确定性的增加而增强,因此,能够克服厌恶风险的机制被创新出来,使收益的结果变得更确定。例如,期货交易市场的发展、保险公司的成立等都是为了克服对风险的厌恶而形成的一种经济制度创新。

第四,获得更多的潜在利益。消费者对商品的需求是因为商品能够给消费者带来效用和满足,同样,人们对制度的需求是因为改变现有制度安排,可以比在原有制度安排下获得更多的潜在利益。

在微观经济学中,影响消费者对商品需求的因素主要有商品的自身价格、消费者的收入水平、相关商品的价格、消费者的偏好等。同样,影响人们对制度需求的因素也很多,主要如下:

第一,产品和要素的相对价格。产品和要素的相对价格发生变化时,改变了人们之间的激励结构和讨价还价的能力,使得原有契约不再适用,导致相互之间重新缔结契约。诺思在《西方世界的兴起》一书中,论证了人地价格的相对变化对制度变迁需求的影响。

第二,宪法秩序。宪法是制定规则的规则,是社会最基本的制度规则,影响创立新的制度安排的成本和收益,从而影响新的制度安排的需求。

第三,技术。技术变化影响制度创新的成本和收益,从而引致制度变迁的需求。例如,技术进步降低了交易成本,释放新的收入流,诱使制度发生变迁;技术变化改变产品和要素的相对价格,潜在利益的获取成为制度变迁的激励。

第四,市场规模。市场规模的扩大改变了特定制度安排的利益和费用,信息搜集和排除参与者的成本递减;技术进步使产出的规模报酬递增。因此,市场规模的扩大,能够降低制度的运作成本,稀释固定成本,使固定成本不再构成制度创新的障碍。市场规模的扩大,能提高规模经济,促进与规模经济相适应的制度创新。

2. 制度供给

制度变迁的供给取决于供给主体提供新制度安排的意愿和能力。制度变迁的供给与一般商品供给的区别在于制度是公共物品,不能由单个行为主体提供,而是公共选择的结果。制度供给的主体是推动制度变迁或者对制度变迁施加影响的单位,但是制度变迁不完全取决于主体的偏好,而是取决于客观因素。制度供给的成本与收益比一般商品供给要复杂得多,制度供给一般难以达到社会最佳供给水平。

影响制度变迁供给的成本分为以下几类:(1)制度的规划设计、组织实施的费用;(2)清除旧制度的费用;(3)清除变迁阻力的费用;(4)制度变迁造成的损失;(5)不确定性带来的随机成本。

影响制度供给的因素如下：

第一，宪法秩序。宪法是一个社会制定规则的规则，它通过对政体和基本经济制度的明确规定，限制选择空间并影响制度创新的进程和方式。宪法秩序直接影响制度创新主体进入政治体系的成本，和建立新制度的立法基础的难易度。以政治权威为中心，可以稳定有序地推进改革，减少谈判成本。但是，当由宪法界定的权力结构使政府处于绝对支配地位时，在缺乏社会有效监督的情况下，制度创新就会受到妨碍，或被压制。

第二，制度设计和实施制度的预期成本。在制度变迁收益确定的情况下，制度变迁的成本成为影响制度变迁供给的主要因素。制度设计的成本主要由人力资源和其他资源的要素价格决定。预期制度安排实施成本的大小将决定制度推行可能性的高低。

第三，知识积累和社会科学知识的进步。当社会科学进步时，知识的积累会降低制度创新的成本，拓宽制度的选择集合，导致制度供给的增加，使供给曲线右移。

第四，现行制度安排。现行制度安排下已经形成了一个利益集团或利益格局，它会影响新制度安排的制定与选择，成为制度变迁的阻力。

第五，规范性行为准则。规范性行为准则常常受到文化传统、社会习俗的影响，制度安排应该与文化习惯相适应，否则会极大地提高制度变迁的成本。

（二）制度变迁的动力

制度变迁的主体是"经济人"。改变现有制度，进行制度创新的目的，是为了追求利润最大化或效用最大化。因此，制度变迁的内在动力是制度变迁主体希望获得"潜在利润"，即"外部利润"。如果在现有的制度安排下，人们无利可图，而当制度创新或变迁时人们可以获得潜在利润的话，制度创新或制度变迁就会出现。

诺思指出，制度变迁发生的充分条件是：制度变迁的收益大于制度变迁的成本，当产品或要素相对价格发生变化时，人们之间的激励结构就会发生改变，由此导致对制度需求的变化，为制度主体提供了重新缔结契约的动力，引致制度变迁。在现存制度框架下，将相对价格变化导致的制度变迁所能带来的收益，与现有制度的收益和改变现存制度的成本之和进行对比，以此决定是否进行制度变迁。产品或要素相对价格的变化是制度变迁发生的不充分条件，即当相对价格发生变化的程度不足以打破现有的制度均衡时，制度变迁就不会发生。

二、制度变迁的方式

制度变迁的方式是指一项制度在发生变化时所采取的形式。

（一）根据制度变迁的速度，可以将制度变迁分为渐进式制度变迁和突进式制度变迁

渐进式制度变迁，是指制度变迁的过程相对平稳，不会引起较大的社会震荡，新旧制

度之间切换平滑,衔接较好。由于采取的是需求累增与阶段性突破的方式,制度变迁被逐步推动,变迁过程所需的时间相对较长。我国由计划经济向市场经济的转轨,经历了十几年的时间,这是渐进式制度变迁过程。

突进式制度变迁,或称激进式制度变迁,还被喻为"休克疗法",是指短时间内不顾及各种关系的协调,而是采取果断措施,强制性地废除或破坏旧制度,制定并实施新制度的方式。突进式制度变迁完成时间短且果断。

1991年苏联解体,俄罗斯面临十分严峻的社会经济状况,通货膨胀加剧,商品严重短缺,黄金外汇储备严重短缺,国家贷款能力下降,导致进口大幅度下降,各级国家权力机关丧失了调节资源配置的能力。在经济和体制危机并发的情况下,俄罗斯联邦首任总统叶利钦,不顾苏维埃的意见,实行由总统下令的经济体制改革。俄罗斯国内严峻的经济形势,促使俄罗斯实行"休克疗法"式的激进改革。这是一个突进式制度变迁方式。

中国帝王社会的朝代更替,往往通过农民运动或战争的形式来实现,新帝王取代前一个帝王,建立新的帝制,并对社会进行改革,这也是一个突进式制度变迁方式。

(二)根据变迁过程是自发还是强制性完成,可以将制度变迁分为诱致性制度变迁和强制性制度变迁

诱致性制度变迁是指人们通过自发倡导和自觉组织实施,来实现对原有制度安排的变更或替代,创造新的制度安排,是人们在追求由制度不均衡引致的获利机会时所采取的一种自发性的制度变迁行为。诱致性制度变迁的发生要有来自制度非均衡的获利机会,只有当制度变迁的预期收益大于预期成本时,人们才会自觉地推动制度变迁。正式制度变迁会面临外部性和"搭便车"的问题,非正式制度变迁也有外部性,却没有"搭便车"问题,但两者均使制度创新者缺乏激励。诱致性制度变迁,是一种自下而上、从部分到整体的渐进式的制度变迁过程。

强制性制度变迁是由政府或组织以法律法规或以命令的形式推动的一种制度变迁形式。由于制度的外部效果和"搭便车"问题,制度创新的个人收益小于社会收益,使得个人缺乏激励机制去积极创新制度,导致制度供给的短缺。因此,由政府或组织直接推动制度变迁,在一定程度上可以弥补制度供给的不足。国家或组织,可以制定政策法规,通过权力来强制推动制度的实施,可以降低提供制度性服务的交易费用。

三、制度变迁的一般过程及主要现象

(一)制度变迁的一般过程

制度变迁是制度从局部非均衡状态向均衡状态转变的过程。

诺思认为,制度变迁的一般过程主要包括五个阶段:第一,形成初级行动团体,从制度非均衡中发现潜在利润,组织安排制度创新;第二,初级行动团体提出制度变迁方案,通过知识积累或实践经验,提出制度环境允许的制度创新方案;第三,根据制度变迁的原则,

初级行动团体对预期收益为正的原则进行评估和选择;第四,形成次级行动团体,次级行动团体帮助初级行动团体以获得预期收益;第五,两个团体共同努力,使新的制度创新得已实施。

(二)制度变迁的时滞

制度变迁的时滞是指,从认识制度非均衡、发现潜在利润的存在,到使利润内部化的制度安排之间存在一个较长的时期。诺思等将制度变迁的时滞分为四个部分:第一,认识和组织时滞,从认识制度非均衡到组织初级行动团体需要一定的时间;第二,发明时滞,现存制度不能满足变迁的需要,则需要设计新的方案,这个过程需要的时间就是发明时滞;第三,菜单选择时滞,即从现存可取的多项制度中,选择出满足利润最大化的制度所需的时间;第四,启动时滞,它是最佳制度安排的选定与具体实施之间的一段时间。

(三)制度变迁的路径依赖

制度变迁的路径依赖(Path-Dependence),是指过去的制度传统会影响现在和将来的制度发展,即新制度在一定程度上会对旧制度产生依赖性。

路径依赖形成的深层次原因就是利益因素。一种制度形成以后,会形成某种在现存体制中能够获得很多利益的既得利益集团,他们力求巩固现有制度,阻碍制度创新,哪怕新的体制较之现存体制更有效率。制度变迁中的路径依赖形成以后,制度变迁就可能变成"修修补补"的游戏了。

美国经济学家道格拉斯·诺思是第一个提出制度的"路径依赖"理论的学者,他在《经济史中的结构与变迁》一文中用"路径依赖"理论成功地阐释了经济制度的演进规律,从而获得了1993年的诺贝尔经济学奖。

诺思将技术变迁的自增强机制拓展到制度变迁中,认为以下四种表现决定了制度的自我强化机制:第一,初始设置成本,初始设计一项新制度需要投入大量的初始成本,但随着制度的推行,其单位成本和追加成本会逐步下降;第二,学习效应,对制度的学习效应使适应新制度的组织建立,并利用制度框架提供的获利机会强化该项制度;第三,协调效应,适应制度会产生与之具有统一或互补性的新制度,实现协调效应;第四,适应性预期,人们对某一制度的预期持续强化,将减少该制度的不确定性。

决定制度变迁路径依赖的因素主要有报酬递增、不完全市场和利益因素。报酬递增强化了初始制度变迁的方向。在信息不完全且存在显著交易费用的不完全市场中,制度变迁的路径将不会被修正。当各个政治团体的利益相对均衡时,制度会长期处于锁定状态,不会激发新的路径选择。

下面看看我国农村土地制度变迁中的路径依赖现象。自新中国成立以来,中国农村土地制度经历了土地改革、农业合作化、人民公社化等几次重大改革,实现了从封建地主土地所有制到农民土地所有制,再到集体所有、集体经营制等变革,最终确立了集体所有、农户经营的家庭联产承包责任制。土地所有权的集体所有是建立和维护社会主义制度的重要体现和保证,是坚持不变的,而家庭经营是对公社化时集体经营的修正,使土地改革向着正常规范的路径方向演进和发展。从某种意义上说,家庭联产承包责任制的土地产权制度安排,取代人民公社体制下的集体劳动制度就是路径依赖作用的结果。

路径依赖的一个著名的例子:两匹马的屁股宽度决定了火箭发射器的直径。

现代铁路两条铁轨之间的标准距离是 4 英尺又 8.5 英寸,为什么采用这个标准呢?原来,早期的铁路是由建电车的人设计的,而 4 英尺又 8.5 英寸正是电车所用的轮距标准。那么,电车的标准又是从哪里来的呢?最先造电车的人以前是造马车的,所以电车的标准是沿用马车的轮距标准。马车又为什么要用这个轮距标准呢?因为古罗马人军队战车的宽度就是 4 英尺又 8.5 英寸。罗马人为什么以 4 英尺又 8.5 英寸作为战车的轮距宽度呢?这是因为它是牵引一辆战车的两匹马屁股的宽度。

美国航天飞机的火箭推进器在造好之后要用火车运送,路上要通过一些隧道,而这些隧道的宽度只比火车轨道宽一点,因此火箭助推器的宽度由铁轨的宽度所决定。所以,今天世界上最先进的运输系统的设计,在两千年前就由两匹马的屁股宽度决定了!

四、制度变迁的影响

刘易斯认为,经济制度是影响经济增长的一个重要因素。诺思的经济增长的"制度决定论"指出:制度创新是有效的经济组织,制度创新对经济的增长起决定作用。诺思的"制度激励结构"提出:制度结构为人们在政治、社会、经济方面的交换提供刺激与激励。布罗姆利指出:任何一个经济体制的基本任务就是对个人行为形成一个激励集,以此鼓励发明、创新与合作。制度变迁有推动经济增长的作用,也有制约经济增长的作用;同时经济增长对制度变迁也有推动作用和反作用。

一个国家的经济发展,通常是由两个"车轮"驱动的:一个是技术,即硬件条件;另一个是制度,即软件条件。技术能否被有效应用取决于是否拥有与这些技术相适应的制度体系。所以,在技术和制度这两个推动历史前进的车轮中,制度的作用不可小视。

自 1978 年起,中国开始推动改革开放。中国经济改革以经济增长和国民的富裕为目标,在"摸着石头过河""不管白猫黑猫,抓住老鼠就是好猫"的思路下,实行了一系列改革经济改革措施:在土地仍归集体所有的条件下,以"包产到户"的形式恢复农民的家庭经营;在保持公共财政与企业财务合一的前提下,实行"分灶吃饭"的承包制财政体制,使各级地方政府有了促进本地经济发展的积极性;在生产资料的流通和定价上实行"双轨制",即在物资的计划调拨和行政定价的"计划轨"之外,开辟出物资买卖和协商定价的"市场轨";构建对外开放"经济特区"与国际市场对接,使新型经济主体进入,在增量上对扭曲的经济结构做出调整。

改革开放给中国带来了经济持续快速增长的"奇迹"。中共十七大将改革的三十年概括为"中国从高度集中的计划经济体制到充满活力的社会主义市场经济体制、从封闭半封闭到全方位开放的伟大历史转折"。这证明了我国制度变迁的正效应,表明制度变迁是中国经济增长的源泉。

第四节 交易费用理论

交易费用(Transaction Costs),又称交易成本,是指人们在交易活动过程中所支付的成本。它是制度经济学中的一个重要的概念,由英国经济学家、诺贝尔经济学奖得主罗纳德·哈里·科斯(R. H. Coase,1937)提出,经过阿罗、威廉姆森、张五常等人的研究,目前已经初步形成了较为系统的交易费用理论。

一、交易费用理论的提出

交易费用理论的提出经历了一个较长的过程,学者们在不同时期往往对交易费用有不同的理解。罗纳德·哈里·科斯结合前人对交易的论述以及自身对新古典经济学的反思,提出了"交易费用"的思想。

交易费用理论以"交易"为基本分析单位,以"企业"为主要研究载体,这里的"企业"是广义性的,包含了政府、中间性组织、产业集群、社群、公司、社会机构、国际机构等各种组织。

(一)科斯之前的"交易"

据记载,较早提出"交易"这一概念的是古希腊哲学家亚里士多德。他在《政治学》一书中将"交易"分为商业交易、金融交易和劳动力交易三种,虽然这与新制度经济学中的交易相去甚远,但他明确指出了"交易"是人与人之间的经济活动,为后人的研究奠定了基础。

把交易作为比较严格的经济学范畴建立起来,并做了明确界定的是旧制度经济学派的代表人物康芒斯,他在1934年出版的《制度经济学》一书中提出了关于"交易"的许多重要观点。他认为:首先,交易是人类经济活动的基本单位,是制度经济学研究的最小单位,并且也是使法律、经济学与伦理学发生关系的基本单位;其次,交易的实质是所有权的转移,是人与人之间对自然物权利的出让与取得,即人与人之间的关系,而非人与自然物的关系;最后,"冲突、依存和秩序"是人类交易的三个基本特征。

康芒斯还进一步把交易划分为三种:(1)买卖的交易,即法律上自由平等的人们之间自愿组成的买卖关系;(2)管理的交易,即由合约规定的企业内部上下级之间的关系,主要指命令与服从的关系,其中上级指个人或少数人的特权组织;(3)限额的交易,也是一种上级对下级的关系,但与管理的交易不同的是,其上级是一个集体的上级或他的正式代表,主要表现为政府对个人的关系。康芒斯对"交易"的总结已经相当成熟,但是他忽视了人类在交易活动中是需要付出成本代价的,因此他并没有把交易与成本结合起来。

马克思在《资本论》第二卷中讨论到了流通费用的问题。他把流通费用分为两类:一类是生产性流通费用,即生产过程在流通领域的延续,包括运输费、保管费、包装和加工费等;另一类是纯粹的流通费用,即纯粹为商品买卖活动而支出的费用,包括买卖所费时间、簿记费用和货币磨损费用等。虽然马克思提到的流通费用不是新制度经济学中交易费用的概念,但实质上他已经认识到了交易费用的存在。

(二)科斯的贡献

1937年,科斯在《企业的性质》一文中对新古典经济学零交易费用的理论提出质疑:若价格机制可以调节资源配置,那为何还需要企业?他的解释是,价格机制是有成本的,如发现相关价格的工作的费用、谈判和签约的费用等。"在企业内,市场交易被取消",相关的交易费用被节约,所以企业的显著特征是"以权威替代价格机制"。科斯认为,企业内部交易降低市场交易成本是有一定限度的,企业不能完全替代市场,说明企业内部交易也是有成本的,企业规模的限制因素就与之相关。随后,科斯在《社会成本问题》一文中指出,若交易费用为零,一切在资源使用效率方面的立法都是不起作用的。

科斯在《企业的性质》一文中并没有明确使用"交易费用"这一名词,但首次提出了交易费用的思想。他将交易费用引入经济分析中,架起了制度分析与资源配置的桥梁,同时也将制度经济学与传统微观经济学联系起来。

科斯之后,阿罗、威廉姆森、张五常等许多经济学家对交易费用理论进行了大量研究。

肯尼思·阿罗在他1969年发表的一篇文章中首次明确提出并使用"交易费用"这个术语。他认为,交易费用在通常情况下妨碍了市场形成,在特殊情况下阻止了市场的形成,它可定义为"经济系统运行的成本"。

威廉姆森则系统地研究了交易费用理论,他将交易费用分为事前的交易费用和事后的交易费用。事前的交易费用是指由于将来的情况不确定,需要事先规定交易各方的权利、责任和义务,在明确这些权利、责任和义务的过程中就要花费成本和代价,而这种成本和代价与交易各方的产权结构的明晰度有关;事后的交易费用是指交易发生以后的成本。

张五常认为:交易费用就是制度费用;如果交易费用等于零,就没有市场和企业;而产权的选择将会是不确定,因为用任何种类的产权,也可以在毫无成本下达到交易。

二、交易费用的含义与类型

(一)交易费用的含义

目前,交易费用尚无大家一致接受的定义,经济学家们从不同角度来理解交易费用的含义。把经济学家对交易费用的研究进行梳理,对交易费用的理解可以划分为如下几个类别:

1. 从契约过程说明交易费用

这一类别中比较具有代表性的是达尔曼和威廉姆森的说法。

达尔曼从交易、契约与交易费用的孪生性出发，认为交易费用包括信息成本、讨价还价和决策成本以及执行和控制成本。

威廉姆森强调了隐契约的重要性，将交易费用划分为合同签订之前和签订之后两个部分费用。前者包括"协议的起草、谈判和维护等费用"，后者包括不适应成本、讨价还价成本、建立及运转成本和保证成本。威廉姆森从契约过程考察交易费用对于理解现实经济过程是有帮助的，但他并没有深入研究交易费用本身的性质及其测量方式。

2. 从交易维度考察交易费用

威廉姆森将交易划分为三个基本维度，分别是交易频率、交易不确定性和资产专用性。交易频率指同类交易重复发生的次数；交易不确定性包括偶然事件的不确定性和可预测但处理措施成本太高的不确定性；资产专用性指在不牺牲生产价值的条件下资产可用于不同用途和由不同使用者利用的程度。但是，威廉姆森没有直接考察这三个维度与交易费用的关系，只是通过交易对事后机会主义行为的影响、规制结构的选择和成本补偿等方面，间接考察了交易维度与交易费用的数量关系。他认为这三个维度中资产专用性尤其重要，资产专用性越高，事后被"要挟"的可能性越大，通过市场完成交易耗费的资源就比一体化内部完成同样交易所耗费的资源要多。同时，规制结构的确立和运行的成本补偿取决于交易发生的频率，在一定程度内交易频率越高越用以补偿该成本。

威廉姆森的研究是值得肯定的，但他依然没有回答"交易费用是什么"，也没有提出交易费用的测量方法。

3. 设定参照系说明交易费用

张五常、麦克林和詹森在定义交易费用时，都选定了一个参照系，通过对比，使要讨论的问题突显出来。麦克林和詹森以企业家拥有企业100%资本的情况为参照系，讨论了代理成本的问题。即，企业家持有企业资本低于100%时，将存在使企业家占用企业资源作为其自身津贴的诱因，这就会产生剩余损失、企业监管成本，并且企业会要求代理人支付一定保证金。

张五常以"鲁滨逊·克鲁索经济"为参照系，认为"在最广泛的意义上，交易成本包括所有那些不可能存在于没有产权、没有交易、没有任何一种经济组织的鲁滨逊·克鲁索经济中的成本。"在他看来，鲁滨逊的经济中不存在交易，只包含生产过程中的成本，但人数在一个人以上的现实世界中既存在生产过程中的成本，又存在交易费用，因此现实生活中的总成本除去生产过程中的成本，剩余部分均可归入交易费用。尽管如此，张五常的研究还是存在缺陷，首先现实世界里的交易成本和生产过程成本是存在交叉的，并不能完全分离；其次，即使能够分离，交易费用作为总成本和生产过程成本差额存在，无法加以细分。

4. 从生产过程说明交易费用

诺斯认为,将生产要素组织起来生产物品或劳务,要受到制度和技术两个方面的制约,即转化费用和交易费用,这两个费用之和等于生产费用。诺斯所说的转化费用就是前面所说的生产过程中的费用,但不同的是诺斯认为交易行为和转化行为都具有"生产性功能",两者是此消彼长的关系。诺斯还注意到技术和制度与转化费用和交易费用并不是一一对应的关系,它们之间存在交叉影响。

另外,交易费用一部分可以通过市场来衡量,另一部分则难以衡量。诺斯的看法给了我们两点启示:(1)交易费用在数量上不仅与组织生产的制度结构有关,还与生产的技术条件有关;(2)选择生产的技术条件和生产制度结构时,不仅要考虑转化费用,同时还要考虑交易费用,只有使生产费用达到最小的生产技术条件和生产制度结构的组合,才是经济合理的。

(二)交易费用的类型

交易费用在不同的交易行为中有不同的表现,可以划分为不同的类型。

新制度经济学家将制度视为一种公共品,它也有供给和需求,而制度的制订、实施、维护和变革无不渗透着人与人、集团与集团之间复杂的交易活动,因此可把交易分为制度交易和给定制度条件下的交易两种类型。

诺思和张五常认为,交易费用不仅存在于市场交易中,还存在于管理和政治之中,因此相应的交易费用分为市场型交易费用、管理型交易费用和政治型交易费用。市场型交易费用可分为三种:搜寻和信息费用(如广告费、电话费等),讨价还价和决策费用(如签约时谈判协商所支付的费用),监督费用和合约义务履行费用(如生产过程中监督和交货时的检查费用);管理型交易费用主要包括设立、维持或改变组织设计的费用(如人事管理、信息技术的投入),组织运行的费用;政治型交易费用包括设立、维持和改变一个体制中正式与非正式组织的费用(如建立法律框架、管理架构等),政体运行的费用(如国防、教育等、社会保障等)。

三、交易费用的性质与影响因素

(一)交易费用的性质

从各个经济学家对交易费用的分析中,可以看出交易费用有如下四个基本性质:

交易费用是机会成本。人们可以选择是否进行一项交易,若不进行,则该项交易费用为零,若进行则会产生一定的交易费用,并且交易方式不同则与之相对应的交易费用也不同,人们选择之后放弃交易的成本即为交易的机会成本。

交易费用是对稀缺资源的损耗。专业化分工导致了经济主体之间知识、信息的不对称,这就使得在利益冲突与调和的过程中,信息、知识会被机会主义者利用,造成资源损耗。

交易费用无法彻底消除,但是可以降低。交易费用的产生是受多种因素影响的,人们对知识、经验等的个体差异是无法完全消除的,这种认识的不同步使得交易费用无法消除,但是交易费用是可以降低的。新制度经济学家认为,可以从制度和技术两个方面降低交易费用,如在组织社会生产时,如果用政府计划方式组织生产时费用较高的话,就可以采用市场这种制度方式来替代,以达到降低交易费用的目的。

交易费用具有两面性。过高的交易费用可能会减少本来有益的交易行为,如因为过高的交通成本和管理成本,农村地区发展电子商务就会受到影响;而对有害的交易行为,可以通过提高交易费用对其进行抑制,如国家严厉打击毒品犯罪,使得犯罪成本大大提高,从而在一定程度上可达到遏制毒品犯罪的行为。

(二)交易费用的影响因素

交易费用的影响因素是交易费用理论的核心,威廉姆森将其分为三类:一是人的因素,包括人的有限理性和机会主义行为倾向;二是交易要素特性,包括资产专用性、交易的不确定性和交易频率;三是交易的市场环境因素。诺斯在此基础上提出了两个新的影响因素:商品服务的多维属性和交易的人格化特征。米尔格罗姆和罗伯茨发现了交易的关联性对交易费用的影响。下面主要以威廉姆森的分类框架对交易费用的影响因素进行介绍。

1. 人的因素

该因素包括威廉姆森的人的有限理性和机会主义行为倾向,以及诺斯提出的交易人格化特征。

(1)有限理性。从理性强弱方面可以将人分为三种,完全理性、直觉理性和有限理性。有限理性是指人们主观上追求理性,但是客观上只能做到一定程度上的理性这一行为特征。人的有限理性决定了交易的合约总是不完全的,不能完全反映未来可能发生的变化,这就必然增加了交易费用,正如威廉姆森所说:"理性有限是一个无法回避的现实问题,因此就需要正视为此所付出的各种成本,包括计划成本、适应成本以及对交易实施监督所付出的成本。"

(2)机会主义行为倾向。威廉姆森认为,经济人会以狡黠的方式追求自身的利益,他会随机应变,投机取巧,他会有目的、有策略地利用信息(包括有时说谎、隐瞒、欺骗等)。机会主义行为倾向往往在信息不对称、小数目谈判、针对专用性资产的交易以及高昂的监督费用等情况下产生。

(3)交易的人格化特征。诺斯认为,交易的产生与交易的人格化特征有较大联系。交易的人格化特征与分工和专业化程度有关,根据分工和专业化的程度,可将交易形式分为三种:一是简单的人格化的交易形式,它是指交易不断重复进行,每项交易参与者很少,信息完全对等,该种形式交易费用很低;二是非人格化的交易形式,它是指市场扩大,专业化程度提高,生产费用下降,交易费用上升;三是由第三方实施的非人际交易形式,它是指交易者众多,分工和专业化程度大幅提高,交易费用的增加抵消了生产费用下降带来的好处。

2. 与特定交易有关的因素

该因素包括威廉姆森的资产专用性、不确定性和交易频率,诺斯的商品和服务的多维属性,还包括米尔格罗姆和罗伯茨的交易的关联性。

(1) 资产专用性。它是指在不牺牲生产价值的条件下,资产可用于不同用途和由不同使用者利用的程度。威廉姆森将资产专用性分为五类:地理区位的专用性、人力资产专用性、物理资产专用性、完全为特定协约服务的资产专用性和名牌商标资产专用性。与交易相关的资产专用性越强,交易关系的持续性就越重要,这就要求双方制定某种保障机制以维护交易正常进行,因此交易费用就会提高。但是要说明的是,随着技术的进步,原本专用性强的资产也会变为通用资产,例如无线通信之前一直是军方或官方使用,现在民用无线通信(移动通信)则非常发达。

(2) 交易不确定性。库斯曼把交易的不确定性分为两类:一是原发的不确定性,指由于自然变化和消费者偏好不可预料的变化所带来的不确定性;二是继发不确定性,指一个人做决策时无法了解他人决策和计划所带来的不确定性。一般在资产专用性不可忽视的前提下,不确定性越强,交易过程中的阻碍就越大,相应的交易费用就越高。

(3) 交易频率。交易频率是同类交易重复发生的次数。一般来说,随着交易频率的升高,边际交易费用下降,每笔交易的平均成本就降低。某项交易是否有必要建立一个专门的治理结构,要同时考虑资产的专用性、不确定性以及交易频率。

(4) 商品和服务的多维属性和特征。诺斯认为,商品和服务具有多维属性和有价值特征,它们的层次在不同种类商品和不同代理人之间是不同的。在交易之前,要对商品和服务的属性和有价值特性进行全面了解,这往往需要付出高昂的成本。

(5) 交易的关联性。米尔格罗姆和罗伯茨认为,有些交易在很大程度上依赖其他交易的进行,在具有较强关联性的交易中,各方需要考虑更多信息并达成一致,因此这种相互依赖的交易会产生较高的交易费用。

3. 交易的市场环境因素

交易的市场环境是指潜在交易对手的数量。威廉姆森认为,交易开始时会有大量的供应商参与竞争,但这并不意味着之后还会如此。这种竞争状态依赖于资产专用性程度的高低,一旦存在专用性资产,最初的完全竞争就会被垄断竞争所代替,并且处于垄断一方的机会主义行为会大大增加。

四、交易费用的测量

经济学家们以不同的方式对交易费用的测量进行研究,目前尚未形成一个公认的测量方法,在这里对学者们的观点做一简单介绍。

（一）测量中存在的困难

目前之所以没有公认的测量方法，是因为交易费用的测量存在争议，争议来自以下几个方面：

（1）没有一个普遍认可的交易费用概念。阿罗将交易费用定义为"经济系统运行的费用"，巴泽尔则定义为"与转移、获取和保护权利相关的费用"。前文也提到了其他经济学家对交易费用的不同定义，定义的不同导致了交易费用测量的目标范围存在差异。

（2）生产和交易费用是被联合决定的，这导致对交易费用的单独估计较为困难。交易费用降低，意味着交易频率和专业化提高，同时会引起生产费用的变化，而生产费用的变化又将对交易费用造成影响。

（3）如果交易费用很高，一些交易可能根本不会发生。即使某种特定种类的交易会发生，也不可能出现在采用货币价格的开放市场中。在所有潜在交易中，仅有一个很小的子集会真正发生，并且只有这个子集中的一部分会出现在市场上。为了弄明白为什么某种特殊交易会被某人采用，就需要知道关于其他选择的机会成本。为了理解这些选择的形成，就要对那些没有真实发生的交易费用进行估算，这显然是很困难的。

（4）一价定律在此并不适用。在一个给定的社会中，个体和团体可能面对非常多的不同的交易成本，因此需要很多估算。在其他情况相同的条件下，某个人的政治关系、种族以及其他特点也将影响特殊交易的机会成本。

正是由于上述原因，交易费用的测量一直认为比较困难，但是，学者们认为，测量交易费用还是可以从宏观和微观两个方面讨论。

（二）宏观层次交易费用的测量

沃利斯和诺斯认为应该测量交易费用的总量，由于交易包含主观成本，所以他们实际上测量的是交易部门的数量而非交易费用的数量。根据"交易功能"和"转换功能"，他们将国民经济各部门分为三种，私人交易部门（包括金融业、保险业、批发业和零售业等），非私人交易部门（包括农业、建筑业、采掘业、制造业、交通业、仓储业及餐饮业等），公共部门（如法院、警察系统、国防和军队等）。先分别对这三种部门进行测量，然后加总即获得宏观交易费用总量。

张五常从广义上界定"交易成本"，包括律师、金融制度、警察、经纪人、企业家、经理、文职员、佣人等的收入，就是说，"交易成本"是除了与物质生产和运输过程直接相关的成本以外，所有可能想到的成本。

（三）微观层次交易费用的测量

在微观层次对交易费用的测量主要体现在四个方面：比较不同国家对创办新企业等进入管制的交易费用；比较不同国家完成同一笔中间商品交易的交换费用；对单个行业交易费用的测量；针对某项具体政策诱致型交易费用的测量。

德姆塞茨通过分析卖出价和买入价的差额,以及经纪人的收费,对使用有组织的金融市场成本进行了直接的估计测算。威廉姆森将专用性投资间的某些关系作为对交易成本的测量。贝纳姆提出了交换成本的概念,他认为,通过比较不同国家安装电话、转让房地产产权、开办新企业等机会成本,可获得对交易费用的具体认识。

在微观层次上,还有学者分别从市场型、管理型和政治型方面对交易费用测量进行了探索。如有些学者认为,"微观层次的交易费用之和并不等于宏观层次的交易费用,但总量交易费用的大小决定着微观层次每笔交易费用的大小"。

总之,对交易费用的测量还是一个需要不断深入研究的课题。

第五节 产权理论

产权理论主要研究产权对经济运行及资源配置的影响,是新制度经济学中一个重要的理论,它与制度变迁理论、交易费用理论、企业理论等密切相连。本节从产权的起源与定义、性质、类型、界定、功能等概念对产权理论进行介绍。

一、产权的定义与起源

(一)产权的定义

许多经济学家对产权进行过研究,如亚当·斯密、马克思、康芒斯等。现在一般认为,经济学中产权概念是在19世纪末20世纪初,随着现代股份公司的出现而产生的一个新经济学范畴,因此,下面主要介绍新制度经济学家对产权的定义。

产权(property ownership),是财产权利的简称,这些权利包括使用权、收益权、处置权等,它是一组权利束。

可从两个角度来理解产权的定义:一是从人与财产的关系进行界定,把产权当作人对物或劳务的某种权利;二是认为产权是一种社会关系,是规定人们相互间行为的一种规则。后一种理解是新制度经济学家们提出来的,他们在很多方面继承了古典和新古典的传统,对原来的产权定义进行了修正。

按照新制度经济学家们提出的产权定义,产权概念的外延就十分广泛,例如,居民享有安静的权利,住在河边的村民享用饮用清洁河水的权利,居民有享受阳光的权利,等等。

科斯在《社会成本问题》一文中指出,外部侵害问题具有相互性,关键在于两者相害取其轻,即在进行权利调整时,要比较制度运行的成本和收益,选择交易成本较小,而收益最大的制度安排。德姆塞茨认为,产权是一种社会工具,它能够帮助一个人在与他人交易中形成一个可以合理把握的预期,它界定了人们如何受益及如何受损,因而谁必须向谁提供补偿以使它修正人们所采取的行动。产权包含了人们在竞争中可以使用的权利。阿尔钦认为,产权是一个社会所强制实施的一种经济物品的使用权利,即产权是人们使用资源时必须遵守的规则。阿尔钦对产权的界定被写入了《新帕尔格雷夫经济学大辞典》。

(二) 产权的起源

产权的起源指人类历史上最初的产权是如何起源的,即人类社会从无产权到有产权的变化。马克思和恩格斯认为,原始共有产权是人类社会最早的产权,但大多数新制度经济学家认为,产权就是私有产权,所谓产权起源就是私有产权的起源。学者们认为,产权的形成实质上是外在性内在化的过程,产权及其制度的产生分为三个阶段:一是建立排他性的制度产权;二是建立可转让性的产权制度;三是与各种组织形式创新联系在一起的产权制度。

产权的形成与发展受到多种因素影响。资源的稀缺性是产权产生的基本前提,潜在利益是产权产生的动力。同时产权的产生还会受到技术、人口压力、要素和产品相对价格的变化等多种因素的共同影响。

二、产权的类型、性质与界定

(一) 产权的类型

根据产权归属的主体不同,可将产权分为私有产权和共有产权。

1. 私有产权

私有产权指将资源的使用、收益、处置等权利分配给某一个特定的人的产权安排,拥有产权的个人可以根据自己的意愿决定如何行使权利,行使何种权利。私有产权的排他性尤为明显,未经产权主体许可,任何个人或集体不得使用、消费其财产。

对于同一财产,在权利相互不重合的前提下,产权的权利束中的权利可归属于不同个体,如房东将房屋出租给房客,房客在合同期限内拥有使用权,而房东拥有房屋的所有权,尽管如此,在租住期间,房东是不能随意进入房屋的。

2. 共有产权

共有产权指财产的权利主体是公众,某个个体对一种资源的使用,并不排斥他人行使同样的权利。事实上,不同的公共物品都有其不同的公共范围,根据范围的不同,可将共有产权细分为集体产权、国有产权、公有产权。

集体产权是指产权由一个共同体所有,个体在行使某项权力时,并不排斥共同体内的其他成员行使该权利,但排除了共同体外的成员对该权利的行使。如俱乐部、互助会、合伙公司、股份公司等就是集体产权。

国有产权指财产权利主体是国家,财产在法律上归国家所有。如果某个公共物品的供给成本是以强制性的方式来分担的,那么这种物品就是纯粹的公共物品,其产权形式就是国有产权。如军队、公共基础教育、公共卫生、公共绿地,等等,就是国有产权。

公有产权是指不具备消费排他性资源的一种产权安排。这些资源大多是大自然的免费馈赠,如空气、水、海洋、地球的卫星轨道、外太空等。在这种产权条件下,每个人或群体都可以免费享用这些资源带来的好处。

不同的产权制度安排,会导致资源使用上的不同绩效差异。如何设计产权制度以提高绩效就显得十分重要,这在之后进行讨论。

(二) 产权的性质

产权的类型不同,其性质也不同。产权的性质主要有排他性和非排他性、可分割性和不可分割性、可让渡性和不可让渡性,以及清晰性和不清晰性。

1. 排他性和非排他性

排他性指决定某人以一定方式使用一种财产的权利,是非此即彼的。私有产权的排他性使得权利拥有者同时具有财产的收益和成本,赋予所有者强烈的动机去寻求更高价值的资源使用方法。排他性是所有者自主权的前提条件。而共有产权,在共有范围内是不具有排他性的,即具有非排他性。

2. 可分割性和不可分割性

可分割性是私有产权的另一重要特征,指对特定财产的各项产权可以分属于不同主体的性质。所有权、使用权、转让权、收益权等就是对产权的初步划分,每一类权利相应还可以进行更细致的拆分,产权的可分割性有利于资源的有效利用,也可以拓展人们对产权安排与构造的选择空间。但是产权的分割不是无限制的,也不是任何一项产权都可以分割。共有产权是一个整体,它排斥任何一个成员的单独侵占,因此具有不可分割性。

3. 可让渡性和不可让渡性

产权的可让渡性指产权可以在不同主体之间转手和交易。产权按让渡内容的多少可分为全部产权的让渡和部分产权的让渡,按让渡时限可分为永久性让渡和暂时性让渡。产权的可让渡性有利于人们对资源的更好利用,优化资源配置。

4. 清晰性和不清晰性

产权的清晰性包含两个方面:一是产权与产权之间必须有清晰的界限,即不同产权间的界限;二是任何产权都必须有清晰的限度,即权利的数量和范围。如果产权之间的界限不明确,产权主体之间就会发生冲突;如果产权没有限度,任何一个产权主体就可以把一切权利视作自己的产权,实际上就相当于没有产权。

(三) 产权的界定

产权的界定就是确定产权制度的安排。巴泽尔提出,产权界定具有相对性和渐进性。首先,产权的界定具有相对性,只有对产权的价值和特性有充分的认识,产权才可以被完全界定,但是因为交易费用的存在,这做起来是很困难的。因此,一项产权的有价值属性总会存在未被界定的情形,即产权的界定中存在着"公共领域"。其次,产权的界定具有渐进性,科技进步、人口变化等因素会使得资产的价值发生改变,而产权也会随之改变,因此产权的界定是一个渐进的动态化过程。资产属性变动导致产权变动,产权的变动又反过来影响资产的价值,所以产权界定也是一个价值发现的过程。

公共资源(Common Resources)由于产权不清,通常会受到过度利用。著名的寓言"公地悲剧"就说明了这个问题。

1968年,美国学者加勒特·哈丁(Garret Hardin)在期刊《科学》杂志上发表了一篇题为《公地的悲剧》(Tragedy of the Commons)的文章。他在文中设置了这样一个场景:一群牧民一同在一块公共草场放牧。一个牧民想多养一只羊增加个人收益,虽然他明知草场上羊的数量已经太多了,再增加羊的数目,将使草场的质量下降。牧民将如何取舍?如果每人都从自己私利出发,肯定会选择多养羊获取收益,因为草场退化的代价由大家负担。每一位牧民都如此思考时,"公地悲剧"就上演了——草场持续退化,直至超过了草地的承受能力,无法养羊,最终导致所有牧民破产。"公地悲剧"常常被做一般性理解,指一种涉及个人利益与公共利益(Common good)对资源分配有所冲突的社会陷阱(Social trap)。

现实中,有许多公共资源,如清洁的空气和水、石油矿藏、大海中的鱼类、许多野生动植物等都面临与公地悲剧一样的问题,即私人决策者会过度地使用公共资源。对这些问题,政府通常管制其行为或者实行收费,以减轻过度使用。

三、产权的功能

产权的功能是指界定和实施产权的功能。人类社会的资源是稀缺的,每个人的自利行为都要受到资源的制约,如果不设定产权安排,就会产生利益冲突。因此,通过建立产权制度,能够让人们知道如何获取资源,以及在什么样的权利范围内可以选择资源的使用。

产权的功能主要有微观和宏观两个方面,微观功能有激励与约束、减少不确定性、外部性内部化功能;宏观功能有资源配置、收入分配等功能。

(一)激励与约束功能

产权内容包括权能和利益两个方面,产权的确定是责、权、利一体的确定。在经济主体的产权得到明确界定之后,不仅意味着他们有了做事的权利,同时也具有了得到相应利益的稳定依据,这样就使得经济主体的预期收益同努力程度紧密相关,从而充分调动了经济主体的积极性。但因为产权是有限的,一旦界定了产权,权利主体就知道了自己的产权边界,也知道了越权会付出的代价,这样产权主体就会受到约束。

约束和激励对于经济活动主体来说,是相互联系的两方面的力量,或者说约束是一种反面的激励。但约束和激励的作用机理不同,激励是一种对经济主体有诱致性、吸引性的力量,可以调动其积极性;约束是一种逆向的、限制的力量,抑制其某方面的积极性。

(二)减少不确定性功能

人类面临的环境充满不确定性,不确定性给人们的选择造成困难,增加了交易费用。

而随着经济的发展,经济关系越复杂,不确定因素就越多。产权制度的实施,把不明晰的产权明晰化,使不同资产的不同产权界限明确化,在减少不确定性的同时也降低了交易费用。

(三) 外部性内部化功能

产权的界定和实施能够将外部性内部化,外部性包括正外部性和负外部性。正外部性内部化可以提高产权主体的收益,具有激励作用;负外部性内部化会增加产权主体的成本,具有约束作用。比如工厂和居民楼紧邻,一开始工厂主和居民都在自己的产权范围内行使着自己的权利,互不干涉,随着工厂生产时噪声的加大,给居民带来困扰,产生了负外部性。工厂主行使原有产权的结果是事实上超出了原有的产权边界,产生了新的损害的权利,居民则产生了受损害的权利。这时需要对新的权力加以重新界定,一旦产权设置成功,外部性就被内部化了。

(四) 资源配置功能

产权的资源配置功能指产权制度的安排本身所具有的调节或影响资源配置的功能。该功能具有几个特点:一是对于无产权或产权不明晰的资源,设置产权就是对资源的一种配置;二是任何一种稳定的产权结构,都代表着一种资源配置的客观状态;三是产权的变动会改变资源的配置状况,包括资源的流量和流向;四是产权状况影响了资源配置的调节机制。

(五) 收入分配功能

产权具有收入分配功能是因为产权本身包含着利益内容,谁拥有产权,谁就能因此获得经济利益,拥有的产权越多,经济利益就越大。产权的分配功能体现在:一是产权在不同主体间的划分,本身就是收入或获取收入手段的分配;二是产权是收入分配的基本依据,产权的界定和明晰有助于收入分配的规范化。

四、外部性

(一) 外部性的概念及分类

外部性是指一个主体的行动对另一个主体的福利所产生的非市场化的外部影响,施加这种影响的主体没有为此付出代价或获得补偿。这里的行为主体可以是一个人,或一个群体。外部性又称为外部效应(Externality),或溢出效应(Spillover Effect)、外部影响或外差效应。

外部性在经济学中广为应用。经济外部性是指经济主体(包括厂商或个人)的经济活动对他人和社会造成的非市场化的影响。即社会成员(包括组织和个人)从事经济活动时其成本与后果不完全由该行为人承担。

张五常认为,产权没有明确界定的情况下谈外部性问题,这时,外部性概念是模糊不

清的,到底是谁对谁产生了外部性呢?因此,界定产权是明确外部性的基础。从不同角度出发,可以将外部性分为以下几类:

1. 正外部性和负外部性

根据外部性产生的影响对承受者有益或有害,可分为正外部性和负外部性。

正外部性(positive externality)是指一个主体的经济活动使得其他经济主体在不付出代价的同时获得额外收益。正外部性又称外部经济、正外部经济效应。

负外部性(negative externality)是指一个经济主体在不承担成本的情况下,其经济活动使其他主体蒙受损失。负外部性又称外部不经济、负外部经济效应。

若一种经济活动的社会收益大于私人收益,则该活动就产生了正的外部性;反之,产生负的外部性。

2. 生产外部性和消费外部性

根据产生外部性的主体和承受外部性的主体的不同,可将外部性划分为生产外部性和消费外部性。生产外部性是由生产活动导致的外部性即"生产者—生产者"外部性;消费外部性是由消费行为产生的外部性,即"消费者—消费者"外部性。同理,还有"生产者—消费者"外部性,如上游化工厂对下游沿河居民的负外部性;"消费者—生产者"外部性,如居民在家中敲击乐器对隔壁诊所医生工作造成的负外部性。一位女士衣装靓丽会产生消费的正外部性;吸烟会产生消费的负外部性。

3. 公共外部性和私人外部性

根据外部性的影响范围,可将外部性划分为公共外部性和私人外部性。当主体的行为对该区域内其他所有主体的福利都产生了影响,则称之为公共外部性;当主体的行为只对该区域内极少数主体的福利产生影响,则称之为私人外部性。

4. 单向外部性和交互外部性

单向外部性是指外部性仅仅由行动的一方向另一方单方向传递;双向外部性是指行动双方同时产生外部性,又同时受到对方的影响。

例如,化工厂从上游排放废水导致下游渔场鱼产量的减少,而下游的渔场既没有给上游的化工厂产生外部经济效果,也没有产生外部不经济效果,这就称化工厂给渔场带来的是单向的外部性。实际中大量外部性都属于单向外部性。养蜂人与荔枝园园主之间的关系具有交互外部性(双向外部性);所有国家都对生态环境造成了一定程度的损害,彼此之间都有外部不经济效应,这属于比较复杂的交互外部性。

5. 技术性外部性、货币性外部性和政治性外部性

这三种划分是根据外部性能否通过市场进行交易,或根据行动各方的相互依存来划分的,但并不是绝对的,有时很难将它们区分开来。技术性外部性是指行动一方的结果不仅仅依赖于自身的活动,也依赖于行动的另一方活动时产生的外部性;货币性外部性是指所有能通过市场价格体现出来的外部性;政治性外部性是指由于规则的变化所引起的不同人的原有机会的改变或原先自由和责任形式的改变。

(二) 外部性对资源配置的影响

外部性是与资源的低效率使用相伴随的。外部性会导致市场机制在资源配置上的种种扭曲,使得整个经济的资源配置不能达到帕累托最优状态。

正外部性意味着资源配置不足。假设某人采取某项行动的私人收益(P_p)小于社会收益(P_s),如果他采取该行动产生的私人成本(C_p)小于私人收益(P_p),则他会采取该行动;如果他采取该行动产生的私人成本大于私人收益而小于社会收益,即 $P_p<C_p<P_s$,虽然采取该行动对整个社会是有利的,但他显然不会采取该行动,这时帕累托最优的状态就没有实现。因此,存在正外部性会使私人活动的水平低于社会要求的最优水平,即资源配置不足。

负外部性意味着资源配置过多。在存在负外部性的情况下,如果某人采取某项行动的私人成本(C_p)小于社会成本(C_s),倘若他采取该行动得到的私人收益大于私人成本而小于社会成本,即 $C_p<P_p<C_s$,虽然他采取该行动对社会是不利的,但显然他还是会采取该行动,这种情况下帕累托最优状态也没有实现。如果他不采取该行动,他的损失为 P_p-C_p,社会上其他人由此可避免的损失为 C_s-C_p,重新分配损失就可以使每个人的损失都减少。因此,存在负外部性会使私人活动的产出水平高于社会要求的最优水平,即资源配置过多。

(三) 外部性的解决办法

外部性使得市场运行失灵,资源不能得到有效配置,如果没有法律、经济、政治等约束,外部性将会不同程度地阻碍社会与经济发展。学者们提出了如下几个处理外部性的措施:

1. 引入政府干预

政府干预的方式有两种:一是依靠政府的力量对产生正、负外部性的经济主体相应地予以补贴或征税(如庇古税),使私人收益与社会收益、私人成本与社会成本趋于一致,以满足帕累托最优资源配置所要求的社会边际成本等于社会边际收益的原则;二是政府采取行政措施对外部性进行直接管制,如从行政上指示生产者提供最优产量组合、干预产业布局,或者直接把外部性的生产者和承受者联合起来。最有代表性的是直接规定外部不经济的允许数量,若超过标准,则对经济主体进行惩罚。上述两种措施,第一种更具有普遍性。

但是,政府干预也存在着不足之处,因为公共目标涉及的是社会不同人或者不同团体之间的利益分配,面对利益时往往会有冲突。由于政府干预是有成本的,而且外部性的种类情景不计其数,政府无法全部解决。另外,政府干预有可能会产生寻租行为,导致社会资源浪费。

2. 科斯解决外部性的方法

科斯对庇古的理论提出了异议。科斯在其《社会成本问题》一文中指出:"人们一般将问题视为甲给乙造成了损害,因而所要决定的是:如何制止甲?但这是错误的。我们正在分析的问题具有相互性,避免对乙的损害将会使甲遭受损害,必须决定的真正问题是:是允许甲损害乙,还是允许乙损害甲?关键在于避免较严重的损害。"科斯指出,只要交易费用为零,产权界定清晰,外部性的问题可以通过市场交易来解决,使经济活动的私人成本与社会成本趋于一致,实现帕累托最优。

虽然科斯定理相较之前有了突破,但还是存在一定的局限性。首先,科斯定理无法解决受损失者众多时的搭便车问题;其次,建立一系列产权会导致市场运行的低效率;最后,经济主体间的自愿组织会产生巨大的成本。

在科斯之后还有许多学者针对外部性提出了自己的解决办法,无论是政府干预还是市场自发或者两者相结合,都各有千秋。在现实生活中应对症下药,才能更好地解决问题。

五、不同产权制度及其绩效差异

(一)产权制度效率比较的标准

在现实生活中如何安排产权制度,要根据产权安排的效率来判断。在进行效率比较之前,有必要对效率的比较标准进行介绍。

产权安排的效率就是产权安排的收益与成本之比。常用的测度产权安排的效率的方法有两种:一是把收益视为既定,单独比较成本;二是把成本视为既定,单独比较收益。成本包括制度本身的成本和在特定产权安排下人们交易所花的成本。由于理论视角、意识形态、利益所得等的不同,不同学派对产权安排的效率的理解不尽相同。为方便起见,这里将个同产权安排的效用视为相同,比较其成本的差异。

(二)私有产权的效率

新制度经济学家认为私有产权比其他产权更有效率。科斯声称私有产权能实现最优效率;德姆塞茨指出私有制的结果会使与共有制相联系的许多外部成本内在化,收益与成本向所有者集中,产生更有效地使用资源的激励;张五常则具体地分析了私有产权的四大好处。

依照产权效率评价标准并结合各个经济学家的结论,可以总结出私有产权最有效率的原因:首先,私有产权的产权属于唯一的经济主体,产权让渡可以独立决策,交易复杂性小;其次,私有产权主体明确,激励性强,约束性也强。

(三)共有产权的效率

在新制度经济学家看来,共有产权是一种十分低效的产权安排。张五常指出,由于没有排他性使用权,人人争相使用,导致自然租金的完全耗尽;德姆塞茨认为,共有产权会产生很大的外部性。

同样,依照产权效率的评价标准判断,共有产权比私有产权效率要低得多。首先,共有产权比私有产权交易困难,因为决策主体太多;其次,共有产权在组织内部不具有排他性,难免会导致组织内的成员对资源的滥用。

以上对产权效率的讨论都是完全静态化的,如果从动态上考虑,就不能这么绝对化,还需考虑到生产力状况、环境状况、意识形态、资源稀缺度,等等。共有产权和私有产权在一定条件下都会偏离社会最优的私人要素投入量,并造成社会净福利损失,两者净福利损失的大小也是不确定的,因此不能简单地认为私有产权一定比共有产权更有效。

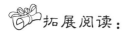拓展阅读:

制度的力量及其对权力的约束

下面几则阅读材料用来说明制度安排的作用,由此可以看到制度的力量有多大,也可以看到如何用制度来约束权力的使用。

一、制度的力量

案例一:付款方式调整改变死亡率

1770年,英国航海家詹姆斯·库克船长(Captain James Cook)发现澳大利亚东海岸,将其命名为"新南威尔士",并宣布这片土地属于英国。英国将澳洲变成殖民地之后,因为那儿地广人稀,尚未开发,英国政府就鼓励国民移民到澳洲,然而当时的澳洲非常落后,没人愿意去。

18世纪末,英国原始资本主义"贫富两极分化"的弊端越来越突出。一些贫民甚至成为到处流浪的"流民"。其中许多"流民"以一些极端方式报复社会而被政府抓起来,变成了犯人。英国政府决定把这些犯人发配到澳大利亚去,这样一来解决了英国本土监狱人满为患的问题,也解决了澳洲的劳动力问题。1788年11月26日,由阿瑟·菲利普率领战舰押解770名犯人到澳大利亚这个不毛之地,此后,政府主要雇佣私人船只运送犯人,按照装船的人数支付费用,多运多赚钱。此后80年间,共有16万多名犯人被流放到此,澳大利亚被戏称是囚犯创造的国家。

在雇佣私人船只押送犯人中,政府发现犯人的死亡率非常高。据英国历史学家查尔斯·贝特森(Charles Bateson)写的《犯人船》(The Convist Ships)一书记载,1790年到1792年间,私人船主送运犯人到澳洲的26艘船共4082名犯人,死亡了498人,平均死亡率为12%。其中一艘名为海神号(The Neptune)的船,424名犯人死了158个,死亡率高达37%。这么高的死亡率不仅在经济上损失巨大,而且在道义上引起社会强烈的谴责。

政府采取了许多办法降低罪犯运输过程中的死亡率,包括派官员上船监督,对犯人在船上的生活标准做了硬性规定,甚至还给每艘船只配备了一个医生,限制装船数量等。上述措施实施的初期,船主的虐待行为受到了一定的遏制,政府官员的监督取得了一定的效果。

但是,新的问题很快又出现了。长时间远洋航行的险恶环境和金钱诱惑,诱使船长铤而走险。他们用金钱贿赂随行官员,并将不愿同流合污的官员扔到大海里。据说,有些船上的监督官员和医生竟然不明不白地死亡。面对险恶的环境和极具诱惑的金钱,随行官员大多选择了同流合污。于是,监督开始失效,船长的虐待行为变本加厉。

为此,英国政府还采取了道德教育的新办法。他们把那些私人船主集中起来进行培训,教育他们不要把金钱看得比生命还重要,要他们珍惜人的生命,认识运送犯人的重要意义。但是情况仍然没有好转,犯人的死亡率一直居高不下。

最后,他们终于找到了一劳永逸的办法,就是将付款方式变换了一下:由根据上船的人数付费改为根据下船的人数付费。船东只有将人活着送达澳洲,才能赚到运送费用。

政府将付款方式由出发时付款改为到达后付款,按照犯人到达澳大利亚的人数和体质,支付船长的运送费用。同时,政府不再派随行监督官员,不再配医配药等。

新政策实施后,船东千方百计想办法提高罪犯生存率,在船上配备医生,改善犯人的生活条件,尽可能地让每个犯人都能健康地到达澳大利亚。1793年,三艘船到达澳洲,这是第一次按从船上走下来的人数支付运费。在422个犯人中,只有一个死于途中。以后这种制度普遍实施,按到澳洲的人数及其健康状况支付费用,甚至还有奖金。这样,运往澳洲罪犯的死亡率下降到1‰~1.5‰,有的船只甚至创造了零死亡纪录。

案例分析点评:

在这个案例中,我们看到了三种制度安排:

第一种制度安排,采用预先付款的方式。其结果是:船长唯利是图,草菅人命——由普通商人变成了坏人。

第二种制度安排,采用行政监督的形式。其结果是:官员被收买,官商勾结,合谋图财害命——普通官员变成了腐败官员。

第三种制度安排,即道德教育,苍白无力,无济于事。

第四种制度安排,将船长的利益与"犯人安全到达"的政府需要相结合,利用利益联动机制,将"唯利是图,草菅人命"的船长,变成了好人——制度学意义上的好人。

案例二:降落伞合格率的检查制度

第二次世界大战期间,美国空军降落伞的合格率为99.9%,这就意味着从概率上来说,每一千个跳伞的士兵中会有一个因为降落伞不合格而丧命。军方要求厂家必须让合格率达到100%才行。厂家负责人说他们竭尽全力了,99.9%已是极限,除非出现奇迹。

后来,军方改变了检查制度,每次交货前从降落伞中随机挑出几个,让厂家负责人亲自跳伞检测。

从此,奇迹出现了,降落伞的合格率达到了百分之百。

案例三:粥的分配制度

七个人住在一起,每天分一大桶粥,但要命的是,每天粥还是不够吃。一开始,他们抓阄决定谁来分粥,每天轮一个。于是乎,每周下来,他们只有一天是饱的,就是自己分粥的那一天。

后来他们开始推选出一个口口声声道德高尚的人出来分粥。大权独揽,没有制约,也就会产生腐败。大家开始挖空心思去讨好他,互相勾结,搞得整个小团体乌烟瘴气。然后大家开始组成三人的分粥委员会及四人的评选委员会,结果还是彼此间互相攻击、扯皮,等到粥吃到嘴里已经全是凉的。

最后想出来一个方法:轮流分粥,但分粥的人要等其他人都挑完后拿剩下的最后一碗。为了不让自己吃到最少的,每人都尽量分得平均,就算不能完全平均,自己的最少也只能认了。这样分粥,让大家快快乐乐,和和气气,日子越过越好。同样是七个人,不同的分配制度,就会有完全不同的结果。

二、把权力关进制度的笼子里

2013年1月22日,习近平总书记在中央纪律检查委员会第十八届二次全体会议上强调指出,"要加强对权力运行的制约和监督,把权力关进制度的笼子里"。这一讲话所阐述的权力制约和监督思想,体现了现代政治文明,对我国的政治建设与文化建设也具有长远意义。

"制度"是人们从事各种活动的行为准则的统称,是理性的人们为自己从事经济、政治、文化、社会等各种实践活动时,设定的一系列直接管制行为的原则与规则。包括政治制度、经济制度、文化制度、社会制度等各种制度。但是,对于权力的有效控制,唯有法律制度。法律制度与其他制度最大的不同,在于它的国家强制性和它所具有的强大的国家拘束力。

为什么一定要把权力或统治者关进笼子里?归根到底,是由人的本质属性所决定的。人是一种具有动物性和社会性的野蛮与理性相结合的复杂体,正如恩格斯在《路德维希·费尔巴哈和德国古典哲学的终结》一书中所说的:"人是什么?一半是野兽,一半是天使。""天使"利他善良,"野兽"自私凶恶。人就是一种天使与野兽相结合的特殊动物,是善恶两性的结合体。美国宪法之父麦迪逊认为:"如果人都是天使,就不需要任何政府了;如果是天使统治人,就不需要对政府有外来的或内在的控制了。"他们还认为,政府权力产生于社会高于社会,是凌驾于社会之上的一种强大力量。如果人性中的"恶"在不受任何约束的情况下与这种强力相结合,就会使一些拥有权力的政治人物,变成比狮虎更为凶恶的猛兽,而民众只是各顾各的小绵羊,随时会成为狮虎猛兽的牺牲品。这些思想家们控制和约束政府权力,要把权力关进笼子里的主张,就是建立在这种对于人性"恶"的假定预设理论之上的,是从人的自然性或动物性切入。

把权力或统治者关进笼子里的约束权力的思想主张,在近代以来的许多思想家那里就已明确提出。17世纪的洛克在其《政府论》一书中就认为统治者会滥用权力,并提出"对于滥用权力的真正纠正办法就是用强力对付强力"。18世纪的法国思想家孟德斯鸠在《论法的精神》中进一步指出:"任何有权力的人,都易滥用权力,这是万古不易的一条经验。有权力的人们使用权力一直到遇有边界的地方为止。""要防止滥用权力,就必须以权力制约权力。"19世纪英国历史学家和政治思想家阿克顿在他的《自由与权力》一书中,有一句人们熟知的经典名言:"权力导致腐败,绝对权力导致绝对的腐败。"所谓的"绝对权力"就是不受任何约束控制的权力,所谓的"绝对腐败"就是完全腐败,换言之可谓"有权必腐,极权极腐"。自由主义大师哈耶克在《自由宪章》一书中指出,一种坏的制度会使好人做坏事,而一种好的制度会使坏人也做好事。哈耶克认为:制度设计关键在于假定,从"好人"的假定出发,必定设计出坏制度,导致坏结果;从"坏人"的假定出发,则能设计出好制度,得到好结果。建立在"人性善"基础上的道德约束极其苍白,而实践中则往往导致专制与暴政。

为此,他们都极力主张"权力必须受到约束",一定要"把统治者关进笼子里"。

把权力关进制度的笼子里,是一种束缚,更是一种保护。作为掌握权力的干部,既不能专权、越权、以权谋私,也不能因用权有束缚而无所作为。要对制度心存敬畏,自觉按制度用权,按制度办事,依法履职,让权力在制度的轨道上行使,更好地为人民群众服务。

把权力关进制度的笼子里,形成不敢腐的惩戒机制、不能腐的防范机制、不易腐的保障机制,既是对权力与制度关系的形象概括,也是回归权力本质的必然要求。权力是人民赋予的,行使权力必须为人民服务、对人民负责并自觉接受人民监督,为政清廉才能取信于民,秉公用权才能赢得人心。

第九章 数据的采集与处理方法

研究工作的一个重要方面就是进行实际调查，用事实资料来说明所要研究的问题。在调查过程中会收集到许多数据资料，需要对这些数据进行整理、归纳、分析，以找出社会现象发展变化的内在规律。本章介绍常用的数据采集方法和基本的数据处理方法。

第一节 采集数据的方法

一、通过实际调查采集数据的方式

采集数据可以通过实际调查，也可以通过实验，还可以从文献分析中来获得数据。本节介绍采集数据的几种实际调查方式。

（一）全面调查——普查

全面调查，又称为普查，就是根据研究的要求，对所涉及的全部研究对象一个不漏地逐个进行调查。如我国每十年举行一次的全国人口普查；每五年进行一次全国经济普查；全国文物普查；为了解某一个社区的流动人口居住情况，对每一个住户家庭进行调查。

世界各国为了掌握准确的人口数量、人口素质、人口结构和人口分布等情况，通过人口普查来全面了解人口总量、结构、分布与迁移、人口增长趋势等情况，为政府制定政策提供重要依据。目前，已有 200 多个国家已经或即将定期开展人口普查。

全面调查的特点在于：结论准确可靠，但费人力、物力、财力。由于全面调查需要考察每一个对象的情况，于是可以得出准确的结论，但由于调查工作量太大，必然要组织许多人员参与，就会花费许多财力，耗时也会很长。

（二）非全面调查

非全面调查就是从被研究对象中选择一部分单位进行调查，以了解被研究对象的基本情况。非全面调查又可以分为以下三种类型：

(1) 典型调查：根据调查目的,从研究对象总体中选择一个或若干个有典型性的对象进行调查。如从民营企业家中,选择一名成功的企业家进行研究,以总结他的成功经验,供其他人学习借鉴;在某一个高新技术开发区内选择某几家有良好声誉的软件企业进行调查,以了解软件企业生产经营的一般情况。

对典型对象的选择方法有多种。择优(劣)选典法,就是选择表现好(差)的典型对象;择中选典法,就是选择处于中间状态的对象作为典型,如选择中等消费支出的家庭作为某地家庭消费支出的一般性代表;划类选典法,就是对有较大差异的研究对象,将其划分为若干类型,再从各类型中选择典型对象。

(2) 重点调查：从研究的现象总体中选择一部分重点单位作调查。所谓重点单位是指在调查对象总体中,这些单位的数目不多,但就所调查的标志而言,它们的标志值之和在总体的标志值总量中占有很大比重,能够反映出总体的基本情况。例如,为研究我国钢铁行业的市场情况,选择宝钢、鞍钢、首钢、武钢等几家大型钢铁企业作为重点单位,研究这些企业的生产情况,就可以大体了解我国钢铁行业的基本生产情况。

(3) 抽样调查：按照随机原则,从总体中抽取一部分单位(称之为样本)进行观察,根据样本的数量特征推断总体的相应数量特征的一种调查方法。

随机原则又称等可能性原则,即每一个单位都有相等的可能性被抽中。抽样方法将在第十章中详细讲述。

(三) 调查的具体方式

在搜集资料过程中,具体的调查方法很多,比如有观察法、报告法、实验法、采访法、问卷法、报表法、文献资料法,等等。在社会研究中,要根据研究目的、研究对象的特性,和各种调查方法的特点来确定到底使用哪种方法更为恰当。

二、调查步骤

社会调查可以分为如下六个基本步骤：

确定调查对象,明确调查目的。要根据研究的目的,明确调查的具体对象(可以称其为总体)及其范围,调查对象的每一个个体(可以称其为总体单位)有什么特点,需要获得调查对象的哪些信息,等等。

制订调查方案。明确要设置哪些指标,这些指标要相互关联组成一个指标体系,共同反映调查对象的特性;这些指标值来自于对各个总体单位的特性的记录与汇总,如某企业职工的学历结构指标,来源于对每一名职工的学历调查;为了调查方便,需要借助调查表,以便调查各个总体单位的相关情况;调查方案还应该包括调查的机构设置、人员配置、工作阶段目标、时间安排、经费安排,等等。

选择调查方法。要根据研究目的和不同调查方法的特点,选择相应的调查方法,并注意多种方法的结合使用,以取长补短。

调查的实施。就是按照调查工作的安排,组织具体的调查工作,深入实际,采集各个总体单位的相关信息资料。

调查的资料整理。对调查所得的数据资料,要进行整理,包括核实、确认、分类、归档,等等。

对调查数据的分析与研究。选择相应的数量分析方法,对所得的数据进行初步分析,了解一些基本情况,为后面的深入分析奠定基础。

三、调查误差

调查误差是调查结果与实际情况间的差异。调查误差可以分为两种类型:

一是登记性误差,是调查登记过程中发生的误差,可以避免。

二是代表性误差,是在抽样调查中,用抽样指标代替总体指标时所产生的误差。又可将其分为系统性偏差(未遵守随机原则所致,可以避免)和随机误差(又称抽样误差,是由于随机抽样引起的偶然的代表性误差,不可能消除,可以控制)。

调查误差的控制方法:一是设计完备的调查方案,该调查方案要仔细设计调查过程的各个环节,以避免出现工作安排上的疏漏;二是选择科学的调查方法,选择时要考虑到研究对象的特点、研究目的和各种调查方法的特性;三是严密组织调查工作,保证各项工作到位,工作质量高;注意样本的代表性,使样本尽可能代表总体,体现总体的基本特性。

第二节 数据分布的分析

对调查所得的数据进行分析的一项基本的工作是对这些数据进行统计分组,以观察数据出现的频率与规律性。统计分组时要用到统计标志(简称标志)的概念。

标志是描述总体单位的属性或特征的名称。标志的具体表现称为标志表现。例如以某企业全体职工构成一个总体,每一个职工就是一个总体单位,则职工的学历、性别、籍贯、民族、年龄、月收入、月消费额等都是这些总体单位的标志。"民族"这个标志在不同职工的具体表现就是标志表现,它可以是汉族、回族、苗族、满族等。

标志按其能否用数量表示,可以分为品质标志和数量标志。品质标志描述总体单位的品质属性,一般只能用文字表示,如前例中的学历、性别、籍贯、民族;数量标志描述总体单位的数量特征,一般可以用数字表示,如前例中的年龄、月收入、月消费额等。

在将总体的各个单位进行分组时,就要根据研究需要选择某一个分组标准,这个分组标准就是标志。

一、分配数列的编制

选择某一分组标志,将总体的所有单位按组归类,形成总体单位在各组间的分布,称为分配数列。分布在各组的单位数称为次数或频数,各组次数与总次数之比称为该组的频率或比重。

根据分组标志的不同,可将分配数列分为品质分配数列(简称品质数列)和变量分配数列(简称变量数列)。

(一)品质数列

选择品质标志作为分组的标志,所得分配数列称为品质分配数列,简称品质数列。

例如,将某科技创业公司的 100 名员工,按照性别分组,可以得到如下品质数列,见表 9-1:

表 9-1 某公司员工按性别分组

性 别	人 数	频 率
男	62	0.62
女	38	0.38
合计	100	1.00

(二)变量数列

选择数列标志作为分组的标志,所得分配数列称为变量分配数列,简称变量数列。变量数列按照其各组的形式又分为单项式数列和组距式数列。

(1) 单项式数列。一个变量值代表一组的数列称为单项式数列。对离散型变量,其取值可以一一列举,当其取值范围不大时,常常采用单项式数列分组。

例如,某企业在一次招聘中录取了 20 名新员工,他们年龄分布可以用如下单项式数列,见表 9-2:

表 9-2 新招聘员工的年龄分布表

年龄	人数	频率	年龄	人数	频率
22	4	0.08	26	17	0.34
23	6	0.12	28	3	0.06
25	20	0.4	合计	50	1.00

(2) 组距式数列:变量变化的一定范围代表一组的数列称为组距式数列。对连续型变量,由于其值不能一一列举,常常采用组距式数列分组。

例如，某企业对50名中层管理人员进行考核，由本职工和客户代表对这些管理人员分指标进行评价，采取百分制计总分形式，得到的考核分数的分布如表9-3所示。

表9-3　某公司中层管理人员的考核分数分布表

考 分	人 数	频 率	考 分	人 数	频 率
60以下	2	0.04	80～90	22	0.44
60～70	6	0.12	90～100	8	0.06
70～80	12	0.24	合计	50	1.00

对组距式数列有几个名词需要做简单交代。

组限：就是一组的界限。一组上面的界限称为上限，下面的界限称为下限。

开口组：是指有上限却无下限的组（称之为下开口组，如上例中"60以下"这一组）；或者是有下限却无上限的组（称之为下开口组，如按照年龄分组时，"80以上"这一组）。

闭口组：是既有上限，又有下限的组，如上表中"60～70"这一组，60是这组的下限，70是这组的上限。对闭口组，可以计算全距：

$$组距 = 该组上限 - 该组下限。$$

如上表中，"60～70"这一组的组距是10。

对组距式数列还常常用到组中值的概念。所谓组中值，就是居于该组上限与下限之间的值，近似代表该组变量值的平均水平。

对闭口组，组中值的计算公式是：

$$组中值 = \frac{上限 + 下限}{2};$$

对下开口组，组中值的计算公式是：

$$组中值 = 本组上限 - \frac{邻组组距}{2};$$

对上开口组，组中值的计算公式是：

$$组中值 = 本组下限 + \frac{邻组组距}{2}。$$

利用Excel，可就上述表格按频数作降序或升序排列。

二、分配数列的编制

品质数列和单项式数列都易于编制，这里介绍组距式数列的编制步骤。

第一，将各变量值按大小顺序排列，以明确变量的变化范围，并求全距。

$$全距 = 最大变量值 - 最小变量值。$$

第二，确定组数和组距。

等距分组：各组的组距相等。一般在变量值分布比较均匀时采用；

异距分组：各组的组距不全相等。一般在变量值分布不太均匀时，或为使各组有特定意义时采用。

对等距式分组，有：

$$组距 = \frac{全距}{组数}。$$

一般先定组数，再据上式确定组距。确定组数时，对编制多少组，往往没有固定的做法，带有经验性。一般的做法是，尽可能使各组能表明一定的意义，组数不能太多，也不能太少，还要考虑到变量值的分布范围。

第三，确定组距并计算组中值。

间断式组限：一组的上限与后一组的下限不重叠。这种方式往往用于离散型变量，如年龄、产品件数等。连续型变量不能使用间断式组限。

连续式组限：又称重合式组限，是指一组的上限与后一组的下限重叠，但规定"上限不在本组内"（最后一组例外）。连续式组限常用于连续型变量的分组，对离散型变量也可以用。

三、次数分布图与频率分布图

将分配数列中的频数（或频率）描在坐标系中，然后将这些点连成一条曲线，就得到频数（或频率）分布图。一般常用频率分布图。

频数（或频率）分布图可以采用直方图、条形图、折线图、曲线图、饼状图等形式。

第三节　动态分析指标

对反映同一现象随着时间变化的一组指标值进行分析，可以说明现象的动态变化特征。

反映同一现象随着时间变化而变化的一组指标值称为时间数列，又称时间序列，记为：

$$a_0, a_1, a_2, a_3, \cdots, a_n。$$

数列中各项的值又称为相应时期的水平值。

在数列中，常常用到基期和报告期的概念。

基期是作为比较基准的时期。报告期是待研究的那个时期，一般在基期之后。

如要将每一期的值与最初时期的值 a_0 相比，则 a_0 是基期，后面各期都是报告期；如果将 a_3 与 a_2 相比，则 a_2 是基期，a_3 是报告期。

为了说明问题方便，常常将一个时间数列用一个表格来表示，如某一家汽车制造公司近十年的汽车年产量可以用表 9-4 表示：

表 9-4　某汽车制造公司近十年的汽车年产量　　　　　　　单位：千辆

年 份	2005	2006	2007	2008	2009	2010	2011	2012	2013	2014
年产量	120	132	156	169	180	187	199	203	228	267

反映现象动态变化的指标有增长量、发展速度、增长速度，以及这些指标的平均值。

一、增长量

增长量是报告期水平与比基期水平之差，反映现象增长的绝对数量。又分为定基增长量和环比增长量两种类型。

$$增长量 = 报告期水平 - 基期水平$$
$$定基增长量 = 报告期水平 - 某一固定基期水平$$
$$环比增长量 = 报告期水平 - 上一期水平$$

如在表 9-4 中，2014 年对比 2010 年的汽车年产量的增长量 = 267 - 187 = 80(千辆)；

将 2014 年对比 2013 年的汽车年产量的环比增长量 = 267 - 228 = 39(千辆)；

如将 2005 年作为固定基期，读者还可以计算 2006—2014 年每一年对 2005 年的环比增长量。

二、发展速度与增长速度

衡量现象变化的相对指标有发展速度与增长速度。

（一）发展速度

发展速度是报告期水平与基期水平之比，表示报告期水平是基期水平的若干倍，常常记作 v。计算公式是：

$$发展速度(v) = \frac{报告期水平}{基期水平}。$$

根据所选基期的不同，发展速度可以分为定基发展速度和环比发展速度。

$$定基发展速度 = \frac{报告期水平}{某一固定基期水平};$$

$$环比发展速度 = \frac{报告期水平}{上一期水平}。$$

如在表 9-4 中，2014 年对比 2010 年的汽车年产量的发展速度是 = 267/187 = 142.78%；

如果将 2014 年对比 2013 年的汽车年产量，就得到环比发展速度 = 267/228 = 117.11%；

如将 2005 年作为固定基期，读者还可以计算 2006—2014 年间每一年对 2005 年的定基发展速度。

（二）增长速度

增长速度是增长量与基期水平之比，说明报告期比基期增长了百分之几。

$$增长速度(v_\Delta)=\frac{增长量}{基期水平}=\frac{报告期水平-基期水平}{基期水平}。$$

根据所选基期的不同，增长速度可以分为定基增长速度和环比增长速度。

$$定基增长速度=\frac{定基增长量}{某一固定基期水平};$$

$$环比增长速度=\frac{环比增长量}{上一期水平}。$$

（三）发展速度与增长速度之间的关系

$$增长速度=\frac{报告期水平-基期水平}{基期水平}=发展速度-1。$$

如表 9-4 中，2014 年对比 2010 年的汽车年产量的增长速度是 42.78%；如果将 2014 年对比 2013 年的汽车年产量的环比增长速度是 17.11%；如将 2005 年作为固定基期，读者还可以计算 2006—2014 年每一年对 2005 年的定基增长速度。

在实际应用中，要注意这些速度指标的区别和一些习惯用法。

如某地区 2012 年计划到 2020 年居民人均收入将翻两番，翻一番是变为原来数值的 2 倍，翻两番是变为原来数值的四倍，这里用到的是发展速度指标。一般而言，翻 n 番就是报告期的值是基期值的 2 的 n 次方倍，即 2^n 倍。

在研究某地区的经济增长情况时，常常用到经济增长率这个指标，经济增长率就是这里的增长速度指标，一般是对国内生产总值 GDP 计算而来的，如某市计划明年的经济增长率达到 10%，这是指其国内生产总值 GDP 明年要比今年增长 10%，即为今年的 1.1 倍（这是发展速度的说法）。

某地区的粮食产量 2014 年比 2012 年增长了两成，"一成"是 10%，"增长了两成"就是增长了 20%，也就是说 2014 年粮食产量是 2012 年粮食产量的 1.2 倍（这是发展速度的说法）。

三、平均发展速度与平均增长速度

由于各期的环比发展速度（环比增长速度）会有所不同，于是需要计算这些期的平均环比发展速度（平均环比增长速度）。例如某县的粮食产量近十年来每一年与上一年相比都有所增长，那么这十年间平均每年的发展速度（或增长速度）是多少呢？也就是说，平均发展速度（平均增长速度）是自基期开始，之后各期的环比发展速度（平均增长速度）的平均值，反映现象在这一段时间内的发展（增长）的平均值。

一般只介绍平均发展速度的计算方法，再利用上述增长速度和发展速度之间的关系式求平均增长速度。

平均发展速度的计算方法有几何法和方程法两种,这里只介绍几何法。

$$\bar{v}=\sqrt[n]{\frac{a_n}{a_0}}$$

即平均发展速度是发展总速度的 n 次方根。

或

$$\bar{v}=\sqrt[n]{\frac{a_1}{a_0}\times\frac{a_2}{a_1}\cdots\times\frac{a_n}{a_{n-1}}}$$

即平均发展速度是各个阶段上的发展速度之积的 n 次方根。

例1 我国若干年份普通高等学校招生人数如下表(单位:万人)。

年份	1977	1978	1979	1982	1985	1997	1999	2001	2003	2005	2008	2012	2013
人数	27.3	40.15	27.5	31.5	61.9	100	154.9	268.3	382.2	504.5	607.7	688.8	699.8

数据来源:国家统计局:《中国统计年鉴2014》,北京,中国统计出版社,2014。

解:(1) 2013年对1977年的定基发展速度是:

$$\bar{v}=\frac{699.8}{27.3}=2563.37\%,$$

这表明,2013年普通高等学校招生人数是1977年的25.6337倍(定基发展速度);或者说2013年对比1977年普通高等学校招生人数的定基增长速度是2463.37%,表明2013年招生人数比1977年增长了2463.37%。

(2) 2013年对2012年的环比发展速度是:

$$\bar{v}=\frac{699.8}{688.8}=101.597\%$$

从而环比增长速度是0.597%,表明2013年招生人数比2012年增长了0.597%。

(3) 1977年至2013年间的年平均发展速度是:

$$\bar{v}=\sqrt[n]{\frac{a_n}{a_0}}=\sqrt[36]{\frac{699.8}{27.3}}=109.43\%$$

(4) 1977年至2013年间的

年平均增长速度=年平均发展速度-1=9.43%

即1977年至2013年间我国普通高等学校招生人数每年平均以9.43%的速度增长。

需要说明的是,对价值量指标(即以货币量为计量单位的指标,如工资、产值、利润、GDP、税收额,等等)时间数列计算速度指标时,必须剔除物价变动的影响,要运用价格指数将数列中的值换算为按照某一固定时期的计算值,以保证数列中各项间具有可比性。剔除物价变动的一般性方法可以查阅经济统计方面的书籍。

例2 某省 2014 年国内生产总值(GDP)是 15 806 亿元,2009 年是 9385 亿元。2014 年对 2009 年,当地社会商品零售物价指数上涨了 6.5%,试计算该省 2009—2014 年的平均经济增长速度。

解:将 2014 年的 GDP 值用物价指数加以修正,转化为按照 2009 年价格计算的 GDP,以此扣除物价变化的影响,以保证数据间的可比性,得到:

按照 2009 年价格计算的 2014 年 GDP=15806÷106.5%=14841.314(亿元),

于是,该省 2009 至 2014 年之间的平均经济增长速度是:

$$\bar{v}=\sqrt[n]{\frac{a_n}{a_0}}-1=\sqrt[5]{\frac{14\,841.314}{9385}}-1=1.095\,99-1=9.599\%$$

即该省 2009—2014 年的平均经济增长速度是 9.599%。

第四节 数据集中趋势的度量

平均指标是说明各个数据的一般水平的指标,用于说明数据的集中趋势。常用的平均数计算方法有算术平均数和几何平均数。

一、算术平均数

算术平均数是总体各单位的某一个标志值之和(总体标志总量)与总体单位总量之比,其基本计算公式是:

$$算术平均数 = \frac{总体标志总量}{总体单位总量}。$$

算术平均数的基本计算公式在不同的场所有不同的具体表现,它取决于具体的经济关系式,不能硬套公式。

算术平均数的计算公式可以用如下符号式表示:

(1)简单算术平均数:

$$\bar{x}=\frac{x_1+x_2+\cdots+x_n}{n}=\frac{\sum_{i=1}^{n}x_i}{n}$$

(2)加权算术平均数:

$$\bar{x}=\frac{x_1f_1+x_2f_2+\cdots+x_nf_n}{n}=\frac{\sum_{i=1}^{n}x_if_i}{\sum_{i=1}^{n}f_i}$$

其中,x_i 是第 i 个总体单位的标志值,f_i 是 x_i 重复出现的次数,n 是变量的个数。

例3 某生产车间有 60 名职工,各组职工每天完成的零件数如下表:

每人每天完成的零件数 x_i(件)	21	25	23	28	27
各组人数 f_i	10	15	14	12	16

试求每一名职工完成的平均日加工零件数。

解:这里的算术平均数公式可以用如下关系式表示:

$$\text{平均日加工数} = \frac{\text{加工零件总数}}{\text{总人数}}$$

$$= \frac{\sum_{i=1}^{n} x_i f_i}{\sum_{i=1}^{n} f_i} = \frac{21 \times 10 + 25 \times 15 + 23 \times 14 + 28 \times 12 + 27 \times 16}{10 + 15 + 14 + 12 + 16}$$

$$= \frac{1675}{67} = 25 (\text{件})$$

即每一名职工完成的平均日加工零件数是 25 件。

二、几何平均数

几何平均数是 n 个变量值连乘积的 n 次方根,用来衡量着 n 个变量的一般水平,常用 G 表示。

几何平均数有特定的应用条件,必须满足同时条件:(1)用于计算比率(或速度)的平均值;(2)要求现象在各阶段上的比率(速度)之积等于总比率(总速度)。不满足上述条件,几何平均数就会失去平均值的意义。

(1) 简单几何平均数:

$$G = \sqrt[n]{x_1 x_2 \cdots x_n}$$

(2) 加权几何平均数:

$$G = \sqrt[\sum_{i=1}^{n} f_i]{x_1^{f_1} x_2^{f_2} \cdots x_n^{f_n}}$$

其中,x_i 是第 i 个总体单位的标志值,f_i 是 x_i 重复出现的次数。

例4 一批 10 年期贷款的年利率是:有 3 年是 7%,4 年是 7.8%,3 年是 8.5%,试问这 10 年的平均年利率是多少?

解:不能直接根据年利率求平均年利率,因为年利率不满足上述应用条件的第二个条件(读者可以验证)。需要将年利率转化为本利率,本利率满足几何平均数的使用条件,由:

$$\text{平均年利率} = \text{平均本利率} - 1$$
$$= \sqrt[10]{(1.07)^3 \times (1.078)^4 \times (1.085)^3} - 1$$
$$= 107.65\% - 1 = 7.65\%$$

即这 10 年的平均年利率是 7.65%。

例 5 某种产品要经过四个车间的连续加工才能完成,各车间的合格率分别是：98%,93%,95%,97%,试求四个车间的平均合格率。

解：合格率满足上述几何平均数的应用条件,于是直接使用几何平均数公式计算：
$$G = \sqrt[n]{x_1 x_2 \cdots x_n} = \sqrt[4]{0.98 \times 0.93 \times 0.95 \times 0.97} = 95.73\%$$

即这四个车间的平均合格率是 95.73%。

练习：某种产品要经过三个车间的连续加工才能完成,各车间的废品率分别是：5%,3%,2%,试求三个车间的平均废品率。

例 6 某地区 2010 年至 2014 年间每一年以上一年为基期的粮食总产量的环比增长速度依次是 22%,18%,9%,26%,14%,试求 2010—2014 年粮食产量的年平均增长速度。

解：不能直接对这些环比增长速度的值用几何平均法求其平均值,因为这样做不满足几何平均法的应用条件。先将每一个环比增长速度加上 1,转化为环比发展速度,再用几何平均数求年平均发展速度：
$$G = \sqrt[n]{x_1 x_2 \cdots x_n} = \sqrt[5]{122\% \times 118\% \times 109\% \times 126\% \times 114\%} = 117.649\,14\%$$

由于： 平均增长速度＝平均发展速度－1,

于是,得知该地粮食产量的年平均增长速度是 17.649 14%。

注意,对同一组数值,其算术平均值不小于其几何平均值,即 $G \leqslant \bar{X}$,由此可见,选择正确的平均数计算公式非常重要。

第五节 数据离中趋势的度量

数据的离中趋势一般用标志变异指标来度量。标志变异指标是反映各个数据之间差异程度的指标,它说明各个数据对其中心位置(即其平均数)的偏离程度,从而可以说明平均数的代表性高低。

以下设第 i 个总体单位的变量值是 x_i,总体的平均值是 μ,单位数是 N;样本平均数是 $\bar{x}$,样本单位数是 n。

常用的标志变异指标有如下几种形式。

一、极差(range)

极差又称全距,是总体单位的最大变量值和最小变量值之差,即:
$$R = 最大变量值 - 最小变量值。$$
极差的特点是易于计算,但仅受两个极端值影响,不能准确地反映各个数据的分散程度。

二、平均偏差

平均偏差表示各个 x_i 对其平均值(μ 或 $\bar{x}$)的平均偏离程度。

对总体而言,平均偏差的计算公式是:$A.D = \dfrac{\sum\limits_{i=1}^{N}|x_i - \mu|}{N}$;

对样本而言,平均偏差的计算公式是:$A.D = \dfrac{\sum\limits_{i=1}^{n}|x_i - \bar{x}|}{n}$。

平均偏差的特点是:它反映了每一个数据对平均数的总的平均偏差,结论准确可靠,但不便于代数运算。

三、方差和标准差

方差表示各个 x_i 对其平均值(μ 或 $\bar{x}$)的平均偏离程度。方差与平均偏差只是计算方法和所得值不一样,含义完全相同。

对总体而言,方差的计算公式是:

$$\sigma^2(=D) = \dfrac{\sum\limits_{i=1}^{N}(x_i - \mu)^2}{N}$$

对样本而言,方差的计算公式是:

$$s^2 = \dfrac{\sum\limits_{i=1}^{n}(x_i - \bar{x})^2}{n-1}$$

方差的特征:它反映了每一个数据对平均数的总的平均偏差,结论准确可靠,便于运算,最常用。

称 σ 为总体标准差,s 为样本标准差。标准差也表示各个变量值对其平均数的平均偏差,只是取值大小不同而已。

四、变异系数

在比较两组数据的离散程度时,若这两组数的平均值不等,则不能通过简单地比较它们的平均差或标准差而下结论,而应比较变异系数,又称为离散系数。

$$v = \left(\frac{\sigma}{\mu}\right) = \frac{s}{\bar{x}}$$

变异系数是一个相对数形式的变异指标,剔除了计量单位和平均数的影响。变异系数不受平均数大小的影响,用于不同数列间变异程度的比较。

例7 现比较一个沿海省会城市和一个内陆西部地区省会城市居民家庭的贫富差异程度,在沿海城市选取 150 户家庭,计算得其家庭的平均年收入是 247 560 元,标准差是 185 390 元;在内陆城市选取 100 户家庭,计算得其家庭的平均年收入是 167 390 元,标准差是 145 328 元。试比较这两个城市的贫富差异程度。

解: 因为这两个城市一个处于发达地区,另一个处于欠发达地区,两者的平均年收入的差异较大,不能简单地将这两个城市的样本的标准差进行比较,必须比较它们的变异系数:

沿海省会城市居民家庭年收入的变异系数:

$$v = \frac{s}{\bar{x}} = \frac{185\ 390}{247\ 560} = 74.887\%$$

内陆西部地区省会城市居民家庭年收入的变异系数:

$$v = \frac{s}{\bar{x}} = \frac{145\ 328}{167\ 390} = 86.82\%$$

由于内陆西部地区省会城市居民家庭年收入的变异系数(86.82%)大于沿海省会城市居民家庭年收入的变异系数(74.887%),所以,内陆西部地区省会城市居民家庭的贫富差异程度比沿海省会城市更为严重。

在实际中,在说明事物变化的稳定性或均衡性时,就选用某一种标志变异指标来度量;在将两个同类现象的稳定性或均衡性进行比较时,就比较其变异系数。例如,将一年中两个原材料供货商供货量的均衡性进行比较时,就比较它们的供货量的变异系数。

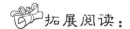拓展阅读:

用大数据看春运热点线路

有人说,人类正在从 IT 时代走向 DT 时代。DT 就是 Data Technology,即数据处理技术,区别于 IT 信息技术,即 Information Technology。IT 时代是以自我控制、自我管理为主,而 DT 是以服务大众、激发生产力为主的技术。

一、大数据及其处理技术

在现代社会,信息的种类和数量越来越丰富,载体也越来越多,这些信息可以称为数据。数字是数据,文字是数据,图像、音频、视频等都是数据。目前,各个领域的数据量迅猛增长，人类社会进入数据大爆炸时代。有研究发现，近年来，数字数据的数量每3年多就会翻一番。数据的爆炸是三维的、立体的，即数据量快速增大、数据增长速度的加快以及数据的多样性即数据的来源、种类不断增加。

维克托·迈尔－舍恩伯格及肯尼斯·库克耶编写的《大数据时代》一书指出，大数据不使用随机分析法(抽样调查)这样的捷径，而是对所有数据进行分析处理。大数据的基本特征可以用4个V来总结，即Volume(体量大)、Variety(多样性)、Value(价值密度低)和Velocity(速度快)。

第一，数据体量巨大。从TB级别，跃升到PB级别。1TB＝1024GB，1PB＝1024TB。

第二，数据类型繁多，如网络日志、音频、视频、图片、地理位置信息、社交网络信息，网上购物信息，等等。

第三，价值密度低。以视频为例，连续不间断监控过程中，可能有用的数据仅仅有一两秒。

第四，处理速度快。1秒定律，或者秒级定律，就是说对数据处理速度一般要在秒级时间范围内给出分析结果，时间太长就失去价值了。这一点与传统的数据挖掘技术有着本质的不同。

大数据时代，数据的重要作用更加凸显，许多国家都把大数据提升到国家战略的高度。

从数据到大数据，不仅是量的积累，更是质的飞跃。海量的、不同来源、不同形式、包含不同信息的数据可以容易地被整合、分析，原本孤立的数据变得互相联通，这使得人们通过数据分析，能发现小数据时代很难发现的新知识，创造新的价值。

大数据必然无法用单台的计算机进行处理，必须采用分布式架构处理方式，对海量数据进行分布式数据挖掘，这必须依托云计算的分布式处理、分布式数据库和云存储、虚拟化技术。适用于大数据的技术包括：大规模并行处理(MPP)数据库、数据挖掘电网、分布式文件系统、分布式数据库、云计算平台、互联网和可扩展的存储系统，等等。

大数据时代，统计学依然是数据分析的灵魂。正如加州大学伯克利分校迈克尔·乔丹教授指出的：没有系统的数据科学作为指导的大数据研究，就如同不利用工程科学的知识来建造桥梁，很多桥梁可能会坍塌，并带来严重的后果。

在大数据时代，数据分析的很多根本性问题和小数据时代并没有本质区别，依然可以使用统计方法加以分析，这些方法如：假设检验、显著性检验、差异分析、相关分析、T检验、方差分析、卡方分析、偏相关分析、距离分析、回归分析、简单回归分析、多元回归分析、逐步回归、回归预测与残差分析、岭回归、logistic回归分析、曲线估计、因子分析、聚类分析、主成分分析、因子分析、快速聚类法、判别分析、对应分析、多元对应分析(最优尺度分析)、bootstrap技术等。

大数据的特点，对数据分析提出了全新挑战，巨大计算量和存储量，结构复杂、来源多样的数据,使建立有效的模型变得困难,需要新的探索和尝试。对于新时代的数据科学而言,这些挑战意味着巨大的机遇,有可能会产生新的思想、方法和技术,目前已经出现了许多新的数据挖掘技术,如聚集检测、遗传算法、神经网络、粗糙集、模糊集、基于历史的分析、连接分析、差别分析、相关性分组或关联规则、描述和可视化、复杂数据类型挖掘(Text、Web、图形图像、视频、音频等),等等。

二、大数据的实例

大数据看春运线路:广州至武汉最热门

来源:TMT新闻网,2014-12-04

2015年春运即将开始,对于漂泊在外独自打拼的异乡人来说,回家是一年来最大的盼头。记者获悉,360刚刚发布了《2014年春运网上抢票研究报告》(下文简称《报告》),《报告》显示,春运线路广州至武汉最热门,其次是广州到重庆,北京到哈尔滨;在所有城市中,北京依然是异乡人打拼最多的城市。

360浏览器抢票王负责人告诉记者,发布《2014年春运网上抢票研究报告》是希望帮助人们从过往的大数据中,挖掘有价值的内容,帮助人们更好地制定春运计划。《报告》也从一定程度上折射出当前经济和社会的发展。

根据相关规定,用户在12306网站上一次最多只能同时购买5张火车票。《报告》根据360帮助用户网上抢票的数量分析出春运期间最热门的铁路线路,其中,广州到武汉为最热门的抢购线路,占比为2.34%;其次为广州到重庆,占比2.28%;北京到哈尔滨,占比1.96%;深圳到武汉,占比1.88%;上海到西安,占比1.82%。具体见表9-5。

表9-5 2014年春运期间最为热门的20条线路

	热门线路	离线抢票数量	占比		热门线路	离线抢票数量	占比
1	广州—武汉	8026	2.34%	11	上海—成都	5107	1.49%
2	广州—重庆	7820	2.28%	12	北京—郑州	5003	1.46%
3	北京—哈尔滨	6753	1.96%	13	北京—南昌	4581	1.33%
4	深圳—武汉	6445	1.88%	14	北京—太原	4493	1.31%
5	上海—西安	6245	1.82%	15	广州—驻马店	4083	1.19%
6	北京—武汉	5740	1.67%	16	广州—成都	3835	1.12%
7	广州—长沙	5427	1.58%	17	北京—上海	3582	1.04%
8	上海—郑州	5377	1.56%	18	深圳—长沙	3338	0.97%
9	北京—西安	5256	1.53%	19	北京—贵阳	3281	0.95%
10	广州—郑州	5211	1.52%	20	北京—石家庄	3266	0.95%

《报告》还显示,2014年春运抢票十大始发站城市依次为广州、北京、深圳、上海、杭州、东莞、乌鲁木齐、天津、苏州和南京。其中,超过55%的火车票始发于广州(17.5%)、北京(14.7%)、深圳(10.2%)、上海(9.50%)与杭州(3.68%)这五个省级行政区。而十大终点站城市依次为成都、哈尔滨、南昌、达州、北京、衡阳、兰州、阜阳、合肥和九江。因此,在广州买票最难,而回成都的票最难买。春运则主要就是劳动力从东南沿海往中部地区迁移的过程。

360浏览器抢票王负责人还告诉记者,从用户抢票的实践来看,一次抢购的票数越少,抢购的成功率越高。这主要是因为,在所有车票均可能被"秒杀"的情况下,如果一次抢购多张火车票,就很可能因为余票不足而抢购失败。所以,每次抢购1~2张车票,要比一次抢购多张票的更容易成功。

专家提醒广大旅客,网上抢票,一定要反复确认自己想要购买的火车票的放票时间,以免错过抢票的最佳时机。如果对于购票日期和时间的计算弄不清楚,可以使用360浏览器等专业抢票工具帮助进行计算和分析。

习题九

1. 什么是典型调查?什么是重点调查?试比较它们的区别,并分别举一个实例。
2. 分别说明算术平均数和几何平均数的应用条件。
3. 试说明标志变异指标的含义、分类和作用。比较两组数据的离散程度时,为什么要用变异系数指标而非另外几个变异指标?
4. 某种商品在四个市场上的销售额与价格资料如下:

市场	销售价格(元/斤)	销售额(元)	市场	销售价格(元/斤)	销售额(元)
甲	115	48 000	丙	120	50 000
乙	100	64 000	丁	100	54 000

试求该商品的平均价格。

5. 某自行车生产企业有四个生产车间,有关资料如下:

车间	产量	合格品数(件)
甲	500	490
乙	490	482
丙	482	478
丁	478	475

(1) 若四个车间各自完成一辆自行车生产的全过程,求平均合格率。

(2) 如四个车间连续作业,各完成其中的一项环节,且连续加工,求各环节的平均合格率。

6. 已知某企业 9 月、10 月销售不同等级的同种产品的资料如下:

等级	单价(元)	销售额(万元)	
		9 月	10 月
一	13	13	13
二	12	24	12
三	11	11	22

试问哪个月的出厂价格高?为什么?

7. 某车间有两个小组,各有 7 名职工,每人某天的产量如下:

第一组:60,70,100,40,80,50,90;

第二组:71,69,73,68,70,72,67。

两组职工每人平均日产量都是 70 件,试比较两个小组平均数的代表性大小。

第十章 抽样与抽样估计方法

第十、十一、十二章所介绍数理统计方面的内容,只需要读者有最基础的高等数学知识就可以理解和掌握。在这三章里,我们撇开了复杂的数学论证,读者只需明确有关公式的含义、作用和使用条件,就可以很好地利用这些统计方法解决实际问题。

第一节 总体与样本及其数量特征

一、定义

由众多在某方面性质相同或相近的个别事物组成的一个整体称为总体。组成总体的个别事物称为总体单位。为了表述方便,总体的单位数记为 N,如需要研究的总体的变量记作 x,则可以将该总体简单记作总体 X。

从总体中随机抽取的一部分单位组成的一个集合称为样本。抽中的每一个单位称为样本单位。样本单位数(又称样本容量)记为 n。样本往往用来说明总体的基本情况,一个好的样本应该是总体的缩影,包含总体的基本属性。

例如,研究某社区居民家庭的年收入情况,该社区所有的居民家庭就是总体,每一户就是一个总体单位;如果该社区共有 1600 户家庭,从中抽取 50 户做上门调查,则这 50 户就组成一个样本,于是总体单位数 N=1600 户,样本单位数 n=50 户,年收入变量是 x。总体的例子还如,某县所有的中小企业组成一个总体,每一家企业就是一个总体单位;某手机市场厂商在一天内生产的所有手机组成一个总体,每一部手机就是一个总体单位;研究某高新技术开发区创业企业的经营状况时,所有的创业企业组成一个总体,每一个创业企业就是一个总体单位。

二、总体指标与样本指标

(一) 总体指标

反映总体数量特征的指标称为总体指标,又称总体参数,常用的总体指标有:

1. 总体平均数

总体平均数是反映总体中某一个变量平均水平的指标,又称总体均值,在概率论中称为数学期望。如上述社区全部居民家庭的年平均收入。总体平均数常常记作 μ,计算公式如下:

$$\mu = \frac{\sum_{i=1}^{N} x_i}{N}$$

2. 总体标准差

总体标准差是反映总体中某一个变量彼此间差异水平的指标,由此可以说明总体平均数的代表性大小。总体标准差常常记作 σ,计算公式如下:

$$\sigma = \sqrt{\frac{\sum_{i=1}^{N}(x_i - \mu)^2}{N}}$$

总体标准差的值愈大,表明各个变量间的差异程度愈大,于是总体平均数的代表性愈小;反之,总体标准差的值愈小,表明总体中各个变量间的差异程度愈小,于是总体平均数的代表性愈大。

称 σ^2 为总体方差,它与总体标准差的含义和功能完全一样,只是数量上有差异而已。

总体标准差(总体方差)可以用来反映收入的差异程度(贫富程度)、产品平均寿命的波动性、股票价格的波动性,等等。

3. 总体成数

总体成数是指具有某种性质的单位在总体中所占比重,记作 P,如产品合格率、考试及格率、电视节目收视率、电脑普及率、服务满意率、市场占有率、老年化率、某社区中年收入在 10 万元以上的家庭所占比重,等等。

当总体很大时,总体指标往往未知或很难知道,是需要做统计推断的对象。

(二) 样本指标

样本指标是反映样本数量特征的指标。常用的样本指标有样本平均数、样本标准差、样本成数,它们与总体指标有完全相同的含义,只是计算范围是样本。

1. 样本平均数

样本平均数是反映样本中某一个变量平均水平的指标,又称样本均值。样本平均数的值会随所抽取的样本的不同而不同,而总体平均数是一个确定的值。样本平均数常常

记作 $\bar{x}$，计算公式如下：

$$\bar{x} = \frac{\sum_{i=1}^{n} x_i}{n} \tag{10-1}$$

2. 样本标准差

样本标准差是反映样本中某一个变量彼此间差异水平的指标，由此可以说明样本平均数的代表性大小。样本标准差常常记作 s，计算公式如下：

$$s = \sqrt{\frac{\sum_{i=1}^{n}(x_i - \bar{x})^2}{n-1}} \tag{10-2}$$

样本标准差的值愈大，表明样本中各个变量间的差异程度愈大，于是样本平均数的代表性愈小；反之，样本标准差的值愈小，表明样本中各个变量间的差异程度愈小，于是样本平均数的代表性愈大。

称 s^2 为样本方差，它与样本标准差的含义和功能完全一样，只是数量上有差异而已。

3. 样本成数

样本成数是指具有某种性质的单位在样本中所占比重，记为 p。如从全部的 1 万件产品中所抽的 100 件产品的合格率、某社区 16 000 户家庭中抽取的 50 户家庭作为一个样本，这 50 户家庭中年收入在 10 万元以上的家庭所占比重。

样本指标的值因样本而异，是一个随机变量。当抽定了某一个样本时，所计算出的样本指标值是一个确定的数值。

当总体较大或总体指标值不易计算得到时，往往需要做抽样调查，用样本指标值来估计相应的总体指标值。如估计某大城市家庭（比如有 285 万户，作为总体）的年平均支出情况，可以从中抽取 100 户作为样本做抽样调查，据样本指标推断总体指标。在破坏性试验中必须用到抽样推断，如灯泡生产厂商推断所生产的一批灯泡的平均使用寿命、产品合格率等，就只能根据样本指标来推断相应的总体指标。

例1 要研究某大城市的家庭年平均收入（记作 μ）情况和年收入在 10 万元以上的家庭所占比例（P），从该市全部的 2 852 637 户家庭中随机抽取 100 户家庭进行调研，逐户登记各家的年收入数据，其中年收入 10 万元以上的家庭有 46 户，如果计算得出这 100 户的平均年收入是 78 000 元，于是，样本平均值 $\bar{x} = 7800$（元），样本成数是 $p = \frac{46}{100} = 46\%$。

有了这些样本指标值，在学习了后面的抽样推断方法后，就可以由这些样本指标推断相应的总体指标值。

第二节 抽样方法

一、抽样的类型

在实际中,抽样方法有多种,可以从不同角度对其进行划分。

(一)按抽选样本单位时是否具有随机性,分为随机抽样和非随机抽样

1. 随机抽样

随机抽样,又称概率抽样,在抽样时,总体中每一个单位都有被抽中的机会,且机会均等。这种抽样方法简单易行,但带有盲目性,有时抽取的样本代表性不高,不能说明。例如,调查某地区职工的收入水平时,如果简单按照职工登记号抽样,有可能抽到的大部分是高收入的职工,这使样本对总体的代表性降低。随机抽样包括简单随机抽样、等距抽样、类型抽样、(多阶段)整群抽样。

在随机事件的大量重复出现中,往往呈现几乎必然的规律,这个规律就是大数定律。具体在统计抽样中,按照随机原则抽选样本单位,当样本单位数超过一定数量时,样本会大体反映出总体的特征,由此就可以用样本推断总体。大数定律是数理统计理论的奠基石。

2. 非随机抽样

非随机抽样,又称非概率抽样,是调查者根据自己的方便或主观判断抽取样本的方法。

在非随机抽样中,总体中每一个单位被抽中的机会不完全均等,所以就失去了大数定律的存在基础,也就无法正确地说明样本的统计值在多大程度上适合于总体。虽然根据样本调查的结果也可在一定程度上说明总体的性质和特征,但不能从样本特征来推断总体特征。非概率抽样主要有方便抽样(偶遇抽样)、主观抽样(立意抽样、判断抽样)、定额抽样(配额抽样)、滚雪球抽样(网络抽样)等类型。

方便抽样就是基于调查者的便利来抽选样本,如在火车站候车室,随机询问所遇到的乘客,对交通服务的意见和建议;主观抽样就是根据其研究目的或专家的判断来选取样本,如选择那些特别能提供信息的独特个案或很难接近的特殊人群作为样本;定额抽样就是根据某些参数值,确定不同总体类别中的样本配额比例,按比例方便抽样;滚雪球抽样就是先抽取一部分对象,再由他们提供另外的合格的调查对象,然后由这些人提供第三批合格的调查对象,依次类推,样本如同滚雪球般由小变大,这种方法适合用来对成员难以找到的总体进行抽样,如城市流浪者、吸毒者,等等。

总的来说,用非随机抽样的方法比随机抽样的方法要省钱、省事得多,但在样本量相同的情况下,所选取的样本的代表性要差一些,不过可以通过增加样本量来弥补。

（二）根据抽取的样本单位是否可以重复抽取，分为重复抽样和不重复抽样

重复抽样是指将抽取过的单位放回去，下次抽样时该单位与其他未被抽过单位一样还有被抽中的机会；不重复抽样是指将抽取过的单位不放回去，下次抽样时该单位不再被抽取。

下面主要研究基于随机抽样的理论和方法。

二、随机抽样原则

为了提高样本对总体的代表性，在随机抽样时，最好能遵循如下原则：

一是代表性原则，即被抽中的单位要有一定的代表性，即在一定程度上能说明总体的一些基本情况；二是随机性原则，即随机地抽取样本单位，使每一个单位有均等的机会被抽中；三是正确性原则，即要合理设计调查方案，正确选择调查方法。

三、随机抽样的方法分类

随机抽样方法可以分为如下四种基本类型：

简单随机抽样，即按照随机原则抽选样本单位。如在企业随机抽取一些职工，询问他们对产品生产的改进意见。这种抽样方法简单易行，但带有盲目性，有时得到的样本缺乏代表性。

等距抽样，又称机械抽样或系统抽样，指在时间或空间范围内等距离地抽取样本。例如，在自动生产线上，每隔10分钟抽取一件产品进行检测，以此推断当天生产的产品的合格率；按照职工登记号，每隔30人抽一名职工，了解职工的支出情况。

类型抽样，又称分层抽样，是指先将总体分成若干类别，再从各类中随机抽样，并合成一个样本。如调查某地居民健康状况时，将居民分为未成年、青年、中年、老年四组，从各组中分别抽取一定数量的居民，合在一起组成一个样本。

整群抽样，又称聚点抽样，是指先将总体分成若干群（或组），从中任取几群，对抽中的群作全面调查，这些抽中的群合在一起组成一个样本。整群抽样尤其适用于存在自然群的情形。整群抽样往往要分几个阶段抽选群体，才能抽到具体的总体单位，因此，整群抽样常常被称为多阶段整群抽样。例如，某省要了解农户家庭外出务工情况，先在全省抽取若干县，再在抽中的县抽取若干乡镇，接着在被抽中的乡镇分别抽取若干自然村，最后在所抽中的自然村中抽取若干农户，所有这些被抽中的农户组成一个样本。这是一个四阶段整群抽样。

上述几种抽样方法还可以结合使用，以更好地提高样本的代表性。例如，国家卫生服务总调查抽查的原则是，既要兼顾调查设计的科学性即样本地区和样本个体对全国和不同类型地区有足够的代表性，又不至于过多增加样本量而加大调查的工作量，即经济有效的原则。抽样的方法是多阶段分层整群随机抽样法。第一阶段分层是以县（市或市区）为

样本地区,第二阶段分层是以乡镇(街道)为样本地区,第三阶段分层以村为样本地区,最后是住户为样本个体。

四、样本统计量

从总体中抽取一个样本,所研究的变量是 X(如各户的收入),从总体中抽出 n 个单位组成一个样本,这 n 个单位的变量值分别记为 $X_1,\cdots X_n$,据此构造一个不含未知参数的式子,即为样本统计量。常用的样本统计量有:

样本平均数:$\overline{X} = \dfrac{\sum_{i=1}^{n} X_i}{n}$;

样本方差:$S^2 = \dfrac{\sum_{i=1}^{n}(X_i - \overline{X})^2}{n-1}$。

样本统计量是一个随机变量,它的取值随着样本的变化而变化。探讨样本统计量的分布形式可以为抽样推断提供理论依据。

当抽定某一个样本后,每一个样本单位的取值是确定的,将这些值代入上面的样本统计量的表达式,得到的值称为样本统计量的值,它是一个确定的数字,分别用小写字母 $\bar{x}$,p,s^2 来表示,计算式见本章第一节中的样本指标。

第三节 抽样估计方法

一、基本概念

抽样估计,又称抽样推断,就是由样本指标值推断相应的总体指标值。就是根据样本平均数推断总体平均数,根据样本成数推断总体成数,根据样本方差推断总体方差。即根据样本指标 $\bar{x}$,p,s^2 估计相应的总体指标 μ,P,σ^2。

抽样推断需要解决三个问题:一是抽选样本,并计算样本指标值;二是确定由样本指标推断总体指标的理论依据;三是由样本指标具体来推断相应的总体指标,推断方法有点估计和区间估计方法。这些问题已经由数学家们在 19 世纪完满地解决了。下面主要介绍一些常用的结论,而忽略证明过程。

二、点估计

点估计就是由样本指标估计出总体参数的一个具体值。点估计的方法很多。在数学中常用的有极大似然法、矩法等。但对这些方法的使用需要知道随机变量 X 的分布函数,而在社会经济统计中,随机变量 X 的分布一般未知,由此限制了一些方法的应用。这

里只介绍矩法的三个简单结论,用作点估计的基本应用:

样本平均数是总体平均数的点估计,即 $\mu = \bar{x}$。

样本成数是总体成数的点估计,即 $P = p$。

样本方差是总体方差的点估计:即 $\sigma^2 = s^2$。

由于样本指标值常常因样本而异,对同一个总体进行估计时,若调查者抽取不同的样本,往往会得出不同的样本指标值,于是就会得出不同的总体指标的估计值。也就是说,点估计得出的关于总体指标的结论会因样本而异。

例2 为了估计一大批某种电子元件的平均寿命、寿命的波动性和产品合格率情况,任抽 $n = 100$ 件产品,测试得其平均寿命是 $\bar{x} = 26\,000$ 小时,寿命的方差 $s^2 = 640\,000$(小时)^2,合格品有92件,试对该批产品的平均耐用寿命、方差和合格率作点估计。

解:(1) 全部产品的平均耐用寿命值就是所抽样本的平均数的值,即:

$$\mu = \bar{x} = 26\,000(小时)$$

(2) 全部产品的耐用寿命的方差就是所抽样本的方差值,即:

$$\sigma^2 = s^2 = 640\,000(小时)^2$$

(3) 全部产品的合格率就是所抽样本的成数值,即:

$$P = p = \frac{92}{100} = 92\%$$

由此可见,矩法所提供的点估计方法简单易行,得出的是对总体指标值的一个近似估计值,在实际中常常用到。

三、区间估计

区间估计就是在一定概率(置信度)保证下,由样本指标值估计总体参数所可能在的一个区间范围,即置信区间。

置信度(confidence level),又称为置信水平,指的是总体参数值落在样本统计值某一区间的概率,或者说,总体参数值落在样本统计值某一区间中的把握性程度。它反映的是抽样的可靠性程度。

按照抽样分布定理,在给定的概率(又称置信度)$1 - \alpha = \Phi(r)$ 的保证下,总体的变量 X 在不同的条件下,总体参数的置信区间会有所不同。

下面分别介绍几种不同条件下总体参数的区间估计公式。以下均设总体为 X(即总体中需要研究的变量是 X),总体单位数为 N,从总体中抽取容量为 n 的样本。

(一)任意总体,在大样本下,总体均值的置信区间

对任意总体 X,从中取容量为 n 的样本,则当 $n > 30$ 时,总体均值 μ 以 $1 - \alpha = \Phi(r)$

的概率的保证下落在如下置信区间：

$$\bar{x} - z_{\alpha/2} \cdot \sigma_{\bar{x}} < \mu < \bar{x} + z_{\alpha/2} \cdot \sigma_{\bar{x}} \qquad (10\text{-}3)$$

其中，$\sigma_{\bar{x}}$ 称为样本平均数的平均误差，简称平均误差：

在重复抽样下，平均误差的计算公式是：

$$\sigma_{\bar{x}} = \frac{\sigma}{\sqrt{n}} \qquad (10\text{-}4)$$

在不重复抽样下，平均误差的计算公式是：

$$\sigma_{\bar{x}} = \frac{\sigma}{\sqrt{n}} \cdot \sqrt{\frac{N-n}{N-1}} \qquad (10\text{-}5)$$

在实际抽样中常常使用不重复抽样，但在总体单位数很大或总体单位数不知道时，常常使用重复抽样下的平均误差公式做近似计算，也就是说，在总体较大时，实际计算中常用公式(10-4)。

$z_{\alpha/2}$ 是标准正态分布表中与概率值 $\Psi(r)$ 对应的临界值 r，两者之间的关系如图10-1：

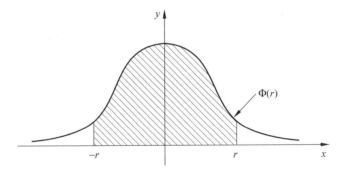

图 10-1　r 与概率值 $\Phi(r)$ 之间的对应关系

临界值 $z_{\alpha/2}$ 是与图 10-1 中概率值 $\Phi(r)$ 对应的横坐标值 r，可以查附表 1 标准正态分布函数表得到。具体就是：

临界值 $z_{\alpha/2}$ 是与附表 1 标准正态分布函数表中概率值 $1 - \frac{\alpha}{2}$ 对应的那个 u 值。

若总体标准差 σ 未知，在 $n > 30$ 时，用样本标准差 s 近似代替总体标准差 σ，或用过去近期的 σ 值代替。

当 $n < 30$ 时，需要总体的变量 X 服从正态分布时才能做出正确的区间估计（见本节的（二）），否则无法得到合理的区间估计。

例3　在一大批小袋包装的某种物品中，抽取 100 袋，测得样本的平均袋重是 21 克，样本标准差是 6 克，在置信度 $1 - \alpha = 95\%$ 的概率保证下，估计物品平均袋重的置信区间。

解：因未知总体单位数,使用重复抽样下的平均误差公式,因为是大样本,总体标准差未知,用样本标准差代替,由公式(10-4),于是得平均误差：

$$\sigma_{\bar{x}} = \frac{\sigma}{\sqrt{n}} = \frac{s}{\sqrt{n}} = \frac{6}{\sqrt{100}} = 0.6$$

查标准正态分布表知,$\alpha = 5\%$ 时,$z_{\alpha/2} = 1.96$,又已知 $\bar{x} = 21$ 克,将这些数据代入区间估计公式(10-3)：

$$\bar{x} - z_{\alpha/2} \cdot \sigma_{\bar{x}} < \mu < \bar{x} + z_{\alpha/2} \cdot \sigma_{\bar{x}}$$

得： $21 - 1.96 \times 0.6 < \mu < 21 + 1.96 \times 0.6$
即： $19.82 < \mu < 22.18$

此表明,在95%的概率保证下,所有物品平均袋重的置信区间是(19.82,22.18)。

下面结合例3解释置信区间的含义。例3中,所有物品平均袋重落在(19.82,22.18)区间中的概率是95%,这可以做如下理解：在一次抽样中,所有物品平均袋重以95%概率落在(19.82,22.18)区间中,而平均袋重不在此区间的概率只有5%,这是小概率事件,而小概率事件在一次试验中被认为是一般不会发生,所以,上述从样本推断出来的关于总体的结论应该是基本可信的。

（二）在小样本下,当总体服从正态分布且总体方差未知时,总体均值的置信区间

当总体 X 服从正态分布且总体的方差未知时,若取小样本,则总体均值 μ 以 $1 - \alpha = \Phi(r)$ 的概率落在如下置信区间：

$$\bar{x} - t_{\alpha/2} \cdot \frac{s}{\sqrt{n}} < \mu < \bar{x} + t_{\alpha/2} \cdot \frac{s}{\sqrt{n}} \tag{10-6}$$

其中 $t_{\alpha/2} = t_{\alpha/2}(n-1)$,可以查 t 分布表(见附表2)求得,$t_{\alpha/2}$ 与概率值 $\Phi(r)$ 之间的对应关系见图10-2。

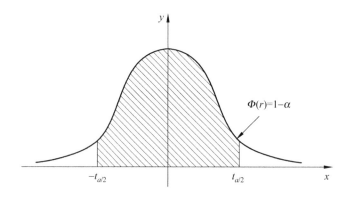

图 10-2　$t_{\alpha/2}$ 与概率值 $\Phi(r)$ 之间的对应关系

应用时注意:在大样本下,非正态总体的均值的区间估计用公式(10-3)求解。在小样本下,当正态总体的方差已知时,总体均值的区间估计也是用公式(10-3)求解。小样本下非正态总体的均值区间估计无解。

例 4 某粮食储备仓库根据 10 天的统计资料对外日均粮食供应数量是 80 950 公斤,标准差 980 公斤,粮库经理要求在 $1-\alpha=95\%$ 的置信度下,估计日均粮食供应数量的区间范围,假定该粮库每天对外粮食供应数量服从正态分布。

解:当 $\alpha=5\%$,查 t 分布表(附表 2)知,$t_{\alpha/2}=t_{\alpha/2}(n-1)=t_{0.025}(9)=2.2662$,$\bar{x}=2055$,将这些数据代入区间估计公式(10-6):

$$\bar{x}-t_{\alpha/2}\cdot\frac{s}{\sqrt{n}}<\mu<\bar{x}+t_{\alpha/2}\cdot\frac{s}{\sqrt{n}}$$

即:$80\ 950-2.2622\times\dfrac{980}{\sqrt{10}}<\mu<80\ 950+2.2622\times\dfrac{980}{\sqrt{10}}$

得:$80\ 950-2.2622\times309.9032<\mu<80\ 950+2.2622\times309.9032$

也就是:$81\ 651.063<\mu<80\ 248.937$

此表明,在 95% 的概率保证下,该粮库日均粮食供应数量的区间范围是(81651.063,80248.937)。

(三) 大样本下总体成数的置信区间

成数问题可归结为二项分布,可以证明,在大样本下,可以证明样本成数的平均误差 σ_p 的计算公式如下:

(1) 在重复抽样下

$$\sigma_p=\sqrt{\frac{P(1-P)}{n}} \qquad (10\text{-}7)$$

(2) 在不重复抽样下

$$\sigma_p=\sqrt{\frac{P(1-P)}{n}\cdot}\sqrt{\frac{N-n}{N-1}} \qquad (10\text{-}8)$$

在实际抽样中常常使用不重复抽样,但在总体单位数很大或总体单位数不知道时,常常使用重复抽样下的平均误差公式做近似计算,也就是说,在总体较大时,实际计算中常用公式(10-7)。

可以证明,在 $1-\alpha=\Phi(r)$ 的概率保证下,总体成数 P 的置信区间是:

$$p-z_{\alpha/2}\cdot\sigma_p<P<p+z_{\alpha/2}\cdot\sigma_p \qquad (10\text{-}9)$$

在计算时,σ_p 中根号内的总体成数 P 一般未知,在大样本($n>30$)下,往往用样本成数 p 近似代替。

临界值 $z_{\alpha/2}$ 是与图 10-1 中概率值 $\Phi(r)$ 对应的横坐标值 r,可以查附表 1 标准正态分布函数表得到。具体就是：临界值 $z_{\alpha/2}$ 是与附表 1 标准正态分布函数表中概率值 $1-\frac{\alpha}{2}$ 对应的那个 u 值。

例 5 某文物保管仓库存放一批珍贵文物，但因保管不善多有霉变，先随机抽查 200 件，其中 50 件需要做除霉处理，要求在 $1-\alpha=90\%$ 的概率保证下，估计全部文物需要进行去除霉变处理的比例。

解：样本中需要进行去除霉变处理的比例是：$p=\frac{50}{200}=25\%$。

将数据代入公式(10-7)，得：

$$\sigma_p = \sqrt{\frac{P(1-P)}{n}} = \sqrt{\frac{p(1-p)}{n}} = \sqrt{\frac{0.25(1-0.25)}{200}} = 0.030\,62$$

在 $\alpha=10\%$ 下，查附表 1 标准正态分布函数表，知 $z_{\alpha/2}=1.645$，将数据代入公式(10-9)：

$$p - z_{\alpha/2} \cdot \sigma_p < P < p + z_{\alpha/2} \cdot \sigma_p$$

得： $0.25-1.645\times0.030\,62<P<0.25+1.645\times0.030\,62$

即： $0.1996<P<0.3004$

此表明，在 90% 的概率保证下，全部文物中需要进行去除霉变处理的比例范围是 (0.1996, 0.3004)。

练习：对例 2，在 95% 的概率保证下，试对该批产品的平均耐用寿命和合格率分别做点估计和区间估计。

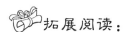

拓展阅读：

生活中无处不在的正态分布

正态分布是概率统计理论中最为常见、也最常用的一种分布形式，其密度函数曲线图关于纵轴左右对称，向左右两边无限延伸，像一个挂着的钟，所以又称它为钟形曲线。

在概率统计中，许多随机变量服从正态分布，还有很多随机变量与正态分布有关联。从总体中抽出的样本，其中一些样本统计量（如样本平均数、样本成数等），在大样本下也服从或逼近正态分布，从而可以用来推断总体的特征，为统计推断奠定了理论基础。

正态分布概念最早是由德国数学家与天文学家棣莫弗（Abraham de Moivre）在 1718 年写作的书籍《机遇原理》（Doctrine of Change），及 1734 年发表的一篇关于二项分布文章中提出的。他发现当二项随机变量的位置参数 n 很大及形状参数 p 为 1/2 时，则所推导出的二项分布的近似分布函数就是正态分布。

德国数学家高斯（Gauss）宣称，他在 1794 年，在误差分析试验中就使用了正态分布，并对假设误差服从正态分布给出了严格的证明，并率先将其应用于天文学研究，故正态分布又称高斯分布。

不论是研究自然现象还是社会现象中,许多随机变量都服从或近似服从正态分布。各种各样的心理学测试分数和物理现象比如光子计数都被发现近似地服从正态分布。

例如,在生产条件不变的情况下产品的质量指标,如电子管的使用寿命、产品的强力、抗压强度、电容器的电容量、零件的尺寸、各种测量的误差值、纺织品的纤度和强度等指标;同一群体的某种特性指标,如某地区成年男性的身高、体重、肺活量;在一定条件下生长的农作物的产量;同一种作物种子的重量;某地每年8月的平均气温、平均温度以及降雨量;河水的水位;智力测试、音乐能力测试、态度测试、人格测试等各种心理测试的得分,这些变量都服从或近似服从正态分布。

一般来说,如果一个量是由许多微小的独立随机因素影响的结果,那么就可以认为这个量具有正态分布(见中心极限定理)的特性。从理论上看,正态分布具有很多良好的性质,许多概率分布可以用它来近似;还有一些常用的概率分布是由它直接导出的,例如,对数正态分布、t分布、F分布等。

正态分布起源于误差分析,早期的天文学家通过长期对一些天体的观测收集到了大量数据,并利用这些数据建立天体运动的物理模型,其中第谷与开普勒在建模中提出了一条原则——"模型选择的最终标准是共与观测数据的符合程度",这个"符合程度"实质上蕴含了误差概率理论的问题。

伽利略是第一个在其著作中提出随机误差这一概念的人,他对观测误码率提出了以下观点:(1)所有的观测值都可能有误差,其来源可归因于观测者、仪器工具以及观测条件;(2)观测误差对称地分布在0的两侧;(3)小误差出现得比大误差更频繁。

1734年,棣莫佛在发表的一篇关于二项分布文章中正式提出了正态分布的概念。拉普拉斯在1812年发表的《分析概率论》中对棣莫佛的结论作了扩展。现在这一结论通常被称为棣莫佛—拉普拉斯定理。

拉普拉斯在误差分析试验中使用了正态分布,他在1809年解决了误差分布问题,得出误差服从正态分布的结论。勒让德于1805年引入最小二乘法这一重要方法;而高斯则宣称他早在1794年就使用了该方法,并通过假设误差服从正态分布给出了严格的证明。

"钟形曲线"这个名字可以追溯到Jouffret,他在1872年首次提出这个术语"钟形曲线",用来指代二元正态分布。正态分布这个名字还被Charles S. Peirce,Francis Galton,Wilhelm Lexis在1875年分别独立地使用。这个术语是不幸的,因为它反映和鼓励了一种谬误,即很多概率分布都是正态的。

这个分布被称为"正态"或者"高斯"正好是Stigler名字由来法则的一个例子,这个法则说"没有科学发现是以它最初的发现者命名的"。

正态分布作为一种概率模型,在19世纪极为流行,一些学者甚至把19世纪的统计学称为正态分布统治的年代。高斯这项工作对后世的影响极大,现今德国10马克的印有高斯头像的钞票上还印有正态分布的密度曲线。

生物学家弗朗西斯·高尔顿在他的一本名为《自然遗传》的著作中,设计了一种简单的试验,形象而直观地揭示了正态分布产生的机理。在一倾斜的板上,对称地排列了一些图钉,板底部有一排挡板,钢球穿过图钉列阵,一次一个地落下,并堆积在挡板上,最后大量钢球堆积形成的外轮廓线为钟形曲线。

习题十

1. 什么是样本指标?它有什么特征,有什么作用?试举实例说明。
2. 随机抽样方法可以分为哪几种类型?试分别举出一些实例予以说明。
3. 点估计有什么特点?它的结论一定准确可靠吗?为什么?
4. 说明置信度在区间估计中的基本作用。
5. 为研究某地成年男性的身高状况,现随机抽取 900 人,测得其平均身高是 1.71 米,样本标准差 $s=0.9$ 米,试在 95.45%($z_{a/2}=2$)的概率保证下对本地区成年男性的平均身高分别做点估计和区间估计。
6. 为了研究职工生产单位产品所耗时间,现对某企业 19% 的工人作调查,任意抽取 24 人,测得他们生产每件产品平均花 18 分钟,均方差为 5 分钟,试在 95.45%($z_{a/2}=2$)的概率保证下,对生产一件产品平均所耗时间分别做点估计、区间估计。
7. 随机抽取某县 625 个家庭作样本了解该县居民家庭电脑普及率,调查得知,其中 400 户家庭有电脑,试在 99.73%($z_{a/2}=3$)的概率保证下对该县居民家庭电脑普及率分别做点估计和区间估计。
8. 对某企业 36% 的职工作抽样调查,在抽样调查的 144 人中,有 64% 的职工超额完成生产任务。试以 95.45%($z_{a/2}=2$)的概率对超额完成生产任务的职工所占比重分别做点估计和区间估计。

第十一章 假设检验方法

在研究过程中,常常要对关于总体的某一个方面的特性加以判断。在判断时,在没有必要或者很难直接对总体的该特征进行研究的情况下,能否根据样本的特性来对总体的相应特性进行判断呢?假设检验理论对此给出了肯定的回答。

第一节 假设检验概述

一、假设检验的概念

假设检验,又称统计检验,就是对关于总体的某个假定进行检验,判断其正确性。在检验时,不需要对总体直接进行研究,而是从总体中抽取一个样本,根据样本的特征,对总体的该假定做出判断。在 19 世纪,数学家们发现的抽样分布定理为从样本特性判断总体特性提供了理论依据。

假设检验的例子有:

(1) 某种零件的内径是否等于规定的 2.5cm?

(2) 某市今年居民家庭平均年收入是否高于去年的 97 000 元?

(3) 某地区成年男性的平均身高是否比 10 年前的平均身高 1.72 米有所增加?

(4) 某种产品的合格率是否高于 95%?

(5) 今年某地区居民的贫富差异是否比去年有所加剧?

二、假设形式

为了说明方便,下面先做一般性交代,在后面的论述中再结合实例介绍。设总体 X 的参数为 θ(如总体均值、总体成数、总体方差,等等),θ_0 是该总体的这个参数的某一个特定的已知取值。

关于总体的假设可以分为两种类型,一是原假设;二是备选假设:

原假设：是做出的关于总体的一个待检验的假设，记为 H_0。

备选假设：是与原假设相对立的假设，记为 H_1。

原假设与备选假设是相匹配的，于是有如下三种假设形式：

(1) $H_0:\theta=\theta_0, H_1:\theta\neq\theta_0$；

(2) $H_0:\theta\leqslant\theta_0, H_1:\theta>\theta_0$；

(3) $H_0:\theta\geqslant\theta_0, H_1:\theta<\theta_0$。

以上三种假设形式中，称第一种假设为双侧检验；第二种形式称为右侧检验，第三种形式称为左侧检验，统称为双侧检验。

三、假设检验的思想

由于假设检验是根据样本特征判断总体特征，所以得出的结论不一定准确可靠，该结论只能在一定概率水平下成立。该概率值称为显著性水平或置信度。

假设检验采用的是反证法，其基本思路是：

第一，做出假设。在给定的显著性水平即概率保证下，根据待检验的问题做出原假设和备选假设；

第二，确定检验统计量。假定原假设成立，然后依据抽样分布定理构造一个检验统计量，该检验统计量服从某一种概率分布；

第三，确定检验标准。即确定一个对原假设的拒绝域和接受域；

第四，抽选样本并计算检验统计量的值。从总体中随机抽取一个样本，将样本单位的值代入检验统计量中进行计算；

第五，对原假设的正确性做出判断。如果检验统计量的值落在原假设的拒绝域中，就表明原假设不成立，应该拒绝原假设；如果检验统计量的值落在原假设的接受域中，就表明原假设成立，应该接受原假设。

假设检验的基本步骤可以表示如下：

在给定的显著性水平 $1-\alpha$ 保证下，作出如下推断：

假定 H_0 成立

⇓

检验工具（检验统计量）

⇓

检验标准（对 H_0 的拒绝域、接受域）

⇓

作检验计算（抽一个样本，代入检验统计量中计算）

⇓

判断

(1) 矛盾：则拒绝 H_0，（检验统计量的值落在拒绝域内）
(2) 无矛盾：则可以接受 H_0，（检验统计量的值落在接受域内）
在实际做假设检验的过程中，假设检验的工作可以简化为如下四个步骤：
(1) 根据题意作出假设，注意给定的显著水平 $1-\alpha$；
(2) 选择检验工具。找出检验统计量及其分布形式，不同总体条件下的检验统计量会有所不同；
(3) 确定检验标准。根据显著性水平 $1-\alpha$ 和检验统计量的分布形式查表找临界值，并根据假设形式确定对原假设 H_0 的拒绝域。注意是单侧检验还是双侧检验。
(4) 作出检验结论。从总体中抽一个样本，根据样本资料计算检验统计量的值，并由此作出决策。若检验统计量的值落在拒绝域内，则拒绝 H_0；若检验统计量的值落在接受域内，则接受 H_0。

四、假设检验中的两类错误

假设检验是在给定的 $1-\alpha$ 的概率保证下，根据样本数据来对总体的特性进行判断，并依据的是小概率原理。样本毕竟不同于总体，并不能完全代表总体；同时，小概率事件并不是一定不会发生，由此得出的判断结论有可能会出现错误，这种错误可以分为两类：

第一类错误：去真。即把正确的结论当作错误的给拒绝了，犯此错误的概率值是 α。
第二类错误：存伪。即把错误的结论当作正确的接受下来。犯此错误的概率值是 β。
犯这两类错误的概率值之间的关系可以用图 11-1 表示。

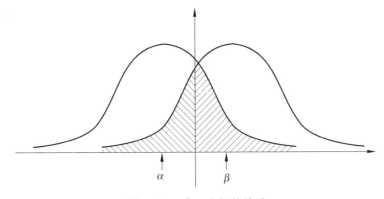

图 11-1　α 与 β 之间的关系

这两类错误的概率值之间的关系是：两者都不能消除，两者不能同时变小，当样本容量固定时，减小犯这一类错误的概率，犯另一类错误的概率就会变大。要使两者同时减少，只得增加样本容量。在实际工作中，往往控制犯第一类错误的概率 α，将 α 控制在 5% 左右，而不考虑犯第二类错误的概率，所以称这种假设检验为显著性检验。由此可见，由假设检验得出的结论还有一个较小的概率出现错误。由于人们认为小概率事件在一次试验中一般不会发生,所以,人们往往就忽视了假设检验的结论可能会出现错误的事实。

假设检验的方法很多,下面介绍几种常见的对总体均值和总体成数进行检验的基本方法,这些方法在社会研究中经常用到。

第二节　总体均值的假设检验

一、检验统计量与拒绝域

(一) Z 检验法

若所研究的总体的变量为 X,当该总体满足下面两个条件之一时:(1)对任意总体 X,则当样本容量充分大($n>30$)时;或(2)当总体 X 服从正态分布时,则对任意的 n,则取检验统计量:

$$Z = \frac{\overline{X} - \mu}{\sigma/\sqrt{n}} \tag{11-1}$$

它近似(在条件(1)下)或准确(在条件(2)下)地服从 $N(0,1)$ 标准正态分布。当总体标准差 σ 未知时,在大样本($n>30$)下用样本标准差 s 代替。

不同假设形式下对 H_0 的拒绝域是:

(1) 对双侧检验:

$$H_0 : \mu = \mu_0, \quad H_1 : \mu \neq \mu_0$$

对原假设 H_0 的拒绝域是:$(-\infty, -z_{\alpha/2})$ 和 $(z_{\alpha/2}, +\infty)$,可以用图 11-2 表示如下。

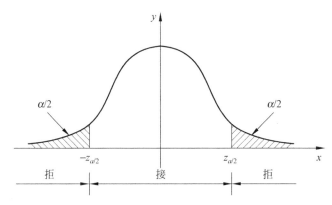

图 11-2　双侧检验的拒绝域

(2) 对右侧检验:

$$H_0 : \mu \leq \mu_0, \quad H_1 : \mu > \mu_0$$

对原假设 H_0 的拒绝域是：$(z_\alpha, +\infty)$，可以用图 11-3 表示如下。

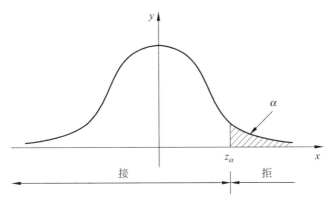

图 11-3　右侧检验的拒绝域

（3）对左侧检验：
$$H_0: \mu \geqslant \mu_0, \quad H_1: \mu < \mu_0$$
对原假设 H_0 的拒绝域是：$(-\infty, -z_\alpha)$，可以用图 11-4 表示如下。

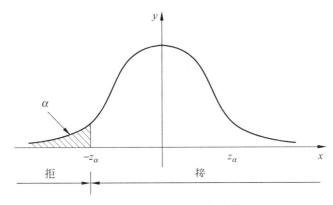

图 11-4　左侧检验的拒绝域

其中临界值 $z_{\alpha/2}$，z_α 分别满足：
$$P(|Z| < z_{\alpha/2}) = 1 - \alpha$$
和
$$P(Z > z_{\alpha/2}) = \alpha$$

临界值 $z_{\alpha/2}$ 是与附表 1 标准正态分布函数表中概率值 $1 - \dfrac{\alpha}{2}$ 对应的那个 u 值。

临界值 z_α 是与附表 1 标准正态分布函数表中概率值 $1 - \alpha$ 对应的那个 u 值。

因为在这里，检验统计量 Z 服从正态分布，所以简称该检验法为 Z 检验法。

(二) t 检验法

当总体服从正态分布时,可以取小样本($n<30$),构造一个服从 t 分布的检验统计量,即:

$$t = \frac{\overline{X} - \mu}{s/\sqrt{n}} \tag{11-2}$$

该统计量服从自由度为 $n-1$ 的 t 分布。其中,s 是样本标准差,n 是样本容量。

在给定的概率值 $1-\alpha$ 水平下,查 t 分布表(见附表2),找临界值 $t_{\alpha/2}$、t_α,在不同假设形式下,对原假设 H_0 的拒绝域的形式与上述 Z 检验法中的完全一样,只需将拒绝域中的 z 换成 t,查 t 分布表找临界值 $t_{\alpha/2}$、t_α 即可。应注意到 t 分布的图形与标准正态分布的图形在形式上基本相同,都关于纵轴对称,但与标准正态分布曲线相比,t 分布曲线顶部略低,两尾部稍高而平。

因为检验统计量服从 t 分布,就将这种检验方法称为 t 检验法。限于篇幅,这里不做详细介绍。

二、应用举例

例1 某汽车零部件生产企业压制一批钢板,共 5000 张,要求钢板的平均厚度是 8cm,厚度的标准差是 0.02cm,现任抽 100 张,测得其平均厚度是 8.004cm,试在 $\alpha=2\%$ 下,判断这批产品的平均厚度是否符合规定的要求。

解:根据题意,做出假设:

$$H_0: \mu = 8, \quad H_1: \mu \neq 8$$

将有关数据代入检验统计量(11-1)中,得检验统计量的值:

$$z = \frac{\overline{x} - \mu}{\sigma/\sqrt{n}} = \frac{8.004 - 8}{0.02/\sqrt{100}} = 2$$

当 $\alpha=2\%$ 时,查附表1标准正态分布函数表,得临界值 $z_{\alpha/2}=2.33$,检验统计量的值 $z=2$ 落在接受域 $(-2.33, 2.33)$ 内,故接受原假设 H_0,即认为该批钢板的平均厚度符合规定的要求。

练习:(1) 在 $\alpha=10\%$ 下,就本例做假设检验($z_{\alpha/2}=1.645$);

(2) 在 $\alpha=5\%$ 下,就本例做假设检验($z_{\alpha/2}=1.96$)。

例2 某研究机构认为某地区居民家庭平均年收入比去年的 68 000 元有所增加,现任意从中抽取 100 户作调查,求得其平均年收入是 68 600 元,标准差是 4000 元,试对该地区居民家庭的平均年收入状况作出判断($\alpha=5\%$)。

解:根据题意,做出假设:

$$H_0: \mu \leq 18\,000, \quad H_1: \mu > 18\,000$$

将有关数据代入检验统计量(11-1)中,得检验统计量的值:

$$z = \frac{\bar{x} - \mu}{\sigma/\sqrt{n}} = \frac{\bar{x} - \mu}{s/\sqrt{n}} = \frac{68\,600 - 68\,000}{4000/\sqrt{100}} = 1.5$$

当 $\alpha = 5\%$ 时,查附表1标准正态分布函数表,得临界值 $z_\alpha = 1.645$,检验统计量的值 $z = 1.5$ 落在接受域 $(-\infty, 1.645)$ 内,故接受原假设 H_0,拒绝 H_1,即认为该机构作出的判断不正确,也就是说该地区居民家庭平均年收入今年与去年相比没有提高。

第三节 总体成数的假设检验

一、检验统计量与拒绝域

对任意总体 X,其成数(如合格率、满意率、市场占有率、老年化率、入学率等)是 P,从中抽容量为 n 的样本,样本成数是 p,则当 n 充分大 ($n > 30$) 时,选取检验统计量:

$$Z = \frac{p - P}{\sqrt{P(1-P)/n}} \tag{11-3}$$

它近似服从标准正态分布 $N(0,1)$。

不同假设形式下,对原假设 H_0 的拒绝域是:

(1) 对双侧检验:

$$H_0: P = P_0, \quad H_1: P \neq P_0$$

对原假设 H_0 的拒绝域是 $(-\infty, -z_{\alpha/2})$ 和 $(z_{\alpha/2}, +\infty)$。

(2) 对右侧检验:

$$H_0: P \leq P_0, \quad H_1: P > P_0$$

对原假设 H_0 的拒绝域是 $(z_\alpha, +\infty)$。

(3) 对左侧检验:

$$H_0: P \geq P_0, \quad H_1: P < P_0$$

对原假设 H_0 的拒绝域是 $(-\infty, -z_\alpha)$。

其中,临界值 $z_{\alpha/2}, z_\alpha$ 的含义同上节,可以查附表1标准正态分布函数表得到。具体就是:

临界值 $z_{\alpha/2}$ 是与附表1标准正态分布函数表中概率值 $1 - \frac{\alpha}{2}$ 对应的那个 u 值;

临界值 z_α 是与附表1标准正态分布函数表中概率值 $1 - \alpha$ 对应的那个 u 值。

上述三种不同假设形式下对原假设 H_0 的拒绝域的图形分别与本章第二节中的图11-2、图11-3、图11-4完全相同。

二、应用举例

例 3 按照设计规定,某生产线的产品合格率不能低于 98%。现从该生产线生产的一大批产品中随机抽取 100 件,发现有 6 件不合格,试问该生产线的产品合格率达到规定标准否?($\alpha=5\%$)

解:按照题意,做出假设:

$$H_0: P \geqslant 98\%, \quad H_1: P < 98\%$$

由已知条件知,样本合格率即样本成数是:$p = \frac{94}{100} = 94\%$,将各个相关数据代入检验统计量(11-3)中,得检验统计量的值:

$$z = \frac{p-P}{\sqrt{P(1-P)/n}} = \frac{0.94 - 0.98}{\sqrt{0.98 \times 0.02/100}} = \frac{-0.04}{0.014} = -0.286$$

当 $\alpha=5\%$ 时,查附表 1 标准正态分布函数表,得临界值:$z_\alpha = 1.645$,检验统计量的值 $z = -0.286$ 落在接受域 $(-1.645, +\infty)$ 内,故接受原假设 H_0,即认为该生产线的产品合格率符合规定的标准。

拓展阅读:

常用的统计分析软件介绍

一、SAS 统计软件

SAS 即统计分析系统(Statistical Analysis System),是美国 SAS(赛仕)软件研究所(SAS Institute Inc.)研制的一套大型集成应用软件系统,是美国使用最为广泛的三大著名统计分析软件(SAS,SPSS 和 SYSTAT)之一,是目前国际上最为流行的一种大型统计分析系统,在国际上被誉为数据统计分析的标准软件。

SAS 最初于 1966 年由美国北卡罗来纳州立大学两名研究生开始研制,1976 年创立 SAS 公司。SAS 采用按年租用制付费使用,年租金收入近 12 亿美元。

公司网址是:http://www.sas.com/。

SAS 具有比较完备的数据存取、数据管理、数据分析和数据展现的系列功能。尤其是它的创业产品——统计分析系统部分,具有强大的数据分析能力,被誉为国际上的标准软件和最具权威的优秀统计软件包。SAS 系统中提供的主要分析功能包括统计分析、经济计量分析、时间序列分析、决策分析、财务分析和全面质量管理工具等,提供了各类概率分析函数、分位数函数、样本统计函数和随机数生成函数,使用户能方便地实现特殊统计要求。SAS 还提供了绘图系统,可以绘制各种统计图、绘制地图。

二、SPSS 统计软件

SPSS 原名是社会科学统计程序包(Statistical package for the social science),现已改名为统计产品与服务解决方案(Statistical Product and Service Solutions),是世界著名的统计分析软件之一,目前已推出 9 个语种版本。

1968 年,美国斯坦福大学 H. Nie 等三位大学生开发了最早的统计分析软件 SPSS,同时成立了 SPSS 公司,1975 年在芝加哥组建 SPSS 总部。SPSS 广泛应用于通信、医疗、银行、证券、保险、制造、商业、市场研究、科研、教育等多个领域和行业。2009 年 7 月 28 日,统计分析软件提供商 SPSS 公司被 IBM 公司用 12 亿美元现金收购,目前成为 IBM 旗下的子公司,公司网址:http://www-01.ibm.com/software/analytics/spss/。

目前,SPSS 已出至版本 22.0,而且更名为 IBM SPSS。

由于 SAS 是为专业统计分析人员设计的,它具有功能强大、灵活多样的特点,为专业人士所喜爱。而 SPSS 是为广大的非专业人士设计的,它操作简便、好学易懂、简单实用,很受非专业人士的青睐。此外,比起 SAS 软件来,SPSS 主要针对社会科学研究领域开发。

SPSS 的基本功能包括数据管理、统计分析、图表分析、输出管理等,还有专门的绘图系统,可以根据数据绘制各种统计图形和地图。SPSS 统计分析过程包括描述性统计、均值比较、回归分析、方差分析、卡方检验、t 检验和非参数检验、对数线性模型、多元回归分析、聚类分析、判别分析、主成分分析、因子分析、数据简化、生存分析、时间序列分析、多重响应等几大类,每类中又分好几个统计过程,每个过程中又允许用户选择不同的方法及参数。

三、Amos

Amos 的全名是 Analysis of Moment Structures(瞬间结构分析),由 James L. Arbuckle 所发展。Amos 自 6.0 版以后就成为 SPSS 的家族成员,于 2009 年成为 IBM 公司旗下产品。Amos(阿摩司)是公元前 8 世纪的希伯来先知的名字,也表示旧约圣经中的阿摩司书。

Amos 适合进行协方差结构分析(Analysis of Covariance Structures),是一种处理结构方程模型(structural equation modeling,SEM)的软件。SEM 适用于处理复杂的多变量数据的探究与分析。Amos 可以同时分析许多变量,是一个功能强大的统计分析工具。Amos 以可视化、鼠标拖曳的方式来建立模型,不必撰写程序指令,大大提高了数据分析效率。利用 Amos 建立的 SEM 会比标准的多变量统计分析要准确,还可以检验数据是否符合所建立的模型,以及进行模型探索,逐步建立最适当的模型。目前出版的最新版是 IBM SPSS Amos22.0。

四、Statistica

Statistica 是一套整合数据分析、数据可视化、数据库管理、数据挖掘的专业统计软件，提供所需要的数据分析方法、制图程序、数据管理程序和解决方案，于1984年由美国StatSoft Inc.公司开发出来。目前在全球有100多万用户。

Statistica官方网站是：http://www.statsoft.com/。

Statistica是技术、工程、工商企业的数据挖掘应用等进阶分析的应用程式，此系统不仅包含统计的一般功能和制图程序，还包含特殊的统计应用。Statistica提供了完整且供多种选择性的使用者界面，可广泛使用程式语言辅助精灵来建立一般的范围，或整合Statistica与其他应用程式进行计算。

五、Stata

Stata是一套提供数据分析、数据管理以及绘制专业图表的完整及整合性统计软件。

Stata的官方网站是：http://www.stata.com/。

Stata软件可以透过网络实时更新每天的最新功能，并得知世界各地的使用者对于Stata公司提出的问题与解决方案。使用者可随时到Stata网站寻找并下载最新的升级文件，由此使Stata成为几大统计分析软件中升级最多、最频繁的一个。

Stata的统计功能很强，除了提供传统的统计分析方法外，还提供了多元统计分析中所需的矩阵基本运算，如矩阵的加、积、逆、Cholesky分解、Kronecker内积，以及一些高级运算如特征根、特征向量、奇异值分解等；在执行完某些统计分析命令后，提供一些系统矩阵，如估计系数向量、估计系数的协方差矩阵等；收集了近20年来发展起来的新方法，如Cox比例风险回归，指数与Weibull回归，多类结果与有序结果的logistic回归，Poisson回归，负二项回归及广义负二项回归，随机效应模型等。

Stata作为一种小型统计软件，使用上远比SAS简单，其生存数据分析、纵向数据（重复测量数据）分析等模块的功能甚至超过了SAS。在SAS的老家——北卡罗来纳州，许多研究生物统计的人青睐的反而是Stata。

六、EXCEL电子表格与统计功能

EXCEL电子表格是Microsoft公司推出的Office系列产品之一，是一个功能强大的电子表格软件，对表格的管理和统计图制作功能强大，容易操作。

严格说来，EXCEL并不是统计软件，只是一种数据表格软件，有一些基本的统计计算功能。Excel的数据分析插件XLSTAT，也能进行数据统计分析，但运算速度较慢，统计方法不全，常用于做一些简单的统计处理。对复杂的数据处理问题，需要设置专门的函数，多数较难一些的统计推断问题还需要采用其他专门的统计软件来处理。

七、其他数据处理软件

国外使用的专业性数据处理软件还有许多种，如：

Minitab软件是现代质量管理统计的领先者，全球六西格玛实施的共同语。Minitab于1972年由美国宾夕法尼亚州州立大学研制出来，以无可比拟的强大功能和简易的可视

化操作深受广大质量管理学者和统计专家的青睐。

S-PLUS 由总部在美国西雅图的 Insightful 公司研制,是一个工业数据分析工具与数据分析应用开发平台。Insightful 公司是世界著名的商务智能软件提供商,产品涵盖分析统计、数据挖掘、知识获取、决策支持等多个领域。

MATLAB 是美国 MathWorks 公司出品的商业数学软件,用于算法开发、数据可视化、数据分析以及数值计算的高级技术计算语言和交互式环境,可以进行矩阵运算、绘制函数和数据、实现算法、创建用户界面、连接其他编程语言的程序等,主要应用于工程计算、控制设计、信号处理与通信、图像处理、信号检测、金融建模设计与分析等领域。

Eviews,是一种计量经济学软件包,是 Econometrics Views 的缩写,直译为计量经济学观察。它的本意是对社会经济关系与经济活动的数量规律,采用计量经济学方法与技术进行"观察"。Eviews 的应用范围包括:科学实验数据分析与评估、金融分析、宏观经济预测、仿真、销售预测和成本分析等。Eviews 由美国 QMS 公司(Quantitative Micro Software Co.)研制,公司网址是:http://www.eviews.com。

此外,还有一些统计分析软件,在社会研究领域中也可以使用,但它们主要用在工程、生物、医药等领域,如 R、Python、S-plus、SYSTAT、BMDP、EPINFO,等等。

习题十一

1. 试说明假设检验的含义,并举一个实例加以阐述。
2. 假设检验中为什么会犯两类错误?这两类错误间的关系如何?
3. 某地旅游管理部门为了进一步开发本地旅游资源,对游客在本地的逗留时间和消费支出情况作了一次调查,任意抽取 400 名游客,得知他们在本地的逗留时间是 2.5 天,期间每名游客的购物平均支出 3850 元,支出的标准差是 4260 元。而在两年前做的一次调查显示,每一名游客在本地旅游的购物支出的平均值是 2820 元,试问今年游客的购物支出与两年前相比是否有显著变化?($\alpha=5\%, z_{\alpha/2}=1.96$)
4. 已知某冶金公司的铁水含碳量服从均值为 4.55,方差为 0.108 的正态分布。现测定 9 炉铁水,其平均含碳量是 4.484,如果估计方差没有发生变化,能否认为现在生产的铁水含碳量符合规定标准?($\alpha=5\%, z_{\alpha/2}=1.96$)
5. 某电视台节目主持人认为她主持的某栏目节目收视率为 64%。现随机抽查 400 人,发现有 240 人喜欢收看该节目,试对该主持人对收视率的估计作检验。($\alpha=5\%, z_{\alpha/2}=1.96$)
6. 某管理机构估计某年其全部所属企业中完成计划生产任务的企业所占比率不会低于 75%,现抽查 60 个企业,发现有 51 个企业已完成生产计划。据样本资料对原估计正确性作检验。($\alpha=5\%, z_{\alpha}=1.645$)

第十二章　相关分析与回归分析方法

第一节　相关关系及其测度

一、现象间的两种依存关系

现象之间常常是相互关联、相互依存,一个现象的变化会引起另外一个现象相应的变化。根据现象之间依存关系变化的确定性与否,可以将其分为两种类型,一是函数关系;二是相关关系。

函数关系,又称确定性关系,是指一个现象的变化会引起另一个现象确定性的变化,即对自变量的一个值,因变量有唯一确定的值与之对应。

当圆的半径一定时,圆的面积就是一个确定的值;当长方形的长和宽一定时,长方形的面积就是一个确定的值;当企业的产量一定时,企业的产值就是一个定值;在固定的税率下,当企业的产值一定时,税后净收益就是一个定值。

函数关系可以用一个一元或多元的函数式表示,如因变量 y 与 n 个自变量 $x_1, x_2, \cdots, x_n$ 的影响,且呈函数关系,于是因变量和自变量之间的关系可以用函数式表示:$y = f(x_1, x_2, \cdots, x_n)$。函数式的具体形式则视具体情况而定。

相关关系,又称不确定性关系,是指一个现象的变化引起另一个现象的变化,但这种变化的大小却不能完全确定,即对自变量的一个值,因变量的值不确定,因变量还受其他随机因素的影响。

相关关系在社会经济领域普遍存在。如职工收入影响其支出,但对支出的影响不能完全确定,因为支出还要受到个人的消费习惯、收入水平、消费心理、商品价格等多方面因素的影响;基础设施投资量影响国内生产总值 GDP,但 GDP 不完全受投资量的影响,还要受到利率水平、进出口、外国投资、税率等多方面因素的影响;产品的广告支出数量影响销售额,但销售额不完全受广告支出的影响,还要受到价格、消费心理、同类产品的竞争情况、人们的收入水平等多个方面因素的影响;储蓄额受利率、收入水平、通货膨胀率三个因素的影响,但是人们的消费倾向、对未来收入的预期、理财工具的发达程度等因素也会影响储蓄额。

相关关系不能用一个准确的函数式来表示变量间的依存关系,但是,为了便于数量分析,呈相关关系的两个变量 y 与 x 之间,如果 x 是影响 y 的主要因素,则两者间的关系可以用如下关系式近似描述:

$$y = f(x) + \varepsilon$$

其中 ε 是影响 y 的随机因素,或除 x 之外影响 y 的其余因素,这些因素有些可以数量化但对 y 的影响较小,有些不可以数量化。$f(x)$ 是 x 对 y 发生影响的主要部分。$f(x)$ 的具体形态将是后面回归分析部分研究的主要内容。

当 ε 中有些因素对 y 的影响较大时,可以从中分析出一些可以数量化的对 y 有影响的自变量,这时 y 的主要部分就是一个多元函数。

二、相关表与相关图

描述变量间数量对应关系的表格称为相关表。如本章第二节例 1 中的表。

将这种数量对应关系描在坐标图中,得散点图,又称相关图,其中每一对数据称为一个散点或相关点。从相关图中各个散点的分布形态,可以近似看出变量间的相关形式。例如,当这些散点近似分布在一条直线上时,可以判断这两个变量呈线性相关的关系。

三、相关类型

按相关变量的自变量的个数多少,相关关系可以分为单相关和复相关。单相关是指只有一个自变量的相关关系,如研究收入这个变量对支出的影响;复相关是至少有 2 个自变量的相关关系,如研究利率、收入水平两个变量对储蓄额的影响。

按相关变量的变化方向划分,相关关系可以分为正相关和负相关。正相关是指自变量与因变量的变化方向相同,即自变量增加,因变量也增加;自变量减少,因变量也减少。负相关是指自变量与因变量的变化方向相反,即自变量增加,因变量就减少;自变量减少,因变量就增加。利率对储蓄额的影响是正相关,科技投入数量与科技专利数量之间是正相关。公共卫生投入数量与传染性疾病发病数量之间是负相关,法制宣传投入数量与犯罪率之间是负相关。

按变量间依存关系的表现形式划分,相关关系可以分为直线相关和曲线相关。直线相关,又称线性相关,是指变量间的散点值在坐标系中近似呈一条直线状;曲线相关是指变量间的散点值在坐标系中近似呈某种曲线状。注意,这里指的是散点图近似呈一条直线或曲线,如果这些散点完全在一条直线或某一条曲线上,那么变量间就呈函数关系了。

按变量间的相关程度划分,相关关系可以分为完全不相关、不完全相关、完全相关。完全不相关是指两个变量间完全没有关联性,如某地区科技专利数与个人生活消费支出之间几乎没有什么关联性,可以说两者间完全不相关;不完全相关是指两个变量间有一定程度的关联性,但是关联程度有大小之别;完全相关即指两个变量间完全呈一种确定性关系,即呈函数关系。

由此可见,一般所研究的相关关系都是指不完全相关关系。但是,变量间不完全相关关系的关联程度有大小之别,人们一般关注有较高关联度的相关关系问题,而对关联度太小的相关关系予以忽略。于是需要引入一个指标,用来反映变量间相关关系的关联程度大小,这个指标称为相关系数。

四、相关系数

相关系数是反映变量间相关关系的关联程度大小的指标。在不同的相关形式下,相关系数的计算方法会有所不同,本节只介绍一元线性相关下的相关系数公式。

(一) 一元线性相关下的相关系数公式

设因变量 y 与自变量 x 之间呈一元线性相关,取 x 和 y 的 n 组观察值 (x_i, y_i),于是,这两个变量间的相关密切程度可以用如下相关系数公式表示:

$$r = \frac{\text{cov}(x,y)}{\sigma_x \cdot \sigma_y} \tag{12-1}$$

其中: $\text{cov}(x,y) = \frac{1}{n}\sum_{i=1}^{n}(x_i - \bar{x})(y_i - \bar{y})$,

$$\sigma_x = \sqrt{\frac{\sum_{i=1}^{n}(x_i - \bar{x})^2}{n}}, \quad \sigma_y = \sqrt{\frac{\sum_{i=1}^{n}(y_i - \bar{y})^2}{n}}$$

其中: σ_x 是变量 x 的标准差,σ_x 是变量 y 的标准差;$\text{cov}(x,y)$ 称为变量 x 与变量 y 之间的协方差,直观上来看,协方差表示两个变量间总体性的误差,有正负之分。比如说,如果两个变量的变化方向一致,也就是说如果其中一个大于自身的期望值,另外一个也大于自身的期望值,那么两个变量之间的协方差就是正值;如果两个变量的变化趋势相反,即其中一个大于自身的期望值,另外一个却小于自身的期望值,那么两个变量之间的协方差就是负值。

(二) 相关系数的性质

相关系数具有如下基本性质:

$|r| \leqslant 1$,即相关系数是一个有界值。

$r > 0$ 表示两个变量间呈正相关,$r < 0$ 表示两个变量间呈负相关。

$|r|$ 越大,表明现象间的线性相关程度愈高;$|r|$ 越小,表明现象间的线性相关程度愈低。

$r=0$,表明现象间完全不相关。

$|r|\leqslant 0.3$,表明现象间基本不相关,或关联性很小,对这种相关性一般不做研究。

$0.3<|r|\leqslant 0.5$,表明现象间低度相关,这种相关性往往不是重点研究的对象。

$0.5<|r|\leqslant 0.8$,表明现象间显著相关。

$0.8|r|<1$,表明现象间高度相关。

$|r|=1$,表明现象间完全相关,即呈函数关系。

简而言之,相关系数是一个有界值,相关系数的符号表示相关方向,相关系数的数值大小表示相关密切程度。

第二节 一元线性回归分析

在相关分析的基础上,建立适当的数学模型,说明相关变量间数量上的对应关系的分析,称为回归分析。

由于呈相关关系的变量间不能用函数式表示,但是可以写成:
$$y = f(x) + \varepsilon$$
其中,$f(x)$ 是 x 对 y 发生影响的主要部分,记作:
$$\hat{y} = f(x)$$
称 $\hat{y}=f(x)$ 为 y 与 x 之间的回归模型,或回归方程。$f(x)$ 的具体形态可以是直线形式,也可以是某一种曲线形式。回归分析的主要内容之一就是根据 y 与 x 之间的对应关系(如散点图的形态)来确定 $f(x)$ 的函数形式。对 $f(x)$ 这个 y 与 x 之间关系的主要部分研究清楚了,那么就可以大体判断 y 与 x 之间数量上的基本对应关系。

一、一元直线回归方程

设因变量 y 与自变量 x 之间呈直线相关,即:
$$y = f(x) + \varepsilon$$
其中,记:$\hat{y}=f(x)=a+bx$,a、b 是待定系数。

对 x 与 y 的 n 对观察值 x_i,y_i,利用最小平方法(最小二乘法),令:$\sum_{i=1}^{n}(y_i-\hat{y}_i)^2=$ 最小可求得 a、b 的计算式:

$$\begin{cases} b = \dfrac{n\sum\limits_{i=1}^{n} x_i y_i - \left(\sum\limits_{i=1}^{n} x_i\right)\left(\sum\limits_{i=1}^{n} y_i\right)}{n\sum\limits_{i=1}^{n} x_i^2 - \left(\sum\limits_{i=1}^{n} x_i\right)^2} \\ a = \bar{y} - b\bar{x} = \dfrac{\sum\limits_{i=1}^{n} y_i - b\sum\limits_{i=1}^{n} x_i}{n} \end{cases} \quad (12\text{-}2)$$

求解上述方程,得出 a,b,代入 $\hat{y}=a+bx$ 中,即求得回归模型。

可以利用计算机程序如 Excel、SPSS 等计算上式。

注意,回归模型只是近似描述两个变量间的对应关系,它忽略了其他因素对因变量的影响,因此,由回归模型求出的 $\hat{y}$ 的值只是一个理论值,它与实际值 y 会有一定的差别。

二、对自变量为时间变量的情形,可以使用简捷计算法

当研究现象的时间相关性,即研究现象随着时间的变化而变化的规律性时,自变量就是时间变量,如日期、月份、年份,这时时间值只起代码的作用。为了简化计算,可以给时间变量适当编码,就可以将上述 a,b 的计算方程简化,于是得到 a,b 的简捷计算法。

用 x 表示时间,$\hat{y}=a+bx$ 常对时间取编码,以简化计算。可以取自然数编码,如若 x 表示年份,第一个年份值是 2005 年的话,最后一个年份值是 2014 的话,那么可以将 2005 年用 1 代替,依次给这些年份取值 $1,2,\cdots,10$。这样可以减少计算量。

更为简捷的一种计算方法是对称性编码简捷计算法,即对时间做正负对称性整数编码,可以使 $\sum x_i = 0$,具体的编码方法是:

如果数列项数是奇数,则给各时间项依次编号:$\cdots-3,-2,-1,0,1,2,3,\cdots$

如果数列项数是偶数,则给各时间项依次编号:$\cdots-5,-3,-1,1,3,5,\cdots$

则可得 a,b 的简捷计算公式:

$$\begin{cases} b = \dfrac{\sum\limits_{i=1}^{n} x_i y_i}{\sum\limits_{i=1}^{n} x_i^2} \\ a = \bar{y} \end{cases} \quad (12\text{-}3)$$

这样得到的 a,b 的计算式更为简单,在实际中常常使用。

例 1 某地区十一年来对基础教育的财政投入数量如下表,求出回归直线方程,并估计 2016 年该地对基础教育的财政投入数量。

年 份	2004	2005	2006	2007	2008	2009	2010	2011	2012	2013	2014
年份编码 x	1	2	3	4	5	6	7	8	9	10	11
教育投入(万元)	378	463	514	557	579	627	640	653	711	780	846

解：计算方法(一)：取年份 x 为自然数编码如表中所示，将数据代入方程(12-2)，可得：

$$\begin{cases} b = \dfrac{n\sum\limits_{i=1}^{n} x_i y_i - (\sum\limits_{i=1}^{n} x_i)(\sum\limits_{i=1}^{n} y_i)}{n\sum\limits_{i=1}^{n} x_i^2 - (\sum\limits_{i=1}^{n} x_i)^2} = \dfrac{11 \times 44\,940 - 66 \times 6748}{11 \times 506 - 66^2} = 40.47 \\ a = \bar{y} - b\bar{x} = \dfrac{\sum\limits_{i=1}^{n} y_i - b\sum\limits_{i=1}^{n} x_i}{n} = \dfrac{6748 - 40.47 \times 66}{11} = 370.63 \end{cases}$$

于是得到回归模型：

$$\hat{y} = 370.63 + 40.47x \tag{12-4}$$

该方程近似描述该地区基础教育的财政投入数量随时间变化的规律，由此方程还可以对未来年份的财政投入数量做短期预测。

如在 2016 年，按照时间编码，x=13，代入所求的回归模型得：

$$\hat{y} = 370.63 + 40.47x = 370.63 + 40.47 \times 13 = 896.74(万元)$$

即 2016 年，该地区的基础教育财政投入数量的预测值(理论值)是 896.74 万元。

计算方法(二)：取年份 x 为对称性整数编码，如下表所示：

年 份	2004	2005	2006	2007	2008	2009	2010	2011	2012	2013	2014
年份编码 x	−5	−4	−3	−2	−1	0	1	2	3	4	5

将数据代入方程(12-3)，可得：

$$\begin{cases} b = \dfrac{\sum\limits_{i=1}^{n} x_i y_i}{\sum\limits_{i=1}^{n} x_i^2} = \dfrac{4452}{110} = 40.47 \\ a = \bar{y} = \dfrac{6748}{11} = 613.45 \end{cases}$$

于是得到回归模型：

$$\hat{y} = 613.45 + 40.47x \tag{12-5}$$

这两个回归模型斜率相同，只是截距不同，这是由于年份编码不同所致。两个方程同样说明年份与基础教育财政投入数量两个变量间的对应关系。

在 2016 年,按照时间编码,$x=7$,代入所求的回归模型得:

$$\hat{y} = 613.45 + 40.47x = 370.63 + 40.47 \times 7 = 896.74(万元)$$

即 2016 年,该地区的基础教育财政投入数量的预测值(理论值)是 896.74 万元。两个预测值(理论值)相同。

注意到回归模型只是近似描述两个变量间的对应关系,所以上述预测结果只是一个未来结果的一个近似值或理论值,与将来发生的实际值会有所差别。

要注意的是,利用回归模型只能做短期预测,如果预测的时间太久远,变量间的回归模型形态可能会发生变化,于是预测的结果就会发生较大偏离。

三、估计标准误差

由于回归模型只是描述了自变量对因变量影响的主要部分,于是由回归模型求出的理论值 $\hat{y}$ 与实际值 y 之间会有所差异。

估计标准误差是描述由回归模型求出的理论值 $\hat{y}$ 与实际值 y 之间平均差异程度的一种度量指标,其作用在于说明所求回归模型的准确性高低。估计标准误差的计算公式是:

$$S_{xy} = \sqrt{\frac{\sum_{i=1}^{n}(y_i - \hat{y}_i)^2}{n}} \quad (12\text{-}6)$$

在回归模型 $\hat{y} = a + bx$ 求解出来之后,为了避免在上述公式中要求逐个计算出回归模型的理论值,可以用下式求解估计标准误差 S_{xy}:

$$S_{xy} = \sqrt{\frac{\sum y_i^2 - a\sum y_i - b\sum x_i y_i}{n-2}} \quad (12\text{-}7)$$

估计标准误差的值愈大,则回归模型的准确性愈低;估计标准误差的值愈小,则回归模型的准确性愈高。准确性愈高的回归模型能更好地说明回归变量间的数量对应关系。

当回归模型的准确性不高时,应该考虑改换一种模型,以能更好地说明相关变量间数量上的对应关系。

例 2 试对本节例 1 中计算方法(一)所得到的结果计算估计标准误差。

解:利用例 1 中的有关数据,且由回归模型:$\hat{y}=370.63+40.47x$ 知,$a=370.63,b=40.47,n=11,\sum_{i=1}^{n}y_i^2 = 4\,325\,714$,$\sum_{i=1}^{n}y_i = 6748$,$\sum_{i=1}^{n}x_i y_i = 44\,940$,代入估计标准误差的计算公式(12-7),得:

$$S_{xy} = \sqrt{\frac{\sum y_i^2 - a\sum y_i - b\sum x_i y_i}{n-2}} = \sqrt{\frac{4\,325\,714 - 370.63 \times 6748 - 40.47 \times 44\,940}{11-2}}$$
$$= 25.779$$

即所求的估计标准误差值是 25.779。

读者还可以就本节例 1 中计算方法(二)所得到的结果计算估计标准误差。

四、利用回归模型对实际值 y 作点估计和区间估计

在求出了回归模型之后,可以据此模型提供的因变量的理论值,对因变量的实际值做点估计和区间估计。

点估计,就是根据回归模型因变量的理论值,对因变量的实际值给出一个确定的估计值。一种常用的点估计方法是:把由回归模型求出来的因变量的理论值直接当作相应的实际值的估计值,即:

$$y = \hat{y}$$

区间估计,就是在一定的概率保证下,依据估计标准误差及其分布形式、回归模型因变量的理论值等,给出相应的实际值所可能在的一个区间范围。这里讨论估计标准误差服从正态分布的情形。

可以证明,在选取的观察值较多($n>30$)时,在 $1-\alpha$ 的概率保证下,实际值 y 的估计区间可以用如下公式近似表示:

$$\hat{y} - z_{\alpha/2} \cdot S_{xy} < y < \hat{y} + z_{\alpha/2} \cdot S_{xy} \tag{12-8}$$

其中,$z_{\alpha/2}$ 是与本书的附表 1 标准正态分布函数表中的概率值 $1-\frac{\alpha}{2}$ 对应的那个 u 值。

严格来说,实际值 y 的准确的估计区间格式应该用 t 分布的公式来表示,但因为计算较为烦琐,在观察值较多($n>30$)时,可以用正态分布的公式来描述。

例 3 试对本节例 1、例 2 中计算方法(一)所得到的计算估计标准误差等数据,对该地区 2016 年的基础教育财政投入数量分别做点估计和区间估计(给定概率是 95%)。

解:(一)点估计。由例 1,在 2016 年,该地区的基础教育财政投入数量的理论值是 896.74 万元。按照点估计的方法,则 2016 年该地区的基础教育财政投入数量的实际值的点估计值是 896.74 万元。

(二)区间估计。由例 1,在 2016 年,该地区的基础教育财政投入数量的理论值是 896.74 万元,即 $\hat{y} = 896.74$;由例 3,估计标准误差 $S_{xy} = 25.779$,在 95% 的概率保证下,查标准正态分布表可知,$z_{\alpha/2} = 1.96r$,将这些数据代入实际值 y 的估计区间公式(12-8),有:

$$\hat{y} - z_{a/2} \cdot S_{xy} < y < \hat{y} + z_{a/2} \cdot S_{xy}$$

即：$896.74 - 1.96 \times 25.779 < y < 896.74 + 1.96 \times 25.779$

得：$846.213 < y < 947.267$

也就是说，在95%的概率保证下，在2016年，该地区的基础教育财政投入数量的实际值的估计区间是(846.213, 947.267)。

第三节 多元线性回归与曲线回归分析

一、多元线性回归分析

某地区的储蓄额 y 受存款利率 x_1、收入水平 x_2 的影响，假定储蓄额与存款利率、收入水平之间呈线性相关，于是就可以建立一个二元线性回归模型。类似，如果一个因变量与多个自变量之间呈线性相关关系，就可以建立多元线性回归模型。本节只讨论二元线性回归模型问题。

（一）二元线性回归模型

设 x_1, x_2 与 y 之间呈线性相关，则回归模型的基本形式是：

$$\hat{y} = b_0 + b_1 x_1 + b_2 x_2 \tag{12-9}$$

其中 b_0, b_1, b_2 是待定参数。

取 x_1, x_2 与 y 的 n 组观察值 $(x_{1i}, x_{2i}, y_i)(i=1,2,\cdots,n)$，利用最小平方法（最小二乘法），令：

$$\sum_{i=1}^{n}(y_i - \hat{y}_i)^2 = 最小,$$

可得标准方程组：

$$\begin{cases} \sum y_i = nb_0 + b_1 \sum x_{1i} + b_2 \sum x_{2i} \\ \sum x_{1i} y_i = b_0 \sum x_{1i} + b_1 \sum x_{1i}^2 + b_2 \sum x_{1i} x_{2i} \\ \sum x_{2i} y_i = b_0 \sum x_{2i} + b_1 \sum x_{1i} x_{2i} + b_2 \sum x_{2i}^2 \end{cases} \tag{12-10}$$

解方程(12-10)，求出 b_0, b_1, b_2，代入回归模型 $\hat{y} = b_0 + b_1 x_1 + b_2 x_2$，即为所求。

（二）对回归模型的评价

常常用估计标准误差 S_y 来评价所求得的回归模型的准确性。

$$S_y = \sqrt{\frac{\sum_{i=1}^{n}(y_i - \hat{y}_i)^2}{n-3}} \tag{12-11}$$

估计标准误差的值愈小,则回归模型的准确性愈高;估计标准误差的值愈大,则回归模型的准确性愈低。估计标准误差的值过大时,就需要考虑建立其他类型的回归模型或重新判断变量间的相关性。

(三) 应用举例

例4 为了研究某种产品的销售额受人口数和广告费支出两个因素影响的情况,在某省选择 10 个县城,在各个县城中分别选取一个居民社区,调查某一个月的上述三个变量的数据,得到如下资料:

社区编号	销售额 y(百万元)	人口数 x_1(百人)	广告费 x_2(千元)
1	27	46	18
2	26	46	15
3	25	44	16
4	23	45	15
5	23	42	14
6	25	44	15
7	24	45	16
8	25	44	16
9	26	46	16
10	24	46	17

试建立这种商品的销售额与人口数、广告费支出之间的线性回归模型。

解:设所求模型为: $\hat{y} = b_0 + b_1 x_1 + b_2 x_2$,

计算可得, $\sum_{i=1}^{10} x_{1i} = 448$, $\sum_{i=1}^{10} x_{2i} = 157$, $\sum_{i=1}^{10} x_{1i}^2 = 20\,086$, $\sum_{i=1}^{10} y_i = 248$, $\sum_{i=1}^{10} x_{1i} x_{2i} = 7041$, $\sum_{i=1}^{10} x_{1i} y_i = 11\,119$, $\sum_{i=1}^{10} x_{2i}^2 = 2477$, $\sum_{i=1}^{10} x_{2i} y_i = 3900$, $n = 10$。

将上述数据代入标准方程组(12-10),得:

$$\begin{cases} 248 = 10 b_0 + 448 b_1 + 157 b_2 \\ 11\,119 = 448 b_0 + 20\,086 b_1 + 7041 b_2 \\ 3900 = 157 b_0 + 7041 b_1 + 2477 b_2 \end{cases}$$

解得: $b_0 = 1.6$, $b_1 = 0.423$, $b_2 = 0.27$。

于是得到回归直线方程: $\hat{y} = 1.6 + 0.423 x_1 + 0.27 x_2$

利用该回归直线方程,还可以在给定某一人口数、广告费支出数量时,估计该产品的销售额(理论值)。

二、曲线回归模型

当各个散点大体分布在一条曲线上时,则应建立曲线回归模型。曲线回归模型可以直接用最小平方法求解,也可以通过变量代换将一部分曲线模型化为线性模型求解。

这里介绍通过变量代换方式将曲线模型化为线性模型求解的方法,求解步骤是:
(1) 根据散点的分布特征判断可以配合的曲线类型;
(2) 选择相应的曲线函数通式(含待定参数);
(3) 作变量代换,将曲线模型转化为线性模型,并利用最小二乘法求出待定参数;
(4) 将所求参数代入原曲线回归模型即为所得。

例如,如果某两个变量之间呈指数曲线相关,于是,由指数曲线的基本函数式,可以设定指数模型为:

$$\hat{y} = ae^{bx}$$

两边取对数,有:$\ln\hat{y} = \ln a + bx$

做变量代换,取:$y' = \ln y, A = \ln a$

于是,可以得到线性回归模型:$\hat{y}' = A + bx$

再代入标准方程组,求出 A 和 a,以及 b,将 a 和 b 代入原来的指数模型即为所求。

由于篇幅所限,关于曲线回归模型求解的具体方法与实例这里不做具体介绍,请读者查阅数理统计方面的书籍。

本节中数据计算量较大,读者可以使用 Excel 或 SPSS 等统计软件计算。

拓展阅读:

女性服饰心理与文化价值观相关分析

本文是《重庆市女性特质及素质调查》研究课题的成果之一。

一、问题的提出

服饰是一个民族精神与文化的象征,也是一个民族个性的表征。

文化价值观与服饰心理有着密切联系。首先,当人们认为时尚能满足自己的社会需要时,就会产生相应的动机趋向于选择时尚服装。其次,生活态度是人们对生活的看法在行为中的表现,一个人的生活态度直接影响他的服饰选择。

二、研究方法

调查采取系统抽样法、相关分析法、回归分析法,以重庆市的女性为被试。

三、结果与分析

(1) 重庆市女性服饰心理。表 1 表明了女性服饰三大特点:时尚、优雅和性感。首先,时尚是多数人服饰穿着过程中存在的心理现象。经济发展是重庆女性着装时尚的关键。其次,服装与个性有直接关系,女性穿着个性心理的体现,主要为在同一服饰层次上以不同的形式表现出个性。

表1 重庆女性服饰情况

选项	主 要 特 点					次 要 特 点				
	时尚	优雅	性感	漂亮	多样	鲜艳	独特	怪异	中性化	男性化
百分数	68.4	34.8	33.5	32.9	31.5	29.8	24.6	9.8	3.6	1.0
人数	539	274	264	259	248	235	194	77	28	8
排名	1	2	3	4	5	6	7	8	9	10

(2) 重庆市女性文化价值观选择情况。表2表明,重庆女性最感兴趣的三种文化为现代文化、民族民间文化和经典文化,其次为古代文化、通俗文化和全球共同文化。服装审美文化不仅具有现代性,也具有民族性。

表2 你最感兴趣的三种文化是

选项	主 导 文 化			中 庸 文 化			非 主 流			
	现代	民族民间	传统经典	古代	通俗	全球	异国	后现代	前卫	宗教
百分数	53.2	47.9	47	43.2	27.3	24	19.2	8.5	8.9	8.9
人数	419	377	370	340	215	189	151	67	70	70
排名	1	2	3	4	5	6	7	8	9	9

(3) 女性服饰心理与价值观的关系。表3表明,女性服饰心理和文化价值观存在显著相关,只在一些选项上相关不显著。购买服饰三大首要考虑因素时尚、优雅、性感与现代文化,民族民间文化两大主流文化存在极其显著正相关。与传统经典文化相关不显著。

表3 重庆市女性服饰风格与文化价值观相关性研究

选项	古代	现代	后现代	民族民间	传统经典	通俗流行	异国	全球	宗教	前卫
时尚	−0.096	0.074	−0.096	0.100	0.055	0.049	−0.071	0.082	−0.47	0.001
优雅	−0.067	0.108	−0.003	0.186	−0.042	−0.125	−0.024	0.195	−0.135	−0.078*
鲜艳	−0.115	−0.117	−0.089	−0.075	−0.019	0.011	0.070	−0.133	0.098	−0.038
性感	0.038	−0.068	0.024	−0.083	0.016	0.042	0.043	−0.059	0.043	0.014
多样	0.016	0.011	−0.148	−0.087	0.106	0.075	0.072	−0.029	−0.020	
怪异	−0.093	−0.103	0.053	0.018	0.018	−0.020	0.100	−0.065	0.062	−0.043

续表

选项	古代	现代	后现代	民族民间	传统经典	通俗流行	异国	全球	宗教	前卫
漂亮	-0.076	-0.059	0.009	-0.033	0.142	0.086	-0.087	0.011	0.028	-0.047
独特	-0.112	-0.051	-0.016	0.148	-0.119	-0.020	-0.084	0.127	0.091	0.049
中性	0.082	-0.054	-0.009	-0.006	0.011	0.005	0.011	0.020	-0.036	-0.012
男性	0.014	-0.032	0.014	-0.021	0.031	-0.034	0.015	-0.027	-0.032	-0.032

四、结语

（1）现代文化与时尚显著正相关，与优雅极其显著正相关与鲜艳极其显著负相关，与怪异显著负相关。现代文化与个性极其显著负相关。喜欢前卫文化者不太关注服饰实用性，却非常关注服饰能否彰显个性。

（2）民族文化与时尚非常显著正相关，与优雅非常正相关。与鲜艳显著负相关，与多样显著负相关，与性感显著负相关，与独特非常显著正相关。时尚中融入了越来越多的民族特色，或者说无法摆脱民族文化的影响，民族文化本身就是一种时尚。各国服装设计师纷纷从民族文化中汲取灵感。

（3）传统经典文化与重庆女性穿着主要特点无显著相关，经典的就是永恒的，但经典的不一定时尚。

（摘自王雪梅发表的相关文章）

习题十二

1. 什么是相关关系？为什么呈相关关系的变量间不能用函数式表示？试举出你周围呈相关关系的实例。
2. 试说明相关系数的含义及其基本性质。
3. 为什么说回归模型只能近似说明相关变量间数量上的对应关系？
4. 试说明估计标准误差的基本作用。
5. 某工业企业有关数据如下表：

月 份	产量（千件）	单位成本（元/件）	月 份	产量（千件）	单位成本（元/件）
1	2	73	4	3	72
2	3	73	5	4	69
3	4	71	6	5	68

要求：(1) 建立单位成本对产量的回归直线方程；
(2) 求解当产量每增加 1000 件，单位成本平均下降多少元？

6. 在某地区作水稻种植试验，得到施肥量与粮产量间有如下数量对应关系：

施肥量 x(百公斤)	2	3	4	5	6
粮产量 y(百公斤)	9	9	10	14	15

要求：(1) 建立粮产量 y 对施肥量 x 的回归方程；
(2) 据上述回归方程估计施肥量为 7 百公斤时的粮产量。

7. 某地区固定资产投资额与国内生产总值 GDP 值之间的关系如下：

年 份	2006	2007	2008	2009	2010	2011	2012	2013	2014
固定资产投资额 x(千万元)	65	71	78	82	87	90	89	96	98
GDP y(百亿元)	39	45	49	56	58	63	64	72	81

上述指标值都剔除了价格变化的影响。要求：
(1) 试求 GDP 与固定资产投资额之间的线性回归模型；
(2) 求固定资产投资额为 98 千万元时 GDP 的理论值，并说明理论值与表中的实际值为什么会有差异。

8. 某地区粮食产量如下表：

年 份	2009	2010	2011	2012	2013	2014
粮产量(百万吨)	85.6	91.0	96.1	101.2	107.0	112.2

要求：(1) 试用对称性编码简捷法求粮食产量的趋势直线方程；
(2) 预测 2016 年的粮食产量。

9. 某企业 2010—2014 年间固定资产存量与年产值间的数据如下（单位：百万元）

年 份	2010	2011	2012	2013	2014
固定资产存量	2	3	4	5	6
年产值	9	9	10	14	15

上述指标值都剔除了价格变化的影响。
要求：(1) 利用相关图判断年产值与固定资产间的相关形式；
(2) 计算估计标准误差。

第十三章　决策分析方法

第一节　决策概述

一、决策的定义

所谓决策（Decision Making），也就是做出决定，是人们在一定的标准要求下，为实现特定目标而选择一个最佳行动方案的过程。

决策是人们或社会组织经常要采取的一种行为，在社会经济活动领域是一种十分普遍的现象。例如，就个人来讲，到底购买哪一种品牌的手机、在多条旅游线路中到底选择哪一条；就一个企业而言，是否开发某种新产品、在筹资中是从银行贷款还是发行债券或发行股票；法庭就某一个案件，要根据案情并依照相关法规，就被告和原告所应该承担的法律责任作出判断；就一个地方政府而言，如何将有限的财政收入在教育、卫生、基础设施建设、文化、科技等各个公共支出领域进行合理分配；就中央政府而言，如何在就业、经济增长、通货膨胀之间进行权衡，为控制房地产价格是采取房产税手段、限购手段，还是直接设置价格限制，等等。

以赫伯特·西蒙（Herbert Alexander Simon）等为代表的一批管理学家，把第二次世界大战以后发展起来的系统理论、运筹学、计算机科学等综合运用于管理决策问题，形成了一门有关决策过程、准则、类型及方法的较完整的理论体系，由此形成了决策管理学派。西蒙对组织决策理论的研究是开创性的，其理论已渗透到管理学的不同分支，成为现代企业经济学和管理学的理论基石。西蒙因为在管理决策领域的杰出贡献，于1978年获诺贝尔经济学奖。

二、决策的基本要素

根据决策过程实施的情况，可以将决策分为如下要素：

一是决策者,即决策的主体,即由谁来做出决策。决策者可以是个人,也可以是一个组织如一个决策委员会、董事会、市长办公会等。

二是决策目标,即决策者要达到的目的。决策是围绕着目标展开的,决策的开端是确定目标,终端是实现目标。决策者要达到的目的可以是一个目标,也可以是多个目标相互协调,统筹兼顾。如企业经理层在决策时,可以是以利润最大化为目标;地方政府在招商引资的决策中,既要考虑到经济增长、增加税收、促进就业,还要考虑到环保问题,是一个多目标决策。

三是状态,或自然状态,是指不受决策者主观愿望和决策行为影响的各种环境条件。如一家企业要决定是否到某一个地区投资设厂,除了考虑当地政府提供的税收优惠条件外,还要考虑原材料来源、产品市场定位、配套企业、交通运输条件、能否招到熟练工人、能源供给等多方面的情况。

四是备选方案。在决策过程中至少要有两个方案可供比较、选择,如果只有一个方案,就不存在决策的问题。

五是决策结果,即选择最满意的方案。根据决策的准则对多个方案进行权衡分析,然后找出最佳方案,付诸实施。

六是对方案的再评价,对选定的方案在实施过程中进行追踪、检查和评价,发现问题及时反馈,并采取控制措施,修正决策,使决策方案实现预定的目标。

三、决策前提

决策的前提可以分为事实前提和价值前提两个方面。

事实前提是指决策的客观前提条件,它是先于决策而存在的客观事实。决策者如果不考虑或忽视事实前提,决策结果必然会出现错误。

价值前提是指决策的价值前提,是对决策方案的一种主观价值判断,带有决策者的主观色彩。价值前提还会影响到对事实前提的看法。对同一决策问题,不同决策者会带有不同的价值色彩,就会得出不同的决策结论。如一个化工厂投资建厂方案,有人只是注意到了经济效益而赞同,而另外有人可能考虑到化工生产对环境的破坏而反对。

四、决策的类型

对决策可以从不同的角度予以分类。

(一) 按决策的主体不同,分为个人决策和集体决策

个人决策是由决策者凭借个人的智慧、经验及所掌握的信息进行的决策。决策速度快、效率高是其特点,适用于常规事务及紧迫性问题的决策。个人决策的最大缺点是带有主观和片面性,对全局性重大问题不宜采用。

集体决策是指由若干成员组成的机构,通过集体协商来进行决策。如市政府对城市

管理事务进行决策，就可以通过市长办公会来做最后的决策，必要时邀请市政、城管等政府相关部门和有关专家列席会议。企业的董事会、经理会、职工代表大会等都是集体决策机构。集体决策的优点是能充分发挥集体智慧，集思广益，决策慎重，可以保证决策的正确性、有效性；缺点是决策过程较复杂，耗费时间较长。它适宜于制定长远规划、全局性的重大决策。

（二）按决策的影响范围和重要程度不同，分为战略决策和战术决策

战略决策是就决策单位的发展方向和发展远景做出的决策，是关系到决策单位发展的全局性、长远性、方向性的重大决策。它具有影响时间长、涉及范围广、作用程度深刻的特点，是战术决策的依据和中心目标。如对企业的经营方向、经营方针、新产品开发、人才计划等决策。

战术决策是指决策单位就某一项具体的行为或局部工作进行了决策。如企业原材料和机器设备的采购，生产、销售渠道开拓，激励政策的制定等属此类决策。战术决策要为战略决策服务。

（三）按照决策目标的个数多少可分为单目标决策和多目标决策

单目标决策只需满足一个决策目标即可；多目标决策则需要在多个目标之间求得平衡，这是一种复杂的决策。

（四）按决策的阶段可分为单阶段决策和多阶段决策

单阶段决策，又称单项决策，或静态决策，它所处理的问题是确定某个确定的时点的状态或某个时期总的结果。多阶段决策，又称序贯决策，或动态决策，是指要做出一系列相互关联的决策，且决策者关心的是这一系列决策的总的后果。

（五）按决策问题所处自然状态的条件分类可分为肯定性决策（Affirmative decision-making）和非肯定性决策（non-affirmative decision）

肯定性决策，又称确定型决策。它是指可供选择的方案中只有一种自然状态时的决策，即决策的条件是完全确定的。

非肯定性决策，又称非确定型决策。它是指所决策问题的自然状态在客观上存在一些不可控制的因素。根据对自然状态的了解程度，非肯定性决策又分为风险型决策（risk decision-making）和不确定型决策（uncertain decision-making）两种。风险型决策是指在可供选择的方案中，至少存在两种自然状态，但每种自然状态所发生概率的大小是可以估计的；不确定型决策是指在可供选择的方案中至少存在两种自然状态，而且，这些自然状态所发生的概率是无法估计的，完全随机的，决策过程主要依靠决策者的经验、智慧和风格。

五、决策步骤

按照西蒙的观点,决策是一个过程,可以分为四个阶段:

第一阶段是情报活动阶段,主要任务是收集与决策问题相关的各种信息,了解事实前提和价值前提,明确应有状态和实际状态间的差距,界定问题,确定决策目标;

第二阶段是方案设计活动阶段,主要任务是设计出至少两个有可能达到决策目标的备选方案;

第三阶段是方案选择阶段,从前述多个备选方案中选择一个最符合某种决策标准的方案,实际上也就是决策阶段;

第四阶段是方案实施中的再审查与控制阶段,即对已经选定的方案进行再评价,观察其实施效果,发现决策执行的偏差,以便采取措施对决策进行控制。

第二节　不确定条件下的决策方法

前面讲到,决策可以分为肯定性决策和非肯定性决策,而非肯定性决策又分为不确定型决策和风险型决策。

肯定性决策面对多个备选方案,根据决策目标选择一个最有利的方案,这常常是一个数学规划问题,经常用到运筹学中的一些方法。

在不确定型决策中,决策者只知道事件可能出现的各种自然状态,但又无法确定各种自然状态可能发生的概率大小。这种决策基本上取决于决策者的经验、判断和估计,其决策准则带有一定的主观色彩,依据不同的决策准则,对同一问题,可能会作出不同的决策结论。本节只讨论不确定条件下的决策问题,下节讨论风险型决策问题。

在不确定型决策中,决策者常用的决策准则有如下五种:

一、合理性准则(reasonable standard)

合理性准则,又称为等可能性准则。其使用条件是,当各种状态出现的可能性大小相等时使用。

决策原则:对收益类(收入、利润等)决策变量,选择其数学期望值(决策变量的平均值)最大的方案;对耗损类(成本、损失等)决策变量,选择其数学期望值(决策变量的平均值)最小的方案。

例1　某种产品在今后三年内的市场需求量有高、中、低和无(失败)四种状态,公司有三套方案应对,相应的年利润值如表13-1,试利用合理性准则求最佳投资方案。

表 13-1　决策矩阵表　　　　　　　　　　　　　　　　　单位：万元

需求（自然状态）		年利润值 x			
		需求量高 x_1	需求量中 x_2	需求量低 x_3	失败 x_4
备选方案	扩充原生产线 A_1	6000	4000	−2000	−5800
	建立新生产线 A_2	8000	5000	−4000	−7000
	转包 A_3	4000	2600	−1000	−2000

解：利用算术平均数公式求解各种方案下的平均年利润，将各个方案中不同市场条件下的年利润值代入下式：

$$\bar{x} = \frac{\sum_{i=1}^{n} x_i}{n}$$

得到各种方案的平均年利润值分别是：

扩充原生产线：550 万元；建立新生产线：−250 万元；转包：900 万元。

在合理性决策准则下，要选择平均年利润最大的方案，即选择"转包"作为最佳投资方案。

二、"最大最大"准则（max-max standard）

又称乐观性准则，指决策者采取冒进乐观的态度，愿意争取一切机会获得最好结果。"最大最大"准则的决策步骤是，从每个方案中选一个最大收益值，再从这些最大收益值中选一个最大值，与该最大值对应的方案便是最优方案。

例 2　某企业有三种产品的生产方案，不同方案在不同市场条件下的年利润值如表 13-2，但由于受到生产条件和资金的限制，只能投资生产其中一种产品，要求用最大最大准则作出决策，决定生产哪种产品为好。

表 13-2　决策矩阵表　　　　　　　　　　　　　　　　　单位：百万元

利润＼状态＼方案	销售好	销售一般	销路差	$\max\{a_{ij}\}$
产品 A_1	40	20	10	40
产品 A_2	50	22	13	50
产品 A_3	60	30	18	60
		$\max\{\max[a_{ij}]\}=60$		60

解：三种产品生产方案 A_1、A_2、A_3 的最大收益值（年利润）分别是 40、50、60，与其中最大收益值 60 对应的生产方案是 A_3，即在最大最大决策准则下，选择第三种生产方案为最优方案。

三、"最大最小"准则（max-min standard）

又称悲观决策准则。当决策者认为形势不容乐观，在未来发生的各种状态中，最坏状态出现的可能性较大，于是为稳妥起见，从最坏结果着想做出决策，于是采取"最大最小"准则。"最大最小"准则的决策步骤是，先从各方案中选一个最小收益值，再从这些最小收益值中选出一个最大收益值，与这个最大收益值对应的方案便是最优方案。这是在各种最不利的情况下又从中找出一个最有利的方案。

例 3 某种产品在三种不同的市场需求条件下各种生产方案的年利润如表 13-3，试用最大最小标准，就采取哪种生产方案作出决策。

表 13-3 决策矩阵表 单位：万元

利润\状态 方案	需求量较高 S_1	需求量一般 S_2	需求量较低 S_3	min $\{a_{ij}\}$
技术改造 A_1	650	400	200	200
转包 A_2	620	360	380	360
合资 A_3	500	430	250	250
决策		max{min[a_{ij}]}		360

解：三种产品生产方案 A_1、A_2、A_3 的最小收益值（年利润）分别是 200、360、250，与其中最大收益值 360 对应的生产方案是 A_2，即在最大最小决策准则下，选择第二种生产方案"转包"作为最优方案。

四、"最小最大"遗憾值准则（min-max regretful standard）

最小最大遗憾值准则，又称最小机会损失准则，或最小最大悔惜原则，由萨万奇（Savage）发明，它选用遗憾值（又称后悔值）作为衡量标准。

在决策时，先找出每个方案在各种自然状态中的最大收益值，然后建立遗憾值矩阵，其中遗憾值是指每一个方案在不同状态下的收益值与该状态下最大收益值之差，然后从各个方案的一组最大遗憾值中选择与最小遗憾值对应的那个方案作为最优方案。

"最小最大"遗憾值准则是利用机会成本的概念来进行决策。决策首先要计算机会损失(遗憾值)矩阵,机会损失的概念是,当一个事件发生时(如已经找到了一份月薪6000元的教师岗位),由于你没有选择最优决策(找到一份月薪10 000元的银行岗位)而带来的收入损失,这个损失值就是遗憾值。因此,该决策准则又称为最小机会损失准则。

在最小最大遗憾值准则下,决策的具体步骤是:
(1) 找出各种市场需求(状态)下的最大盈利;
(2) 计算各种市场需求(状态)下的遗憾值,列出遗憾值表:
　　　　某种状态下遗憾值＝该状态下最大盈利－该状态下的盈利;
(3) 找出各方案的最大遗憾值;
(4) 从几个最大遗憾值中找出与最小遗憾值对应的方案即为所求。

例4 试对例3中的有关数据,用"最小最大"遗憾标准求最佳决策方案。
解:三种状态下的最大盈利值分别是:

状 态	需求量较高	需求量一般	需求量较低
最大盈利	650	430	380

于是得到遗憾值表如下:

表13-4　决策矩阵表　　　　　　　　　　　　单位:万元

利润＼状态＼方案	需求量较高 S_1	需求量一般 S_2	需求量较低 S_3	min $\{a_{ij}\}$
技术改造 A_1	650－650＝0	430－400＝30	380－200＝180	180
转包 A_2	650－620＝30	430－360＝90	380－380＝0	90
合资 A_3	650－500＝150	430－430＝0	380－250＝130	150
决策		min$\{$max$[a_{ij}]\}$		90

各个方案的最大遗憾值置于表中最右侧,其中最小的遗憾值是90,与90对应的方案是"转包",即在最小最大遗憾值决策准则下,选择"转包"作为最优决策方案。

需要注意的是,对同一问题采用不同的决策准则进行决策,最后得出的结果可能会有所不同。

五、"现实主义"准则(realistic standard)

"现实主义"准则又称Harwicz决策标准、乐观系数决策法或折衷决策法,它是介于悲观决策与乐观决策之间采取的一种折衷态度的决策准则。

首先选择一个决策系数 $\alpha(0 \leqslant \alpha \leqslant 1)$,用于衡量对乐观的估计程度,再计算每一个决策

方案 A_i 下的加权平均收益 cv_i：
$$cv_i = \alpha \times 最大收益值 + (1-\alpha) \times 最小收益值，$$
则 α 愈接近 1，表明乐观程度愈高；α 愈接近 0，则悲观程度愈高。

最后，选取与最大的加权平均收益值 cv_i 对应的那个方案为最优方案。

例 5 试利用例 1 中的有关数据，按"现实主义"准则就投资方案作出决策。

表 13-5　决策矩阵表　　　　　　　　　单位：万元

需求（自然状态）		年利润值 x（单位：万元）				平均收益 cv_i
		需求量高 x_1	需求量中 x_2	需求量低 x_3	失败 x_4	
备选方案	扩充原生产线 A_1	6000	4000	−2000	−5800	
	建立新生产线 A_2	8000	5000	−4000	−7000	
	转包 A_3	4000	2600	−1000	−2000	

解：如果决策者对未来的市场需求比较乐观，可取 $\alpha=0.7$；如果决策者对未来的市场需求比较悲观，可取 $\alpha=0.4$。下面以取 $\alpha=0.7$ 为例做决策，

扩充原生产线的平均收益：$cv_1=0.7\times6000+0.3\times(-5800)=2460$（万元）

建立新生产线的平均收益：$cv_2=0.7\times8000+0.3\times(-7000)=3500$（万元）

转包的平均收益：$cv_3=0.7\times4000+0.3\times(-2000)=2200$（万元）

结果发现，与最大的平均收益值 3500 对应的方案是"建立新生产线"，因此，在 $\alpha=0.7$ 的决策系数下，"建立新生产线"为最优决策。

决策者所选择的决策系数大小不同，决策结果会有所不同。读者可以在其他决策系数下作出决策。

从上述例 1 至例 5 可以看出，在不同的决策准则下，会有不同的最优方案，这是因为不同方法的决策准则的侧重点有所不同。

第三节　风险型决策方法

风险型决策又称随机型决策，它是指决策者已知各种自然状态可能出现的概率时所进行的决策。风险型决策和不确定型决策都属于非肯定性决策。

风险型决策中的概率可以是客观概率，也可以是主观概率。客观概率是根据各个状态在过去或现在的表现所确定或计算出来的该状态出现的概率。主观概率是由决策者根据经验，对各种状态出现的概率大小的一种主观判断。

在决策理论的发展过程中，选择风险型决策方案的标准有许多，但应用最多的是最优

损益期望值标准,或简称损益期望值标准。损益期望值标准就是根据不同自然状态下的概率,计算出各种方案的期望值,以此为标准,选择收益最大或损失最小的决策方案作为最佳决策方案。

风险型决策的决策分析方法很多,这里只介绍决策表分析法和决策树分析法。

一、决策表分析法

决策表分析法就是通过有关表格,计算出各种方案的收益(损失)期望值,然后通过比较,按照最优期望值标准选择最佳决策方案,根据变量值性质,具体分为最大期望收益决策法和最小期望损失决策法。下面以一个实例说明决策表分析法的应用。

例6 某农场要从两种农作物中选择一种供下一年种植。根据近几年的经验,如果该年雨水多,种植农作物甲可获利润80万元,而种植农作物乙则要损失25万元;如果该年的雨水少,种植农作物甲会亏损30万元,而种植农作物乙则可获利120万元。根据往年的气象统计资料,该地区雨水多的概率是0.6,雨水少的概率是0.4,试问该农场种植哪种农作物较为合适?

解: 根据题意构造最大期望收益决策表如下:

利润 方案 \ 状态 概率	雨水多 0.6	雨水少 0.4	期望收益值
种农作物甲	80	−30	36
种农作物乙	−25	120	33

种植农作物甲的期望收益值是:$80 \times 0.6 + (-30) \times 0.4 = 36$(万元)

种植农作物乙的期望收益值是:$(-25) \times 0.6 + 120 \times 0.4 = 33$(万元)

由此可见,种植农作物甲的期望收益值较大,故该农场应该选择种植农作物甲。

根据最小期望损失值标准构建决策表的方式与最大期望收益决策表相同,只需将表中的"收益"两字改为"损失"两字,并取期望损失值最小的方案为最佳方案。

二、决策树分析法

决策树(*decision tree*)分析法是把决策过程图解化的一种随机决策方法,尤其适用于多阶段决策过程。决策树,又称决策图,是以方框和圆圈为节点,由直线连接而形成的一种树枝形状的结构。

在决策过程中,先画出决策树图。将决策点画在最左边方框中,从该点引出几条粗线

(称为方案枝),每个方案枝代表一个方案;各方案枝末端画一圆圈,称为状态点,表示从此点开始要按照客观状态的不同而分出一些细分枝,并且常在圆圈内写上该方案的代号;从状态点按客观状态的多少引出几条线,称为概率枝,并在该枝上写上该状态的概率值和状态名称;状态枝的末梢写上该方案在该状态下的损益值。在决策树画出来之后,计算各个方案枝下收益值的数学期望(平均收益值),取期望收益值最大的方案为最佳方案。

在进行决策时,其步骤是由右向左的计算过程。先根据最右方的损益值计算出各方案的期望值,并将其写在状态点的上方,然后比较各方案的期望值的大小,将收益期望值最大(或损失期望值最小)的方案作为最佳决策方案。

例 7 某电子企业生产的某种电子器件共有三种生产方案,不同市场行情出现的概率和不同生产方案下的年利润值如表 13-6:

表 13-6 产品批量决策表　　　　　　　　　　　　　　　单位:百万元

利润＼状态＼概率＼方案	销路好	销路一般	销路差
	0.3	0.5	0.2
A_1(大批量生产)	20	12	8
A_2(中批量生产)	18	14	10
A_3(小批量生产)	12	10	5
决策	\multicolumn{3}{c}{$\max\{\min[a_{ij}]\}$}	

试问该企业采取哪种生产方案比较合适?

解:按照题意,画决策树如图 13-1:

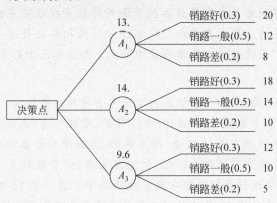

图 13-1 决策树图

计算这三个生产方案的平均年利润值：

A_1（大批量生产）下：平均年利润值$=20\times0.3+12\times0.5+8\times0.2=13$。

A_2（中批量生产）下：平均年利润值$=18\times0.3+14\times0.5+10\times0.2=14$。

A_3（小批量生产）下：平均年利润值$=12\times0.3+10\times0.5+5\times0.2=9.6$。

由此可知，A_2方案下的期望值14最大，故选择第二种生产方案即采取中批量生产方式。

本例是一个单阶段决策，还看不出决策树分析法的优势所在。但在多阶段决策中，决策树分析法是一个非常有效的方法。

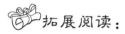拓展阅读：

赫尔伯特·西蒙：管理决策理论的创始人

赫尔伯特·西蒙(Herbert Simon)，1916年生于美国威斯康星州密尔沃基市，是20世纪美国最著名的管理学大师之一。西蒙曾先后在加利福尼亚大学、伊利诺工业大学和卡内基—梅隆大学任计算机科学及心理学教授，并担任企业界和官方的多种顾问。西蒙学识渊博，在管理学、经济学、心理学、组织行为学、政治学、社会学、计算机科学等领域都有很深的造诣，先后共获得政治学、法学、哲学和经济学等学科的9个博士头衔，堪称社会学科领域的通才。

1978年，由于他在决策理论研究方面的突出贡献，西蒙被授予诺贝尔经济学奖，这是迄今为止管理学界唯一的诺贝尔经济学奖获得者。瑞典皇家科学院认为，西蒙有关组织决策的理论和意见，应用到现代企业和公共管理所采用的规划设计、预算编制和控制等系统及其技术方面中，效果良好，已成功地解释或预示公司内部信息和决策的分配、有限竞争情况下的调整、选择投资各类有价证券投资和对外投资投放国家选择等多种活动。瑞典皇家科学院指出"他的名字主要是与经济组织中的结构和决策这一相当新的经济研究领域联系在一起的"，"现代企业经济学和管理研究大部分都基于西蒙的思想"。

一、管理就是决策

作为管理决策理论的创始人，西蒙最先提出了管理的决策职能，并建立了系统的决策理论。在西蒙的众多学术著作中，出版于1947年的《管理行为》是其决策理论的重要代表作。在该书中，西蒙在吸收了系统理论、行为科学、运筹学和计算机科学等学科研究成果的基础上，把决策提升到管理的核心地位，创造性地提出"管理就是决策"的经典命题，从而为分析复杂组织的管理行为提供了一套系统的科学工具。在20世纪70年代，决策学派形成了一个独立的管理学派，赫伯特·西蒙是决策学派的主要代表人物。

决策理论学派的理论基础是经济理论，特别是消费者抉择理论，即在一定的"合理性"前提下，通过对各种行为的比较和选择，使总效用或边际效用达到最大。因此，它们也是决策理论学派的主要决策对象。

二、基于"有限理性"的管理者及决策模型

相对于古典经济学理论的"完全理性"论说，西蒙将"有限理性"作为管理决策理论的核心概念和根本前提。在古典经济学理论中，参与经济活动的主体被认为是完全理性的，他们趋向于采取最优策略，即以最小代价取得最大收益。西蒙认为，人的认知能力的有限性以及所处环境的复杂性，决定了事实上的完全理性是无法做到的。

在《人类的认知——思维的信息加工理论》一书中，西蒙从人类的认知系统角度对"有限理性"进行了深入论述。西蒙指出，由于思维过程表现为一种串行处理或搜索状态，同一时间内考虑的问题是有限的，从而也限制了人们的注意广度以及知识和信息获得的速度和存量。与此相适应，注意广度和知识范围的限制又引起价值偏见和目标认同，而后者反过来又限制人们的注意广度和知识信息的获得。因此，决策的合理性理论必须考虑人的认知限制、动机限制及其相互影响的限制，即所探讨的应当是有限的理性，所考虑的人类选择机制也应当是有限理性的适应机制，而不是完全理性的最优机制。

当然，西蒙也批判了关于理性的另一个极端：由弗洛伊德开始的试图把所有人类的认知活动都归因于情感支配的非理性认识论。西蒙强调，组织成员的行为如果不是完全理智的，至少在很大程度上是符合理性的，情感的作用并不支配人的全部。

基于"有限理性"和"满意解原则"，西蒙从现实的角度提出了"有限理性决策模式"，认为作为决策者的人是介于完全理性与非理性之间的"管理人"，而非传统的完全理性的"经济人"。

在实际决策中，决策者的"有限理性"表现为其知识、信息、经验和能力都是有限的，既无法寻找到全部备选方案，也无法完全预测全部备选方案的后果，因此无法在多种多样的决策环境中选择最优的决策方案，而只能以找到"满意解"为目标，因为他根本没有选择的余地。

三、基于决策过程来理解和重构组织

在决策理论研究的基础上，西蒙对传统组织理论所推崇的一些组织原则进行了批评，并进一步发展了现代组织理论。西蒙认为，在传统组织理论中，诸如统一指挥与专业分工、管理幅度与管理层次等原则是彼此矛盾的，因而对于究竟哪一种组织原则最为有效，传统组织理论也无法回答。对此，西蒙明确指出，传统组织理论一个很大的不足，就在于他们忽视了对组织决策问题的研究。组织是一个决策系统，有效的组织应以正确的决策为基础。西蒙和马奇在《组织》一书中，将"决策人"作为一种独立的管理模式，即认为组织成员都是为实现一定目的而合理地选择手段的决策者。

西蒙特别强调现代信息决策技术在决策过程中的重要作用。在《管理决策新科学》一书中，西蒙系统总结了计算机在企业管理中的应用，特别是计算机在高层管理及组织结构

中的应用。由于信息联系存在于决策从一个组织成员传递给另一个成员的任何过程，西蒙认为，决策者的关键任务不是去产生、储存或分配信息，而是对信息进行过滤、加工和处理，影响决策质量的最重要因素不是决策者是否能够获取全部的信息，而是决策者处理相关信息的能力。为此，组织设计要有利于组织决策，以及为决策所必需的信息传递、信息处理工作。

另外，针对此前管理学中过于追求决策行为"价值中立"的偏颇，西蒙的一个创造性贡献还在于对决策过程中的事实要素和价值要素进行了方法论阐释，认为决策是一种"链式"反应过程，是一个不断由事实判断走向价值判断的过程。这种"手段—目的"的分析框架克服了以往经济学中的公平和效率、行政学中的政治与行政两分法对立状态，用二者的转化把它们统一起来，从而为组织决策中理性与道德的结合提供了理论依据。

（根据吴兴智在 2013 年 6 月 3 日《学习时报》上发表的同名文章改编）

习题十三

1. 试结合一个决策实例，说明该决策的几个基本要素。
2. 在决策过程中，事实前提和价值前提对决策分别会产生什么样的影响？
3. 试结合实际，分别举出肯定性决策、不确定型决策和风险型决策的实例。
4. 试比较分析不确定型决策中五种决策准则的使用条件和应用原则。
5. 某管理者在决策时有四种可供选择的方案，各种方案在不同市场行情下的利润指标值如下：

对应方案	年利润值（百万元）			
	需求量大	需求量中等	需求量低	完全没有市场需求
A	200	100	50	−25
B	150	100	40	−10
C	300	250	−20	−100
D	240	80	40	−50

试用本章介绍的五种决策方法找出最佳方案。

6. 某外贸公司的一批商品计划出口到 A_1、A_2、A_3 三个地区的海外市场销售，每一个海外地区在三种不同的市场条件下，该商品的销售额（单位：百万美元）如下页表所示：

利润\方案	状态 概率	畅 销 0.3	一 般 0.5	滞 销 0.2
A1		10	8	5
A2		14	9	−2
A3		12	7	4

试分别利用决策表法和决策树法判断该外贸公司的商品出口到哪个国家最为合适?

第十四章　博弈论基础

博弈论(Game theory)，又称对策论，是一种研究竞争性策略的有效工具，是现代数学的一个重要分支，在经济学、政治学、国际关系、计算机科学、政治学、军事战略、战略管理、社会管理、生物学等许多学科领域得到广泛的应用。

1994年，瑞典皇家科学院将诺贝尔经济学奖授予加利福尼亚大学伯克利分校的约翰·海萨尼(J. Harsanyi)、普林斯顿大学约翰·纳什(J. Nash)和德国波恩大学的赖因哈德·泽尔滕(Reinhard Selten)，以表彰这三位数学家在非合作博弈的均衡分析理论方面做出的开创性工作。到2014年的让·梯若尔(Jean Tirole)，共有七届诺贝尔经济学奖与博弈论的研究有关。

本章主要介绍博弈论的基本概念以及几种常用的博弈模型，结合案例对博弈论的相关理论做简单介绍。

第一节　博弈论概述

一、博弈的基本概念

在现实世界中，人与人之间的关系错综复杂，他们相互之间不断地争夺各种资源、机会。为了实现自身利益的最大化，每一个单独的决策人在行动时都在思考他人的行为对自身利益的影响，从而就形成了各个决策人之间的互动关系。博弈论便是研究这种互动关系，探索决策人互动过程的一般规律的学科。这里的决策人或决策主体，既可以是自然人，也可以是机构、组织、群体。

博弈在我们日常生活中无处不在，以经济生活中房地产行业的博弈来说明。自2015年上半年以来，随着降息、公积金贷款条件放宽、房地产市场外资准入限制放松等多项房地产利好松绑政策出台，房地产行业再一次站在了风口浪尖上。房地产行业的发展问题涉及多方主体，包括政府、购房者、房地产开发商、银行等。在当前房地产利好政策相继出台,但是房地产行业却销售下滑、库存激增这样一个大背景下,各方主体应该如何进行选择呢?

中央政府应该如何选择,是置之不理还是主动调控?购房者该如何进行选择,是盲目购房还是根据自己的实际情况量力而为?银行该如何选择,是减少贷款以维护自己的利益还是增加贷款支持房地产行业的发展?如何保证贷款安全?房地产开发商该如何选择,是创建优质产品还是偷工减料牟取暴利?在各方主体的选择中,必然会出现两方利益冲突的情况。比如说,如果在国家主动调控后,银行为了维护自己的利益还是继续选择减少放贷,就会让自己陷入麻烦中,所以对银行来说最好的办法就是根据国家宏观调控政策的变更而改变贷款策略。

事实上,房地产行业是一个涉及多个利益主体的多方博弈,在这个多方博弈中,所有的参与主体都在追求自身利益的最大化,政府是为了使宏观调控的效果得到最大程度的发挥;购房者是为了寻找以最低价购买房产和保证房产不贬值之间的平衡点;银行是为了在响应国家宏观调控的前提下实现自身效益的最大化;房地产开发商是为了赚取最大的正当利益。为了能实现自身利益最大化,决策人必须要综合考虑多种因素之间的关联及对自身利益的影响,从而做出一个最优选择。

在一次博弈中,必须具备四大基本要素:

(1) 参与者,又称局中人。在一次博弈中,必须要有两个及以上的参与者。参与者又被称作决策主体,即在博弈行为中做出决定、产生行为的个体。如果在一次博弈中没有参与者或只有一个参与者,那么博弈便不会成立。这就好比在市场交易中,只有买方没有卖方,或只有卖方没有买方,交易都不会达成。

(2) 利益。在博弈行为中,必须存在使得各个参与者都想要获取的利益。在商场中,买方的利益是花最少的钱或以同样的钱买更多的东西;卖方的利益是以最多的钱将东西卖出去。利益是一个抽象的概念,不单指钱,还可以是战争的胜利、荣耀等。参与者之所以参与到博弈中来,主要是为了获取更大的利益。利益越大,对参与者的吸引就越大,博弈的过程就越激烈。利益是一次博弈能够成立的首要前提,没有利益的存在,参与者就失去了参加博弈的动力和兴趣,博弈也就无法成立。

(3) 策略。在一次博弈中,参与者的策略也可以称作行为,也就是参与者根据自己所掌握的信息和自己做出的判断制定出的选择方案,并根据这个选择方案产生行为。在博弈行为中,参与者获取最大利益的关键就在于制定出一个正确的策略,即最优选择。例如,在下棋博弈中,获胜的关键就在于制定每一步的策略,即每一步棋该如何走。博弈也可以看作是各方之间策略的较量。罗伯特·约翰·奥曼[①]说过:"博弈,不过就是多方之

---

① 罗伯特·约翰·奥曼,经济学家,以色列耶路撒冷希伯来大学数学研究院教授,2005年因在博弈论研究中的卓越贡献获诺贝尔经济学奖。

间或双方之间的策略互动。"例如,在下棋的过程中,我们所要考虑的就是自己走完这一步后,对方会走哪一步,对方如果走那一步的话,自己又应该走哪一步,这样就形成了策略的互动。你的策略会影响对方的策略,而对方的策略又会反过来影响你的策略。由此可见,策略是博弈论的核心,关系着最后的成败得失。不仅是下棋、赌博甚至于战争中,每一步的选择都关系着最终的胜败输赢,因此,要想获得最终的胜利,就必须做出最优选择。

(4) 信息。如果说利益是博弈的目的,策略是博弈的核心,那么信息便是博弈的依据。在一次博弈中,参与者掌握的信息越多越全面,便越容易做出最优选择。正如同《孙子兵法》所言:"知己知彼,百战不殆。"在当今社会中,无论是商场还是战场,信息都占据着重要的地位,甚至能左右双方的输赢。在商场中,商业间谍被派出去侦察对手公司的商业机密;在战场上信息的重要性表现得更为突出,侦察卫星、侦察飞机等高科技手段在信息侦察上体现得淋漓尽致。由此,信息在博弈中的重要性可见一斑,也因此,信息可以被用来作为一种博弈手段。在"空城计"中,诸葛亮向司马懿传递出城中有大量伏兵的假信息,使得敌军不战而退,诸葛亮不费一兵一卒便取得了胜利。传递错误信息迷惑对方,声东击西,已经成为博弈中的常用手段。

以上便是博弈的四大要素,只有具备了这四大要素才能构成一次博弈,并且几乎所有的博弈都包含了这四大要素。此外,更复杂的博弈模型还会包含其他更复杂的要素,这里就不做具体介绍。

二、博弈的分类

依据不同的标准,博弈有不同的分类方式,本书主要根据三种分类方式对博弈进行分类。

(一) 根据博弈中是否存在具有约束力的协议,可以将博弈分为合作博弈和非合作博弈

合作博弈是指在博弈中由参与者协商确定一份双方都必须遵守的协议,参与者们在协议要求的范围内进行博弈。非合作博弈是指参与者在博弈过程中无法达成这样一个对所有人都具有约束力的合约。总体说来,合作博弈是在博弈过程中寻求使所有参与者的利益达到均衡的博弈;非合作博弈则是在博弈过程中寻求自身利益最大化,而不考虑他人利益的一种博弈。

在欧佩克(OPEC)出现之前,各石油产出国各自决定自己的产油数量和石油出口价格。为了获取最大的利益,各个石油出口国争相恶性降价、大肆增加产油量,导致石油价格大幅下降,竞争力下降,在西方石油公司面前显得不堪一击,反而使各石油出口国的利益受到损失。为了改变这种情况,1960年9月,以伊朗、沙特阿拉伯、科威特、伊拉克等主要产油国为首,成立了石油输出国组织——欧佩克。成员国遵循统一的石油政策,由欧佩克组织统一调度,将产油量和出口价格稳定在一个能获取最大利益的水平上。在欧佩克

组织成立之前,各石油出口国处于非合作博弈状态,它们为争取自己的最大利益而进行博弈,完全不考虑他人的利益;而欧佩克的成立就是一个典型的合作博弈,它解决了合作中如何分配利益的问题。所以这个例子便是一个由非合作博弈转化成合作博弈的典型案例,而这个转化的关键就是各参与方的利益。

(二)根据参与人做出选择、进行行动的先后顺序,可以将博弈分为静态博弈和动态博弈

静态博弈是指参与者同时进行选择,或者参与者虽非同时进行选择,但是后进行选择的参与者并不知道之前的参与者选择的结果,比如"石头、剪刀、布"游戏,便属于一个简单的静态博弈;动态博弈是指参与者进行博弈时有先后顺序,且后进行选择的人知道先进行选择的参与者的策略,并在此基础上制定自己的策略,比如下棋、打扑克等都属于动态博弈。

(三)根据博弈中参与者对信息的掌握程度,可以将博弈分为完全信息博弈和不完全信息博弈

完全信息博弈是指参与者对博弈中其他参与者的特征、利益以及可能采取的策略等有十分准确的了解;不完全信息博弈是指参与者对其他参与者的信息没有准确的了解,或者只是对个别参与者而不是对所有参与者的全部信息有准确的了解。

在股票和证券交易市场中,对于投资者来说,大的市场环境、所购买股票的具体情况以及其他投资者可能采取的行动对所有投资者都是公开的,在成熟的股票市场中,股市的博弈就是一场完全信息博弈;但是在不成熟的股票市场中,大机构投资者由于具有资金优势和技术优势,相对于散户来说,他们掌握了更多的信息,能够利用信息优势操纵价格,获取暴利。在价格低位时,大机构投资者和散户还是完全信息的静态博弈,而价格一旦上涨,其他投资者便揣测大机构投资者的心理价位,因为谁都明白,谁接了最后一棒,谁就会被套牢,却又担心出货太早,股价涨势未完而赚钱不多。在这种心态的支配下,往往总希望在价格更高一点时再卖,结果,大机构投资者早已在"障眼法"的掩护下出货了。股价一旦失去支撑,便会掉下来,这时,其他投资者想跑都来不及了。此时的博弈已演变为不完全信息的静态博弈。所以说,在博弈中,掌握信息的多寡决定着博弈的成败。

(四)根据博弈的结果,可以将博弈分为负和博弈、零和博弈与正和博弈

负和博弈是指博弈的所有参与者最后所得到的收益都不足以支付损失,并没有获得利益。战争就是典型的负和博弈,尽管在战争中有获胜方,但是交战时两军损失的人员和财产都是无法估算的,更不用说在战争中人们心灵上所受的创伤。零和博弈是指在博弈中一方获得利益,另一方受到损失,且利益和损失相等。比如赌博行为中,赢家获得的利益全部来自于输家的损失,这便是一场零和博弈。正和博弈也叫双赢博弈,是指所有的参与者都能获得收益,或者一方收益的增加并不会使其他参与者的利益受损,这种情况是最

理想的结果。

中国古代的政治家善于利用合作双赢策略,例如春秋战国时期,为了抵抗强大的秦国,苏秦便凭借三寸不烂之舌游说于各个小国之间,主张各国结成联盟,采取"合纵"策略,共同抵御秦国,这使这些小国家得以和平地生存了一段时间。

第二节 完全信息静态博弈与纳什均衡

一、囚徒困境

1950年和1951年,约翰·纳什的两篇关于非合作博弈论的重要论文,证明了非合作博弈及其均衡解,并证明了均衡解的存在性,即著名的纳什均衡。纳什的研究奠定了现代非合作博弈论的基石,后来的博弈论研究基本上都沿着这条主线展开。

完全信息静态博弈的两个最主要特征表现在完全信息和静态,即参与者在了解了所有信息后,在不知道其他参与者的选择结果的情况下进行策略选择的博弈。完全信息静态博弈的最优结果,即均衡结果,就是纳什均衡。

纳什均衡简单来说就是参与者根据博弈中其他人的策略制定自己的最优策略。所有参与者的策略构成一个策略组合,在这个策略组合中,参与者选择能给他带来最大收益的策略。因而,除非其他参与者进行策略调整,任何一个理性的参与者都不会主动改变自己的策略。这个时候,便达到了一种均衡,即"纳什均衡"。

用数学公式表达"纳什均衡"的定义:在博弈 $G=\{S_1,\cdots,S_n;u_1,\cdots,u_n\}$ 中,若在各个参与者的策略组合 $\{S_1^*,S_2^*,\cdots,S_n^*\}$ 中,任一参与方 i 的策略 S_i^* 对其他所有的参与者的策略组合 $\{S_1^*,\cdots,S_{i-1}^*,S_i^*,S_{i+1}^*,\cdots,S_n^*\}$ 都是最优策略,即 $u_i\{S_1^*,\cdots,S_{i-1}^*,S_i^*,S_{i+1}^*,\cdots,S_n^*\}\geqslant u_i\{S_1^*,\cdots,S_{i-1}^*,S_{ij}^*,S_{i+1}^*,\cdots,S_n^*\}$ 对任意的 $S_{ij}\in S_i$ 都成立,则称 $\{S_1^*,\cdots,S_n^*\}$ 为博弈 G 的一个纳什均衡。

纳什均衡中最有名的案例就是"囚徒困境",几乎每一本博弈论入门的书籍都会介绍这个案例。在这个案例中,警察对两个一起作案的罪犯甲、乙进行单独审讯,分别告诉他们:如果一方招供,另一方拒不承认,那么招供一方可以立即释放,而拒不承认的一方则要被判10年;如果双方都不承认,那么由于证据不足,双方都判3年;如果双方都认罪,两人就都被判6年。这种选择可以用矩阵图表示,见如图14-1:

		罪犯乙	
		坦白	不坦白
罪犯甲	坦白	(6, 6)	(0, 10)
	不坦白	(10, 0)	(3, 3)

图14-1 "囚徒困境"博弈矩阵

在这场博弈中,包含着两个"纳什均衡":(6,6)和(3,3)。如果罪犯甲选择坦白,那么罪犯乙的最优策略也是坦白;如果罪犯甲选择不坦白,那么罪犯乙的最优策略也是不坦白。其中,两人都选择不坦白的均衡是一种好均衡,都选择坦白的均衡是一种坏均衡。

尽管对于甲、乙两个罪犯来说,都选择不坦白是他们的最优选择,但是在这场完全信息静态博弈中,甲、乙两博弈参与者不能串供,他们只能在不知道对方选择的情况下做出策略选择。这个时候,他们会选择坦白。原因在于,如果选择坦白他们只用坐6年牢,而选择不坦白却要坐10年牢,而且如果幸运的话,对方选择不坦白,那么自己就可以立即释放了。如果两人都这样想的话,那么最终两人都被判6年。两人选择了坏的均衡。

通过分析这个"囚徒困境",我们可以看出,一场博弈并不只有一个"纳什均衡",而且这些均衡有好坏之分。好均衡的结果是双方受益,坏均衡的结果是双方亏损,或者有收益,但是收益要小于好均衡的收益。

好均衡和坏均衡在一定条件下可以相互转化。有这样一个例子:古时候,楚国和魏国交界处两边的村民都以种瓜为生,有一年发生旱灾,魏国一边的村民在村长的带领下每天挑水浇地,瓜田不仅没有枯败,反而长势很好;而楚国一边的村民比较懒惰,导致瓜田枯败。楚国的村民看着魏国一边的瓜田心生嫉恨,于是趁夜来到魏国的瓜田将瓜苗全部拔除。

魏国的村民知道这件事之后,非常愤怒,决定以牙还牙,以同样的方式报复回去。就在大家准备行动的时候,村长劝阻了大家,他认为这样的结果是两败俱伤,对自己没有任何好处。他提议大家以德报怨,晚上一起偷偷地帮助楚国的瓜田浇水。魏国的村民这样做了之后,不久,楚国的村民便知道了这件事,他们感到十分羞愧,为了表示歉意,他们晚上偷偷地将魏国瓜田里的瓜苗重新栽了回去。最终,两方的瓜田都长势很好,两个村的村民从此也结下了深厚的友谊。这就是一个坏均衡转化为好均衡的例子,可用矩阵图14-2说明:

		魏国	
		A策略	B策略
楚国	A策略	(0, 0)	(10, 0)
	B策略	(0, 10)	(10, 10)

图14-2 瓜田博弈收益矩阵

在这个矩阵图中,我们将选择拔出对方瓜苗作为策略A;选择以德报怨,帮助对方瓜田浇水作为策略B。瓜苗被拔出,所得的收益为0;每天浇水后瓜苗长势良好,收益为10。

在这场博弈中存在着两个"纳什均衡":(0,0)和(10,10)。如果一方选择拔出对方瓜苗,按照我们当前的想法与习惯,以牙还牙便是最优选择;如果一方选择以德报怨,帮助对方瓜田浇水,另一方的最优选择也是弥补之前的错误,实现良心上的平衡,最终双方都获得收益。因而,前一个均衡是坏均衡,均衡的结果就是负和博弈,双方都受到损失;后一个均衡是好均衡,是一个正和博弈。

在这个例子中,有几点需要指出的是:首先,当自己的利益受损时,以牙还牙虽然不是最明智的做法,但是在当时的情况下,起码这种做法可以让自己的怒火得以发泄,因而算得上是一个最优选择;其次,魏国人选择以德报怨可能也是考虑到了当地的民风民俗而做出的决定,知道他们会被感化,否则,如果楚国人道德素质不高的话,当魏国人以德报怨给他们的瓜田浇水之后,他们的最优选择应该是置之不理,而不是再花时间和精力去帮助魏国村民将瓜田恢复原样,考虑到心理慰藉这一层因素,弥补之前犯下的错误也会使他们在心理和感情上受益。从这一点考虑的话,这种情况下产生的均衡便是一个好均衡,达到了"双赢"的目的。

二、我们身边的纳什均衡

在我们的日常生活中,纳什均衡无处不在。打一个比方,很多人都会发现,有肯德基的地方,附近基本上都会有一家麦当劳。但在大多数人心中,这个念头只是一闪而过,或被当作笑话来说,笑过就忘了,并没有当作一回事。事实上,就是在这个常见的事实中,包含着纳什均衡的一般原理。

麦当劳和肯德基都是依靠公路快餐发家的,基于这样一个事实,我们建立下面这个模型图 14-3 来说明:

图 14-3 两家快餐店的选址决策图

A 与 E 之间是一条笔直的公路,B、C、D 将这段公路均匀地分为 4 段。在这条公路上,车流众多,车流在这 5 个点上均匀分布。现有甲、乙两家口味相似、价格相近的快餐店都想在这条公路上开店,该如何选址?对于公路上的食客来说,这两家快餐店对于他们都是无差别的,为了节省时间,他们只会选择离他们最近的一家。就这个意义上来说,两家快餐店应该分别在 B、D 处选址,这样他们就都各自拥有了整条公路上 1/2 的客流量。而对于公路上的食客来说,这种布局对他们也是最方便的,他们可以就近选择快餐店。

但是,如果考虑到商人重利的本质,情况就会大不相同了。假设甲、乙两家快餐店分别在 B、D 两处选址,对于甲快餐店老板而言,如果快餐店的位置越靠近 C 处,也就是公路的中间位置,那么快餐店就会招揽更多 C 点以右的客人,而对于 C 点以左的客人,他则完全不用担心,因为这些客人只会选择多走一点路,而不会再去乙快餐店。而乙快餐店的老板也有同样的想法。就这样,经过多轮的较量,两家快餐店都将店址定在了 C 处。

我们将甲、乙两快餐店替换为肯德基和麦当劳,便得出了问题的答案。在这个时候,两家快餐店便形成了一种"纳什均衡"。根据纳什均衡的定义,博弈的参与者根据对方的策略制定自己的最优策略。在肯德基和麦当劳的博弈中，如果其中一方朝公路或街道的中间位置挪动了，那么另一方的最优策略也是朝中间挪动，就这样，经过多轮的较量，双方最终挪动到了公路或街道的中间位置。

同样，家乐福和沃尔玛、阿迪达斯和耐克，也经常会出现相隔不远出现的情况，这些事实都可以用上面的分析来解释。这样的扎堆现象在我们的日常生活中十分常见。比如，在一个城市中，总会有一些商业街、花鸟市场、装修市场、小吃一条街等。在这些地方，同种类的商店都扎堆在一处，并且吸引着大量的顾客。而其他地方的此类商店，零零散散、不成气候，客流量相比起来也要小很多。再有，晚上8点到10点之间是各大电视台的黄金时段，在这个时间段，观众的收视率最高，因此，各大电视台都会把自己的主打节目放在这个时间段播出。这种电视节目的扎堆现象也可以用纳什均衡的一般理论来解释。

由于纳什均衡形成的这种商家扎堆的现象对人们的生活形成了有利的影响：首先，消费者在购物时可以很容易方便地"货比三家"，选择余地较大；其次，消费者和商家可以共享资源，节约成本；再次，商家集聚会激发购物者的购买欲望，刺激消费；最后，同行业聚集能够刺激它们之间的竞争，从而激发它们提升服务质量。

第三节　合作与重复博弈

一、合作是解决"囚徒困境"的最佳途径

在"囚徒困境"中，进行博弈的一个重要前提是双方被隔离审讯，这样做的目的是避免他们串供，也就是防止他们进行合作。没有了这个前提，"囚徒困境"博弈也就不能进行。由此可见，合作是解决"囚徒困境"的最有效途径。

橄榄球联赛是美国常青藤大学之间近百年的传统，每年的联赛不仅吸引着各所学校的学生和老师的注意力，也牵动着媒体和社会各界的神经，每所学校的球队甚至可以获得巨额的赞助费。比赛的名次不仅体现了这所学校的体育水平，更代表了这所学校的传统和精神，是这所学校的名片。因此，各所学校都十分重视该项联赛，每年都投入相当多的时间精力来组织训练。然而，这却导致了一个不好的后果，那就是，由于上至学校、下至学生，大家都把大量的时间和精力投入到该项赛事中，而忽视了学术研究，导致这几所学校的学术质量和水平都有所下降，看起来似乎有些本末倒置。每所学校都意识到了这个问题，但是他们又不能对训练时间和强度进行调整，因为这样就有可能影响自己在联赛中的名次。这样看来，这几所学校都陷入了一种"囚徒困境"。

对此，我们可以建立一个模型来说明问题。我们先将问题简化：假设联赛中只有耶鲁和哈佛两所大学，在原来的训练安排下，双方在联赛中能获得的利益为10，若是其中一所学校调整训练安排，则他在联赛中的利益降为5。这样，我们便可以得到一个矩阵图，

如图 15-4：

		耶鲁大学	
		减少时间	不减少时间
哈佛大学	减少时间	(10, 10)	(5, 10)
	不减少时间	(10, 5)	(10, 10)

图 14-4　橄榄球联赛困境博弈收益矩阵

这个令各大高校都头疼的"囚徒困境"是如何解决的呢？由于每所学校都意识到了自己学术水平下降这个问题，而且他们发现，社会的关注度和赞助并不会因为比赛质量的下降而下降，这是因为人们关注这个比赛主要是在关注各高校之间的荣耀之战。因此，各常青藤盟校的校长便联合起来，制定了一个协议，规定了各校橄榄球队训练的时间上限，每所大学训练的时间都不能超过这个时间。此后，尽管联赛的水平都不如以前，但是影响力却一如从前，观众人数和媒体关注度丝毫没有下降。但是，各校却能有更多的精力和时间来从事学术研究，做到了两者兼顾，这也就是为什么两所学校都减少了训练时间但是仍获得了（10，10）的纳什均衡的原因。

这个故事是一个典型的由非合作博弈向合作博弈转变的例子。在这个例子的前半部分，各高校处在一个各自争夺名次这样一个非合作博弈中，彼此之间并没有约束；而后来情况发生了变化，出于自身利益的考虑，各个高校之间协商确定了一份各方都必须遵守的协议，参与者们在协议要求的范围内进行博弈。依靠合作，常青藤高校们走出了"囚徒困境"。

合作是将非合作博弈转化为合作博弈的关键，非合作博弈的本质在于各参与者如何在博弈中为自己争取最大的利益；合作博弈的本质在于如何解决利益分配的问题。在"囚徒困境"中，两名囚犯被隔离审问，此时，他们的目的便是要争取自己最大的利益，因而他们每个人都努力寻求对自己最有利的策略，此时便属于非合作博弈；如果允许两人商量，那么他们一定会选择串供，这时他们便会商量如何分配利益，采取何种策略会给双方带来最大的利益，这就属于合作博弈。在将非合作博弈转化为合作博弈的过程中，"囚徒困境"也就被解决了。

二、重复博弈

看起来，解决"囚徒困境"的最佳方法是两人合作，都拒不承认，最后两人都被释放。事实上，还有一种可能性，在双方约定都不坦白后，一方在审讯中不遵守约定，向警察坦白，这一方便会被释放，那么这一方便可以独吞两人犯罪得来的财富。虽然这里存在着一个道德层面的问题，但它的确符合理性人假设这一前提。因此，这里便存在一个合作博弈能否存在的前提问题，这个前提就是重复博弈。

重复博弈，简单来说就是在一次博弈中的参与者今后还要进行多次博弈。在一次博弈中，参与者只会追求眼前利益，背叛对方对自己来说是最优策略；而在重复博弈中，参与者追求的是长远利益，合作便成为可能。

上面的案例是一个一次性博弈行为，如果要将其转化为重复博弈，就需要加上一些前提条件。意大利黑手党内部组织严密，规矩众多，其中有一条就是：不得背叛其他成员，如果违背了这条规定，就会受到严惩。假设这两名囚徒都是黑手党成员，因此，想要背叛的一方在选择时便要考虑背叛的代价是否值得。如果选择背叛，出狱后就会面临被黑手党组织追杀的风险；如果合作，两人都被释放，平分财富。在重复博弈这个前提下，合作便成为了可能。

我们在旅游时，会经常发现这种现象，旅游景点附近的饭馆往往分量少而且又贵又难吃。其实这可以用博弈论来解释：因为旅游景点附近的饭馆的客户群体大部分是游客，即这些餐馆做的是"一次性"的生意，也就是一次博弈。因此，这些饭馆为了实现自身利益的最大化，便敷衍游客，降低饭菜质量并抬高价格。相反地，如果饭馆一开始就定位于做"回头客"生意，就如小区附近的饭馆，它还会把菜做成这样吗？显然不会。那些有着上百年历史的"老字号"品牌，比如"张裕""全聚德"等，正是靠着优质的产品和服务，吸引了无数的"回头客"，这些品牌也创造了无可估量的价值。

可以将重复博弈和合作的关系总结为以下两点：

（1）相对于一次性博弈，理性人会选择进行重复博弈。作为一个理性人，他不会去追求眼前利益，而是更加长远的利益。因此，他不会选择只和别人做一次生意，而是长期合作，建立起重复博弈。

（2）一次性博弈转化为重复博弈的关键点在于合作，而合作的前提是共同的利益。只有双方存在共同的利益，才会选择合作，没有利益也就不存在合作的可能性了。在"囚徒困境"中，两名囚犯如果选择合作，双方都不坦白，他们便可以被立即释放，这就是他们的共同利益；如果不存在共同利益，理性人便会选择背叛，合作也就无从谈起了。

第四节　完全信息动态博弈及信息传递

一、完美信息与不完美信息

完全信息是指参与者对博弈中其他参与者的特征、利益以及可能采取的策略等都有一个十分准确的了解；动态博弈是指参与人的行动有先后顺序，在一个动态博弈中，掌握信息的多少是博弈的关键点。

以猜硬币游戏为例，一方盖住硬币，另一方来猜硬币的正反面。在这个游戏中，如果只是单纯地不考虑任何其他外在因素，只是凭借直觉和运气来猜的话，这个博弈就属于静态博弈。但是,如果参与者在猜的过程中,凭借自己敏锐的观察力发现,当硬币正面朝上时,另一方会更加握紧硬币。当他发现这一信息后,这个博弈便不能再称之为静态博弈了。但是,我们也并不能草率地说这就是动态博弈,因为猜硬币的一方发现的信息并不一定是完全正确的。我们将这种区别于静态,但又不能完全确定参与者具体行动选择的情况称为不完美信息。相对应的,完美信息是指先进行选择的参与者的具体行动选择是其他所有参与者的共同知识。例如在象棋博弈时,对弈的一方先前所走的每一步棋都是公开的,即完美信息。在日常生活中,我们更常见到的便是不完美信息,比如说两家竞争厂商博弈中,一方根据另一方可以观察到的信息进行自己的战略调整,例如,一家厂商采取降价促销的方式来吸引顾客,这个信息是另一家厂商能够观察到的信息,但是这些信息并不是全部,具体降价多少、如何实施等其他内幕信息是无法观察到的,这种情况就属于不完美信息。

在传统经济学理论中,所有的理论都是以"人都是理性的"这一假设作为前提而进行的。但是,丹尼尔·卡恩[①]以心理学为切入点,通过研究认为,在现实生活中并不存在纯粹的理性人,即人经常处于非理性状态。人们在了解到了一些基本信息后,通常不会考虑真实的状况,而是根据他们所了解到的信息作出决策。简单来说,人们往往会因为表面的信息而忽视本质。以上面竞争厂商的情况为例,在看到竞争厂商进行降价促销的策略后,另一方便会产生危机意识,在不了解具体情况的前提下也会采取相应的策略。

假设有一种十分罕见的疾病,染病后会导致死亡。截至目前,已有 1000 人患病。对此,医院制定出了 A 和 B 两种救治方案:

第一种描述方法:采用 A 方案可以救活 300 人,采用 B 方案有 30% 的概率救活所有人,剩下 70% 的概率一个人也救不活。

第二种描述方法:采用 A 方案会导致 700 人死亡,采用 B 方案有 30% 的概率救活所有人。

在第一种描述方法下,大多数人选择了 A 方案;而在第二种描述方法下,大多数人则选择了 B 方案。这是因为,在这个实验中,人们显然将"存活"当作收益,将"死亡"当作损失。在相同的收益和损失面前,人们对损失更加在意。如果人们只是根据自己的理解,而不是考虑真实的情况来做出决策的话,就会出现这样的结果,而造成这种情况的原因归根结底是由于人的非理性因素。

将这个结论运用到博弈论中,我们就能在信息传递的过程中吸取相关经验,以求达到最好的效果。我们在向别人传达几个坏消息时,考虑到个人的承受极限,为了避免火上浇油和雪上加霜这种难看局面的出现,我们应该采取一定的博弈策略。这时,我们应该将几个坏消息合起来表述,而不是说完一个再说下一个。比如,你今天被公司辞退,接着在行

[①] 丹尼尔·卡恩,普林斯顿大学心理学教授,2002 年诺贝尔经济学奖获得者。

车时你将别人的车刮伤,需要赔偿5000元。这时,你该如何将这件事告诉家人而让他们承受的打击最小呢?最好的做法是将两个消息合起来一起告诉家人,这样他们所承受的只是一次坏消息的打击。如果分开说,就是两次打击。而且由于人对痛苦具有敏感性,分开说伤害更大。所以,坏消息应该合起来一起传达。

通过上面这个例子,我们了解到在传递消息时如何使人所受伤害最小的博弈策略。因此,我们在博弈中应该根据自己的实际需要,恰当地选择信息传达策略,从而在博弈中获得胜利。

二、博弈是一场信息战

信息在博弈中占据着举足轻重的地位,占据信息先机的一方在博弈中处于主导地位,反之则处于弱势,因此,要想掌握博弈的主动权就必须在信息占有中占据优势。除此之外,在信息传达的过程中,还需要学会用恰当的方式向对方传达正确的信息,只有这样才能尽可能减少不必要的失误,达到自己预期的目的,否则就会失去先机,造成损失。

有这样一个案例:在一条商业街上,有两家相邻的拉面馆,拉面馆A生意十分火爆,每天店里都会排起长队,许多人都因等待时间过长而离去;但拉面馆B的生意却十分冷清。一天,甲来到这家生意火爆的拉面馆,因为前面排队的客人太多,考虑到时间关系,他来到隔壁的拉面馆,结果发现隔壁的拉面馆不仅做面,而且做各种口味的米粉。于是,他点了一份米粉,结果意外地发现味道十分不错。甲不解地问老板:"既然你们家的米粉味道如此不错,为什么不叫米粉店而叫拉面馆呢?"老板听了之后恍然大悟,马上将店名改为米粉店。从此,客人越来越多,许多客人都慕名而来,这家店的生意变得十分红火。

在这个案例中,我们可以得到以下几点启示:

首先,信息容易在人的心理形成指向性。由于拉面馆A的拉面好吃已经在人们的心中留下了比较深刻的印象,形成了指向性,这种印象轻易不会发生改变。所以,尽管拉面馆B就在隔壁,他们也不会贪图方便而是在拉面馆A排着长队。

其次,饭馆的名字本身就是一种信息。人们习惯从饭馆的名字获知饭馆的经营范围,例如,我们去"兰州拉面馆"一般都会点拉面,因为我们知道拉面就是他们的主打产品。从这个案例中,拉面馆B的拉面到底好不好吃我们不得而知,但是,这家店的米粉好吃是毋庸置疑的。店主将店名改了之后,客人到店里自然会点店里的主打产品,试过之后觉得味道不错,一传十、十传百,久而久之,这家店的生意便红火起来了。

综上所述,在博弈过程中,信息的正确传递能使决策者受益,进而达成预期目标;相反,信息的错误传达则会让信息接收方接受错误的信息,给决策者造成损失。在上面的例子中,拉面馆B的老板就犯了这个错误,万幸的是,他能够亡羊补牢,最终实现逆转,而有些时候,错误一旦酿成,便无可挽回了。

在历史上著名的"中原大战"中,就发生过因为信息传递错误而导致作战失败的事件。

当时,蒋介石的军队已经进入河南境内,阎锡山和冯玉祥决定各派一支军队,集中力量与蒋军决一死战,他们决定将会师的地点定在河南省西北部的沁阳。除了考虑到沁阳临近黄河北岸,背靠太行山的重要战略位置之外,更重要的是,沁阳紧挨山西,而山西正是阎锡山的老巢,军队进退都十分有利。

会师的地点确定后,阎锡山和冯玉祥就开始着手准备调动军队,两军调动的指令由高层一级一级向下传达。到了会师那天,阎锡山的军队在沁阳一直没能等到冯玉祥的军队。经过电报质询后才发现,冯军现正在河南省南部的泌阳。原来冯玉祥的参谋在传达指令时,多写了一笔,将"沁阳"写成了"泌阳",导致这份紧急调令的内容变成"命部队直插泌阳,与阎锡山部队会合!"得知错误后,冯玉祥部队火速北上,尽管如此,当冯军赶到沁阳时,两军已经失去了联合作战的最佳时机。最终,这场军阀混战以冯玉祥和阎锡山的失败而告终。

如果冯军能够正确地下达调令,在约定的时间内赶到沁阳与阎锡山汇合,也许中原大战的结局就会被改写,那么中国近代史也会被改写。所以说,信息的错误传达所造成的后果有时是不可估量的。

博弈是一个非常复杂的过程,这主要由于在博弈的过程中,信息的传达会受到多方干扰因素的影响而与预期愿望相背离。一旦信息传达失误,不管造成的损失是否可以挽回,都会对当前所处的博弈优势造成影响,甚至导致结局的变化。所以,在传达信息时,一定要注意尽可能保证信息传递的正确率,这样才能保证博弈中的优势地位,实现最终的胜利。

第五节 多人博弈

前面探讨的是一般意义上的两人博弈,参与者在战略选择时只需要考虑对手方的反应。事实上,多人博弈在日常生活中十分常见,尤其是在市场竞争中。相对于双人博弈,多人博弈更为复杂。比如说,在一个三人博弈中,两个参与方很有可能联合起来对抗第三方,这在双人博弈中是不可能发生的。因此,我们有必要对三人博弈进行专门研究。这主要是基于以下两方面的考虑:首先,三人博弈是多人博弈中最简单的博弈;其次,三人博弈可以扩展成为多人博弈,对研究多人博弈很有帮助。

一、国际联盟

兰尼斯坦、圣吉亚和乌特兰是毗邻斯瓦普岛的欧弗海湾的三个国家,在海湾附近都驻有三国的海军。鉴于其重要的战略位置,这三个国家都想夺取海湾的控制权。但是,要想控制海湾,就必须两个国家联合起来,并且与战略部署有关,这样,就会牺牲第三国的利益,来保证同盟国的经济繁荣。现在,三国都需要考虑的问题是自己该在何处进行战略部署：兰尼斯坦可以把军队部署在海湾的南面或北面,圣吉亚可以将军队部署在海湾的东面或西面,乌特兰可以将军队部署在斯瓦普岛的近海或陆地上。

下面建立一个博弈矩阵来说明三个国家军队部署的收益情况,见图 14-5：

		乌特兰			
		陆地上		近海处	
		圣吉亚		圣吉亚	
		东	西	东	西
兰尼斯坦	南	4,4,4	0,0,0	1,7,7	4,4,4
	北	7,7,1	6,6,6	0,0,0	7,1,7

图 14-5　三国海湾之争博弈收益矩阵

上面这个图直观地表达了三国战略部署的收益情况,例如,(4,4,4)分别代表兰尼斯坦、圣吉亚和乌特兰的收益情况,以此类推。在博弈论中,常常将协调相互战略的参与者们称作联盟(coalition)。在这个例子中,三国之间存在三种可能的联盟方式：单人联盟(singleton coalition)、两国联盟和三国大联盟(grand coalition)。具体联盟方式见表 14-1：

表 14-1　海湾之争中三国可能的联盟方式

单人联盟	两国联盟	大　联　盟
圣吉亚	兰尼斯坦、乌特兰	圣吉亚、兰尼斯坦、乌特兰
兰尼斯坦	圣吉亚、乌特兰	
乌特兰	圣吉亚、兰尼斯坦	

假设兰尼斯坦和圣吉亚组成联盟,两国约定分别选择北和东的战略。此时,乌特兰成为单人联盟,它最好将军队部署在陆地上,收益为 1。此时就形成了一个纳什均衡。同样的,兰尼斯坦和乌特兰可以结成联盟,将军队部署在北面和近海处,如果圣吉亚选择西方,将形成一个纳什均衡。同样,圣吉亚和乌特兰也可以组成联盟,把军力部署在东面和近海处,此时兰尼斯坦选择南方将形成纳什均衡。这三个纳什均衡是在没有任何外力约束下形成的,考虑到自身的利益,联盟方会自觉遵守约定的战略部署,这也属于典型的由非合作博弈转化为合作博弈的情况。

如果三国打算结成一个大联盟,兰尼斯坦、圣吉亚和乌特兰约定分别选择北、西和陆地上进行战略部署,每个国家的收益都为 6,总收益达到最大。不过,由于非合作博弈条件下不存在国际制约机制迫使三个国家按照约定部署军力,约定的战略部署将不会被执行,所以上述的战略部署不会形成一个纳什均衡。这样看来,在不存在国际制约机制迫使三国制定约定部署的前提下,大联盟存在的可能性很小,两国联盟的存在便显得尤为重要了。

从上面这个例子可以看出,只要存在共同利益,在三人甚至多人的非合作博弈中,联盟是可以形成的。但是，在缺少外力约束下，只有实现了纳什均衡，联盟才可以存在。如果存在某种机制或者约束条件，使得参与者能够协调彼此的战略，那么联盟成立的可能性便大大增加了。

二、公地悲剧

在上面这个例子中，我们知道，三国结盟形成大联盟能带来最大的利益，但是这种纳什均衡在缺乏外力的约束下似乎很难实现，这是因为对这三国来说，海湾属于三国的公共资源，在没有一个具有约束力的机制制约下，三国只会考虑自身的利益，这实际上就是一种公地悲剧。

公地悲剧是指在群体行动中，各方只顾追逐自己的眼前利益，不顾集体利益，最终导致整个群体在行动过程中遭受不可避免的集体性灾难。像这样一种情况，在几乎所有的共有资源的例子中都会发生。亚里士多德就曾经说过："凡属于最多数人的公共事物常常是最少受人照顾的事物，人们关怀着自己的所有，而忽视公共的事物；对于公共的一切，他至多只留心到其中对他个人多少有些相关的事务。"

西班牙是西方近代最早兴起的国家之一，它曾经生机勃勃，牢牢地占据着西方乃至世界霸主的位置，在世界上有许多的殖民地。但是，当西班牙最引以为傲的"无敌舰队"被英国军队击败后，西班牙的霸主地位开始动摇，从此便走上了衰败的道路。现在的西班牙是西欧最落后的国家之一。西班牙从鼎盛到衰败的原因，归根结底就是公地悲剧。

西班牙从殖民地大肆掠夺巨额财富，这成为它的资本原始积累，使得西班牙成为当时欧洲最富有的国家。在如此多的财宝面前，西班牙的贵族们迷失了自我，他们大肆挥霍，整日在以享乐为中心的生活中惶惶度日，而没有利用这些财富兴修土木、发展科技，去创造更大的价值。而与此同时，为了维持庞大的殖民帝国，西班牙每年都要投入巨额的经费到战争中去。在只知道挥霍享乐的贵族和持续不断的大规模战争面前，没有增值能力的财富再多也变得没有意义。在1557年、1575年和1597年这三个年份中，西班牙政府都宣布过国家破产。再加上物价上涨，导致西班牙中下层人民的生活负担加重，而当时西班牙为了维持战争税赋苛刻，人民不堪重负。在各种内忧外患下，最终西班牙从兴盛走向了衰败。

西班牙的衰败就是公地悲剧造成的后果，属于群体无意识博弈造成的集体性灾难，而这种灾难对西班牙来说是十分彻底的。所以，在公共管理中，我们要引以为戒，不要陷入公地悲剧的陷阱中。

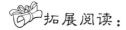拓展阅读：

美国 FCC 频谱牌照拍卖中的博弈策略

博弈论到底是一个限定条件太多的理论模型，还是一种可以解决现实问题的经济理论？美国联邦通讯委员会（Federal Communications Commission，FCC）频谱牌照拍卖可以为我们提供一些思路。

频谱是无线通信的重要的稀缺资源,一般由政府掌握。频谱牌照的分配竞争非常激烈,决定着无线通信公司的生存。在美国,FCC 负责频谱牌照的管理工作。

美国有几十家大大小小的无线通信公司,无线覆盖的范围有大有小。三大无线运营商依次是:VERIZON, AT&T, SPRINT-NEXTEL, 此外还有 T-Mobile, ACN(American Communication Network) 等小一些的无线运营商。

在频谱牌照拍卖中,FCC 无疑希望将同样数量的牌照卖出尽可能高的价钱,而竞拍者们希望用尽可能低的价格买到自己想要的牌照。

如果你是 FCC,现在手里有几百张牌照等着要卖出去,你会选择什么样的拍卖规则呢?

很多人会想,这还不简单吗?就像索斯比拍卖行出售名画那样,先把第一张牌照拿出来让竞拍者们轮番叫价,出价最高者获得牌照。然后用同样的方法进行下一张牌照的拍卖,直到所有的牌照都卖出去。

这种拍卖方式听上去很合理。但是,在通信行业采取这种方式,却有可能会造成总拍卖收入的降低。

假设 FCC 手里现在有两张牌照要出售,分别是牌照 A 和 B。有两家虚构的通信公司参与拍卖,分别是美国移动和美国电信。美国移动是通信业界的大佬,手中已经持有多张牌照,在此次拍卖中他们只需要一张牌照就够了,至于是 A 还是 B 都无所谓。美国移动对这两张牌照的估值都是 4.5 亿美元,也就是说,如果价格超出 4.5 亿美元,美国移动会放弃继续报价。

另一位竞价者美国电信刚刚进入通信市场,手中的牌照资源极为匮乏。为了能和业界老大美国移动抗衡,他们需要将牌照 A 和 B 全部买下,只拿到一张牌照是没有意义的。因此,他们对牌照 A+B 的组合估值 10 亿美元,对只拿到一张牌照的情形估值为零。

如果把这两家公司对于牌照的估值做成表格的形式,将会是这样的:

	A	B	A+B
美国移动估值	4.5	4.5	4.5
美国电信估值	0	0	10

对于 FCC 来说,最好的结果当然是把两个牌照打包以后,以 10 亿美元的价格卖给美国电信。但是,实际操作起来是否能达到这样的结果,与拍卖规则的设计有很大关系。

如果 FCC 先单独进行牌照 A 的拍卖,美国电信极有可能会在价格达到 4.5 亿之前就放弃竞价。因为对于美国电信来说,稍后才会进行的牌照 B 拍卖会有多少人参加、价格会被拍到多少完全是未知数。这种不确定性导致了美国电信在对牌照 A 的出价上相对保守。因为美国电信如果花了 4.5 亿美元买下了牌照 A,而牌照 B 被某个土豪公司炒到了

6亿美元的话,他要么被迫花10.5亿美元买下估值只有10亿美元的牌照组合,要么放弃购买牌照B,白白花4.5亿美元买一张对他来说没什么用的牌照A。

对美国电信来说,它不会选择花10.5亿美元购买估值只有10亿美元的两块牌照,也不会白白扔掉4.5亿美元。现实中发生的情况将是美国电信为了控制风险,在牌照A的价格达到4亿美元甚至更低时就停止报价。

所以,最终的结果可能是美国移动以4亿美元甚至更低的价格买到了牌照A,而牌照B根本无人问津。

对于想要榨干竞拍者每一分钱的FCC来说,这样的结果简直就是一场噩梦。所以,为了鼓励竞价者们更加激进地报价,FCC采取了下面的基本拍卖规则:

(1) 所有的牌照同时放出,供所有的竞价者同时进行报价;

(2) 每一轮报价结束后,所有牌照接收到的报价都被公开,供竞价者们决定在下一轮中如何报价;

(3) 如果某一轮报价结束后,任何一块牌照都没有收到新的报价,那么拍卖结束。每一块牌照都由出价最高的竞价者获得;

采取了上面这种规则之后,美国电信可以实时观察每一块牌照的竞价者数量以及最新的价格,从而可以采取更加激进的报价。

不过,这样又产生了一个新的问题:对于想要获得两块牌照的美国电信来说,应不应该允许它进行组合报价呢?

组合报价的含义就是允许美国电信对A+B这个牌照组合给出一个总价,并不分别给出每一个牌照的单价。在拍卖结束时,FCC会把每块牌照的单独最高报价相加,如果得出的总价低于美国电信的组合报价,这些牌照就作为一个整体卖给美国电信。

在拍卖过程中,FCC是否允许组合报价,会对拍卖结果造成巨大的差别。

情形一:不允许组合报价。

假设美国移动由于业务扩张,把牌照A和牌照B的估值都调整为了6亿美元:

	A	B	A+B
美国移动估值	6	6	6
美国电信估值	0	0	10

从表格来看,美国电信还是可以赢得拍卖的。虽然美国移动调高了自己的估值,但是针对A+B的组合,美国电信的估值10亿美元仍然要高于美国移动的6亿美元。

在不允许组合报价的情形下,为了赢得这两张牌照,美国电信只好对牌照A和B进行单独报价。假设在进行了N轮报价后,牌照A和B的最新报价都是4.9亿美元。这时其他的报价者都会退出,只剩下美国移动还在继续报价。美国电信在下一轮对这两个牌照都报出了5亿美元的价格。然而,美国电信对美国移动的实力判断错误,因为美国移动在下一轮报价中把牌照 A 的价格又抬高到了 5.1 亿美元。

当牌照 A 的价格抬高到 5.1 亿美元时,最终的结果可能是美国电信以 5 亿美元拍到了牌照 B,而美国移动以 5.1 亿美元拍到了牌照 A。这里最大的赢家是净收 10.1 亿美元的 FCC,而美国电信则损失了 5 亿美元。

情形二:允许组合报价。

在允许组合报价的情况下,美国电信只对两张牌照给出一个组合价,而不单独指定针对每一张牌照的报价。如果在拍卖中获胜,可以在预算范围内将两张牌照收入囊中。如果在拍卖中被更高的价格击败,也不需要为此付出一分钱。这样,就有效地规避了上面的损失。

但是,FCC 非常不支持这种组合报价的方式,原因可能是下面这种情形:

假设现在具有雄厚资金实力的美国联通也参加到了拍卖当中。美国联通手中的牌照资源也很丰富,因此他们只需要牌照 A 和牌照 B 中的一张就够了。他们对牌照 A 和牌照 B 的估值都是 7 亿美元。这样,就有了三家企业参与竞争,他们对牌照 A 和 B 的估值是这样的:

	A	B	A+B
美国移动估值	6	6	6
美国电信估值	0	0	10
美国联通估值	7	7	7

假设美国移动对牌照 A 给出了 4 亿美元的报价,而美国联通对牌照 B 给出了 5 亿美元的报价。

针对这种情况,美国电信针对 A+B 的组合给出了 9.1 亿美元的报价。由于这个组合报价略高于美国移动和美国联通的对于这两块牌照的报价之和,所以如果他们不继续报价的话电信将赢得拍卖。

从数学角度上讲,这两家企业完全有能力报出一个超过美国电信组合报价的数字。根据他们的估值,他们最高可以报出一个 13 亿美元的总价,远远超过美国电信的估值 10 亿美元。

但这只是数学角度而已。别忘了,每一个博弈者都是自私的。美国移动可能在等着美国联通提高报价,而美国联通也抱着同样的想法,最后这两家谁也不肯提高自己的报价,最后美国电信以 9.1 亿美元的价格将两块牌照收入囊中。然而,对 FCC 来说,原本最多可以卖到 13 亿美元的两块牌照只卖了 9.1 亿美元。

FCC 的频谱拍卖从 1994 年到现在,已经进行了约 100 次的拍卖,每一次拍卖都是一场博弈。所以,博弈论不仅仅是一门理论上的学科,在现实世界中,一小群人通过博弈论可以决定上百亿美元的归属。

(资料来源:澎湃新闻—思想 Thepaper.cn)

第十五章　学术论文的写作

通过实际调查研究或文献研究，研究者可以获得关于研究对象的一些基本认识，然后选择恰当的研究方法，对问题进行深入的分析，探究研究对象的现状、运作机制、存在的问题及其原因，找出事物变化的规律，提出解决问题的方法。将这个研究过程及其所得出的结论用文字的形式表达出来，就是知识产品，具体表现为学术论文或研究报告。

第一节　学术研究的选题与文献综述

一、选题原则

确定论文选题是研究的第一步，它决定了以后的工作方向和工作内容。正如爱因斯坦所说，发现问题可能要比解决问题更为重要。

学术研究的选题要遵循如下原则：

选题新颖。即选题应该是大家当前关注的理论与实际问题、急需解决的理论与实际问题。新颖性表现在研究领域、研究视角、研究内容、研究方法等方面有所创新。

知此知彼。知彼是指：要明确题目的研究价值（理论意义与现实意义）、研究难度（相关知识的组织、资料的可获得性、相关的前期研究基础，等等）；知此是指：研究者要明确自己的知识背景与知识基础、时间保障、文献条件、特长与兴趣、对将来的打算，还有组织体系、物质条件等支持条件。

题目要大小适中，难易恰当。题目过大，焦点不集中，问题难以做深入、透彻的分析，会流于泛泛而谈，时间、精力有限，知识准备难以跟上；题目太小、太具体、太关注细节，可供参考的文献就会太少，达不到汇总的效果，没有足够的论证空间，成果会缺乏推广应用价值。题目要明确、清晰，让人一目了然，不能含糊。题目要简练概括，字数不能太多，最好不超过20个字。为避免题目过长，可在主标题下设置副标题。

研究选题可以来自多个方面,可以是理论前沿的问题、现实热点问题、政府或企业急需解决的实际问题,或自己在阅读中发现的其他有价值的有待研究的课题,还可以在科研管理部门发布的科研项目指南、杂志的选题指南、报刊热点中寻找。

社会科学问题可以从不同角度、用不同学科的方法来研究。即便对别人已经研究过的问题,只要还有现实价值,就可以从不同的角度、运用不同的方法,进行再研究,可以得出一些新结论。

二、文献综述的基本写法

文献综述是在对与选题相关的大量中外文文献进行阅读、选择、比较、分类、分析和综合的基础上,研究者用自己的语言对某一问题的研究状况进行综合叙述的情报研究成果。文献的搜集、整理、分析都为文献综述的撰写奠定了基础。

文献综述是对相关研究问题的国内外研究动态的一个系统描述和评价。研究者通过大量相关文献的阅读,就可以知道哪些问题已经解决了、哪些没有解决或解决得不够完备,自己计划从哪些方面着手开展进一步研究,如何实现创新,为后续研究提供明确的方向。在对大量高质量的、权威性的新文献的深入研读和分析基础上写作的文献综述,可以为后面的研究和创新奠定良好的基础。

文献综述的写作格式一般包括如下几个部分:

(1) 文献综述的引言:包括撰写文献综述的原因、意义、文献的范围、正文的标题及基本内容提要。

(2) 文献综述的正文:包括某一课题研究的历史(寻求研究问题的发展历程)、现状、基本内容(寻求认识的进步),研究方法的分析(寻求研究方法的借鉴),已解决的问题和尚存的问题,重点、详尽地阐述对当前的影响及发展趋势,这样不但可以使研究者确定研究方向,而且便于他人了解该课题研究的起点和切入点,是在他人研究的基础上有所创新。

(3) 文献综述的结论:概括指出自己对该课题的研究意见,存在的不同意见和有待解决的问题等。

(4) 文献综述的附录:列出参考文献,说明文献综述所依据的资料,增加综述的可信度,便于读者进一步检索。

文献综述写作中应注意的事项包括:

文献综述不是对已有文献的重复、罗列和一般性介绍,而应是对以往研究成果的优点、不足和贡献的批判性分析与评论。文献综述应包括综合提炼和分析评论两个方面。

写作时要做到文字简洁,尽量避免大量引用原文,要用自己的语言把作者的主要观点说清楚。

文献综述不是资料库,要紧紧围绕课题研究的问题,确保所述的已有研究成果与本课题研究直接相关,其内容是围绕课题紧密组织在一起,既能系统全面地反映研究对象的历史、现状和趋势,又能反映研究内容的各个方面。

综述要全面、准确、客观,用于评论的观点、论据最好来自一次文献或原始文献,尽量避免使用别人对原始文献的解释或综述。

第二节 论文的基本构件、层次与格式

下面简要介绍学位论文与学术论文写作中要注意的基本问题。

一、学位论文的基本构件

学位论文包括学士、硕士和博士学位的论文。不同的教学与科研单位对学位论文写作的要求不尽相同,但各类学位论文的写作往往有相对固定的组成要素,一般由如下几个部分组成:

(一)摘要与关键词

摘要又称文摘,是论文的重要组成部分,它是以提供文献内容梗概为目的,是简明、确切地反映文献重要内容的短文,文字简练,内容充分概括,不加评论和补充解释。

论文摘要一般包括目的、方法、对象和结论四个要素。(1)目的:简要说明研究的目的,说明提出问题的缘由,表明研究的范围及重要性;(2)方法:本文所采用的主要研究方法。应说明研究课题的基本设计,使用了什么研究方法;(3)对象:介绍本项研究的主要内容,说明完成了哪些工作,对问题的研究所得出的重要结论及主要观点,突出论文的新见解,这部分是论文摘要的主体部分;(4)结论:简要说明所取得观点的理论价值或应用价值,是否值得推荐或推广等。

在写作时,应以第三人称写作,避免使用"我们""作者""本文"等类词语做主语;叙述完整,突出逻辑性,短文结构要合理,具有独立性,可以单独使用;文字简明扼要,不容赘言,采用直接表述的方法,不使用不必要的文学修饰,用最少的文字提供最大的信息量;摘要中不使用特殊字符、图表以及由特殊字符组成的数学表达式,不能列举例证。

学位论文的摘要字数因学位论文的不同而不同,学士论文的摘要字数一般在300～500字,硕士和博士论文的摘要字数一般在800～1000字。

关键词是对本文一些关键性概念、观点、方法、结论的高度概括,以凸显本文特色与创新。所列举的关键词以4～5个为好。

(二)绪论

绪论,又称导论,是对本项研究的一些基础性工作的介绍,往往包括选题背景、选题意义、国内外研究现状与评价(文献综述)、相关概念的界定、研究方法、技术路线、主要内容、

主要创新点等几个部分。

国内外研究现状与评价又称文献综述,是对与本选题有关的国内外近期权威性研究成果加以介绍,分析它们的研究方法、研究结论,在此基础上,最后做出一个综合评价,指出它们在与自己的选题方面做出的贡献、值得借鉴之处、存在的问题与不足,然后提出自己的工作方向。

相关概念的界定是指对本论文后面研究中常用的一些基础性概念,先做一些必要的交代。尤其是作者提出一些新概念时,要厘清与现有的相关概念之间的关系,还要考虑到自己所提概念的科学性、合理性、在本学科领域的可接受性,等等。

在导论部分往往要对本文所采用的重要和富有特色的研究方法做简单介绍。所用的研究方法要新颖、选择恰当、富有针对性,才会使研究结论准确、可靠。

在导论部分要对本文做出的创新性工作做一个扼要介绍,将其归纳为若干创新点。对每一个创新点,可以用几句概括性语言表述,然后用一个小段落做适当解释,以能让读者一目了然。

(三)正文

正文是学位论文的主体部分,由若干章组成。这些章的内容往往包括:现状描述、存在的问题与原因、机理分析、比较研究、实证研究、模型构建、机制设计、政策建议,等等。

在正文的最后部分,往往设置"研究结论与研究展望"作为最后一章。该章概括性地表述本项研究的若干研究结论,指出研究中存在的问题不足,以及未来研究的工作方向。

在正文中一般要有文中注释,以交代文献来源,尊重劳动成果。注释一般在当页做脚注为好,也可以采用尾注形式,并顺序编号,注释文献的写作格式同参考文献格式。

(四)参考文献

列举在本项研究中直接或间接用到的参考文献,列入近年发表(出版)的、有较高学术层次的中外文文献,低层次文献、过于陈旧的资料不列入。不同学术机构对不同层次的学位论文的参考文献的数量有不同要求。参考文献写作格式将在后面介绍。

(五)附件

附件是指在研究中使用或参考的调查表、数据、计算程序等,不便于放在正文中,可以集中放在后面,以作为正文的补充。

(六)致谢

在这里,可以简单介绍一下自己的研究工作情况,并对为本项研究提供过帮助的人员与机构表示感谢。

二、学术论文的构件

学术论文是将研究成果以论文的形式写作出来,并交由有关学科领域的专业期刊发表,以利传播、交流和保存。

不同专业期刊对学术论文的构件与字数往往有不同的要求,作者可以参看目标期刊对文章构件、排版格式、参考文献格式、基本字数等的具体要求。一般而言,学术论文常常包括如下基本构件:中英文摘要、关键词、正文、文中注释、参考文献;并在首页文尾处注明作者简介和支撑项目名称。期刊论文的摘要写作方法与学位论文相似,但字数要少一些,一般在150～350字。

学术论文的正文部分可以采取多种方式写作,以将问题和研究结论交代清楚为准。一般包括:

(1) 绪论,这部分是提出问题,交代所要研究的问题。

(2) 文献综述,对与本选题有关的国内外相关研究成果做简要介绍,并进行评介,并交代本文之后的研究方向。

(3) 主体部分,是对本项研究问题进行解剖,探讨其机制、机理,分析其原因,提出解决方案等。论文一般要借用一些专门的研究方法,使用有关数据,提供有关事实,或建立模型,对问题进行深入的剖析,最后提出对策建议。

(4) 结论。在文章的最后,往往要对本文的研究成果做一个简单的概括,并对其应用情况做出说明。

在学术论文写作中,必要时使用文中注释,可以采用脚注或尾注形式;在最后附上本文写作中直接或间接使用过的若干篇参考文献。注意参考文献的新颖性、权威性、典型性、规范性。

最后写上作者简介、通讯地址(含电子邮箱、联系电话),以方便编辑与作者沟通并邮寄刊物。

三、论文写作的层次格式

不论是学位论文,还是学术论文(以下统称论文),在写作中要遵循基本的格式要求。论文的层次格式有两种:

一是以汉语序号形式展开的,如论文的第三章、第一节及其下的第一个问题,可以按照如下形式展开:三——(一)——第一或(1)。这种层次格式在公文报告、讲话稿、人文社科类论文和书籍中用得较多。因为学位论文或书籍篇幅较长,常常采用第三章、第一节、一、(一),这种格式。

二是以阿拉伯数字形式展开的,如论文的第三章、第一节及其下的第一个问题等,可以按照如下形式展开:3.——3.1.——3.1.1——(1)——①或第一。这种层次格式在学术论文,尤其是理工类论文中用得较多。国外许多学术期刊、书籍,也多采用这种层次格式。

各个层级的标题要简练,高度概括。各级标题之后不加标点符号。文章题目中间如果需要停顿的,不需加标点符号,留一空格,表示停顿。

注意文章层次结构的符号分隔不要太多,段落本身也是一种分隔,以免文章显得零碎。

论文中的表格要有序号和表名,表名在表的上方;插图有序号和图名,图名在图的下方。学位论文可以分章编号,如第三章的第二个表格(图形)的序号是表3-2(图3-2);期刊论文中的图标较少,一般采用连续编号。

当文中的公式较多,且在后文中要提到这些公式时,对这些公式要给出公式编号,写在公式右侧顶头,如第三章的第2个公式注为(3-2)。期刊论文一般连续编号。

四、注释与参考文献的基本格式

在论文写作中,常常要对所引用观点、材料数据等加以注释,以交代文献来源,也是尊重别人的劳动成果。各杂志对注释和参考文献的写作格式往往有所差别。为了统一格式,许多国家和组织制定了注释和参考文献的标准。

(一)中华人民共和国国家标准《信息与文献参考文献著录规则》简介

2015年5月15日,中华人民共和国国家质量监督检验检疫总局和中国国家标准化管理委员会共同发布了最新的《信息与文献参考文献著录规则》(GB/T 7714—2015)。按照该标准,下面就常见的参考文献格式举例说明:

(1)期刊文章:

序号 作者.题名[J].刊名,出版年,期号.

示例:[1]汪莹,王光岐.我国众筹融资的运作模式及风险研究[J].浙江金融,2014(04).

(2)专著:

序号 作者.书名.版本(第1版不标注).出版地:出版社,出版年.

示例:[1]冯学荣.日本为什么侵华:从甲午战争到七七事变[M].北京:金城出版社,2014:12-15.

[2][美]罗伯特·S.平狄克,丹尼尔·L.鲁宾费尔德.微观经济学(第7版)[M].高远,朱海洋译.北京:中国人民大学出版社,2013.

(3)论文集\论文集中的析出文献:

序号 作者.题名.主编.论文集名[C].出版地:出版社,出版年.

示例:[1]吴晓求.现代金融:理论·政策·借鉴[C].北京:中国人民大学出版社,2002.

对于专著、论文集中的析出文献,其文献类型标识建议采用单字母"A";对于其他未说明的文献类型,建议采用单字母"Z"。

[2]瞿强.信息经济学与现代金融理论的发展[A].吴晓求.现代金融:理论·政策·

借鉴.北京：中国人民大学出版社,2002.

(4) 学位论文：

学位论文：序号　作者.题名[D].保存地点:保存单位与论文(博硕)类型,年份.

示例：[1] 冯军旗. 中县干部[D].北京：北京大学博士论文,2010.

多个作者名中间用逗号隔开。

(5) 报纸文示例：

[1] 刘彬. 博学明理的国际文化使者——沙博理生平记述[N].光明日报,2014-10-24(9).

(6) 报告：

示例：[1]白永秀. 金融市场培育与发展研究[R].上海:复旦大学经济研究中心,1998.

(7) 英文文献：

[1] Indunil De Silva. Inequality decomposition by population subgroups and income sources in Sri Lanka[J]. *Journal of Economic Studies*, 2013,40 (1):4-21.

[2] W. D. Bygrave & J. A. Timmous. *Venture Capital of the Crossroads*[M]. Cambridge:Harvard Business School Press, 1992.

[3] Gompers, P. A. The Theory, Structure, and Performance of Venture Capital[D]. Dissertation for Ph.D. Degree, Harvard University, 1993.

另外注意事项：在参考文献的最后加上".",以表示结束；对有确切页码的注释文献则要在上述文献格式的最后将"."改为":",后面加上页码(范围),最后加上"."。

注释是对论文正文中某一特定内容的进一步解释或补充说明或直接引用,置于当页页脚,文中标记处和页脚处均用圈码序号标识,如①,②。

各种简写符号的全称：专著(M：Monograph);论文集(C：Collected papers);学位论文(D：Dissertation);报告(R：Report);期刊文章(J：Journal);报纸文章(N：Newspaper article);标准(S：Standardization);专利(P：Patent literature)。

(二) 国外常用的注释和参考文献体系

国外常用的注释和参考文献体系有如下几种：

哈佛注释体系(Harvard System),也叫"作者—日期法"(Author-date method)。根据哈佛体系,每一个引文,无论直接还是间接,都应分别在两处注明：在文中引用处注明;在全书或全文最后的参考书目(Bibliography)处注明。哈佛参考文献注释体系起源于美国,20世纪五六十年代开始流行,尤其在物理学和自然科学研究领域使用最多,近年来社会科学中也开始流行。

APA 格式指的就是美国心理学会(American Psychological Association)出版的《美国心理协会刊物准则》,最新版是 2009 年出版的第 6 版,官方网站是 http://www.apastyle.org。APA 格式主要用于心理学、教育学、社会科学等学科。中国的外语类期刊及自然科学类的学术刊物喜欢使用 APA 格式。

芝加哥格式(The Chicago Manual of Style)。芝加哥参考文献格式由芝加哥大学出版社(University of Chicago Press)制定,最新 The Chicago Manual of Style(第 16 版)于 2010 年出版,主要用于书籍、杂志、新闻等媒体,官网为:

http://www.chicagomanualofstyle.org/home.html。

MLA 格式(Modern Language Association)。MLA 主要是用于人文、艺术等学科,由美国现代语言学会(Modern Language Association)发布,最新的版本是 2008 年出版的第 7 版 The MLA Style Manual and Guide to Scholarly Publishing。MLA 格式手册在美国、加拿大和其他国家广泛使用,对人文学科的研究写作和研究文件提供指引,尤其是英语研究、其他现代语言及文学研究、文学批评、媒体研究、文化研究和相关学科。

除此之外,还有一些其他格式,如 Turabian 格式、CSE 格式、AMA 格式、IEEE 格式、温哥华格式、Vancouver Format,等等。

作者在写作时,可以参考目标期刊或国际学术会议的要求来选择它们规定的注释和参考文献格式。

第三节 学术期刊的分类与论文检索

按照学术期刊刊登文章的学术性程度不同,期刊可以分为学术期刊和非学术期刊。学术期刊刊发的文献以学术论文为主;非学术期刊刊发的文献则以文件宣传、新闻报道、领导讲话、工作动态、业务知识介绍等为主,可以作为学术研究的参考资料。

一、学术期刊的分类

学术期刊是学术研究成果的重要载体和知识生产的重要环节与平台,可以从不同角度进行分类。

(一)按学术层次分

(1)学术类:研究机构的院刊、各级学会(研究会)会刊、大学学报。当然这些学术刊物的学术层次有高低之别。

(2)半学术类:政府机构的工作刊物,带学术性探讨,如《黑龙江金融》《咨询与决策》等。

(3)工作通讯类:以政策宣讲,行业或地区动态报道为主,如《今日湖北》《山东经济》等。

(4)独立机构办的半学术性刊物:《当代经济》《经济师》《企业家》等。

(二)按主管单位的层次分

(1)省级期刊。由各省、自治区、直辖市及其所属的部、委办、厅、局、社科院、省级专业学会、国家一级专业学会的二级分会主办的期刊,以及由大专院校主办的学报(刊),一般视为省级期刊。

(2)国家级期刊。由中共中央、国务院及所属各部门,中国科学院和中国社会科学院下的各研究所、各民主党派中央、全国性人民团体和国家一级专业学会主办的刊物,一般视为国家级期刊。

(3) ISSN 刊物与 CN 刊物:

ISSN(International Standard Serial Number,国际标准连续出版物编号)是根据国际标准 ISO3297 制定的连续出版物国际标准编码,其目的是使世界上每一种不同题名、不同版本的连续出版物都有一个国际性的唯一代码标识。ISSN 由设在法国巴黎的国际 ISDS 中心管理。该编号是以 ISSN 为前缀,由 8 位数字组成。人们常称此类刊物为 ISSN 刊物。

CN 刊物指在我国境内注册、国内公开发行的刊物,该类刊物的刊号均标注有 CN 字母。CN 刊号由国家新闻出版总署批准。

二、核心期刊遴选体系

学术期刊的评价越来越受到学术界、科研管理界、期刊界与图书情报界的普遍关注。科学地确定核心期刊的范围,有助于科研工作者重点阅读本学科专业期刊的内容,获得高密度的学术信息资源,对于图书情报单位建立核心馆藏等有重要意义。

"核心期刊"是国内几所大学的图书馆或机构根据期刊的引文率、转载率、文摘率等指标确定的。由于各个机构确认核心期刊的标准不尽相同,于是就形成了多种核心期刊分类,如北大核心、南大核心、人文社科核心等。

目前国内有六大核心期刊(或来源期刊)遴选体系,分别是:

一是"北大核心",即北京大学图书馆"中文核心期刊"。它是由北京大学图书馆与北京高校图书馆期刊工作研究会联合编辑出版的《中文核心期刊要目总览》,每四年修订一次。

二是"南大核心",即南京大学"中文社会科学引文索引(CSSCI)来源期刊"。它是由南京大学中国社会科学研究评价中心组织评定的,两年评选一次。目前南大核心来源期刊,受到了学术界的广泛认同。

三是中国科学技术信息研究所"中国科技论文统计源期刊",又称"中国科技核心期刊"。它由中国科技信息研究所(ISTIC)受国家科技部委托,按照美国科学情报研究所(ISI)《期刊引证报告》(JCR)的模式,结合中国科技期刊发展的实际情况,选择总被引频次、影响因子、平均引用率、基金资助论文比例等十几种期刊评价指标,编辑出版《年度中国科技期刊引证报告》。

四是中国社会科学院文献信息中心"中国人文社会科学核心期刊"。

中国社会科学院文献信息中心、文献计量与科学评价研究中心,通过对学术期刊发展规律和增长趋势的量化分析,经过定量筛选和专家论证之后,测定出期刊发展和应用中的核心部分,评选出我国人文社会科学各学科和综合学科的核心期刊386种,并出版《中国人文社会科学核心期刊要览》。

五是中国科学院文献情报中心"中国科学引文数据库(CSCD)来源期刊"。

中国科学引文数据库(Chinese Science Citation Database,CSCD)创建于1989年,收录我国数学、物理、化学、天文学、地学、生物学、农林科学、医药卫生、工程技术、环境科学和管理科学等领域出版的中英文科技核心期刊和优秀期刊千余种。

六是万方数据股份有限公司的"中国核心期刊遴选数据库"。

"中国核心期刊(遴选)数据库"包括了我国文献计量单位中科技类核心源期刊和社科类统计源期刊,是核心期刊测评和论文统计分析的数据源基础。该数据库由万方数据公司于2003年建成。万方数据以中国数字化期刊为基础,集合多年建设的中国科技文献数据库、中国科技论文与引文数据库以及其他相关数据库中的期刊条目部分内容,形成了"中国核心期刊遴选库"。

三、论文检索

论文在期刊社发表后,可能会被某种数据库检索。论文被检索的情况可以大体反映论文的学术水平。

1960年,著名情报学家和科学计量学家尤金·加菲尔德博士(Dr. Eugene Garfield)在美国费城创建了科学情报研究所(The Institute for Scientific Information,ISI)。ISI现为汤森路透科技集团(Thomson Scientific)的一部分,尤金·加菲尔德担任汤森路透科技集团终身名誉董事长。目前,汤森路透科技集团是汤森路透(Thomson Reuters)旗下的一个分公司。汤森路透成立于2008年4月17日,由加拿大汤姆森公司(The Thomson Corporation)与英国路透集团(Reuters Group PLC)合并组建而成,是目前全球最大的商务和专业智能信息提供商,为金融、法律、税务与财会、科学技术、知识产权、医疗保健和媒体等领域的专业人员和决策者提供重要的信息,总部位于纽约。

ISI出版的引文索引包括SCI、SSCI、A&HCI、CPCI-S、CPCI-SSH、JCR等。

SCI(Science Citation Index)即《科学引文索引》,是美国科学情报研究所出版的一部自然科学领域基础理论学科方面的重要的期刊文献检索工具,1961年创办出版,收录全世界出版的数、理、化、农、林、医、生命科学、天文、地理、环境、材料、工程技术等自然科学各学科的核心期刊五千多种。ISI通过严格的评估程序和标准挑选刊源,而且每年略有增减,从而做到SCI收录的文献能全面覆盖全世界最重要和最有影响力的研究成果。目前,它已成为国内外学术界制定学科发展规划和进行学术排名的重要依据,是目前国际上三大检索系统中最著名的一种。SCIE网络数据库属于扩展版(SCI Expanded),收录期刊7792种,提供1945年至今的数据(部分数据回溯至1900年);核心版(印刷本或光盘版)

收录 7792 种期刊中的 3753 种期刊。

SSCI(Social Sciences Citation Index),即《社会科学引文索引》,是 SCI 的姊妹篇,由美国科学信息研究所于 1969 年创建,是目前世界上用来对不同国家和地区的社会科学论文的数量进行统计分析的大型检索工具。1999 年 SSCI 全文收录 1809 种世界最重要的社会科学期刊,内容覆盖包括人类学、法律、经济、历史、地理、心理学等 55 个领域。收录文献类型包括:研究论文、书评、专题讨论、社论、人物自传、书信等。选择收录的期刊有 1300 多种。SSCI 对其收录期刊范围的说明中明确告知该数据库中有一部分内容与 SCI 重复,这是因为学科之间本身有交叉,是社会科学与自然科学相结合的跨学科的研究在文献中的自然反映。

A&HCI(Arts & Humanities Citation Index),即《艺术人文引文索引》,是美国科学情报研究所建立的综合性艺术与人文类文献数据库,创刊于 1976 年,收录数据从 1975 年至今,是艺术与人文科学领域重要的期刊文摘索引数据库。据 ISI 网站最新公布数据显示:A&HCI 收录期刊 1160 种,数据覆盖了语言、文学、哲学、宗教、历史、考古学、建筑学、亚洲研究、艺术等社会科学领域。包括文学、哲学、历史、艺术等内容。A&HCI 网络版收录 1295 种艺术和人文科学领域中最权威期刊的全部论文,并且选择收录全球顶尖级的 6800 多种科学技术和社会科学期刊的论文。

1997 年,ISI 推出引文索引的网络版本——Web of Science,内容涵盖自然科学、工程技术、社会科学、艺术与人文等诸多领域内最具影响力的 11 000 多种学术期刊。在 Web of Science 平台上,可以同时检索 SCIE、SSCI、A&HCI 以及其他多个数据库。

CPCI-S(Conference Proceedings Citation Index-Science),科学技术会议录引文索引,原名 ISTP(Index to Scientific & Technical Proceedings),即《科学技术会议录索引》,创刊于 1978 年,由美国科学情报研究所出版。本会议索引收录生命科学、物理化学、农业生物和环境科学、工程技术、管理信息、教育发展、社科人文和应用科学等学科的会议文献,包括一般性会议、座谈会、研究会、讨论会、发表会等。涉及学科基本与 SCI 相同,其中工程技术与应用科学类文献约占 35%,其他专业学科约占 65%。收录论文的多少与科技人员参加的重要国际学术会议多少或提交、发表论文的多少有关。

CPCI-SSH(Conference Proceedings Citation Index-Social Sciences & Humanities),即《社会科学与人文科学会议录索引》,由美国科学情报研究所出版。原名 ISSHP(Index to Social Sciences & Humanities Proceedings),即《社会科学与人文会议录索引》,1994 年创刊,每季度更新。CPCI-SSH 收录了来自于社会科学、艺术与人文领域的所有学科,包括心理学、社会学、公共健康、管理学、经济学、艺术、历史、文学与哲学等领域的会议,包括专著、期刊、报告、增刊及预印本等形式出版的各种一般会议、座谈、研究会和专题讨论会的会议录文献。

JCR(Journal Citation Reports),即《期刊引用报告》,由美国科学情报研究所出版,每年出版一次。JCR 对包括 SCI 收录的 3800 种核心期刊（光盘版）在内的 8000 多种期刊（网络版）之间的引用和被引用数据进行统计计算,发布每种期刊的影响因子(Impact Factor)、及时指数、被引半衰期等反映期刊质量和影响的指标。JCR 已经成为一种重要的期刊评价工具,论文作者可根据 JCR 发布的期刊的影响因子排名决定投稿方向,图书馆可根据 JCR 提供的数据制定期刊征订政策。

EI(The Engineering Index),即《工程索引》。EI 创刊于 1884 年,是美国工程信息公司(Engineering information Inc.)出版的著名工程技术类综合性检索工具。EI 每月出版 1 期,文摘 1.3 万至 1.4 万条;每期附有主题索引与作者索引;每年还另外出版年卷本和年度索引,年度索引还增加了作者单位索引。收录文献几乎涉及工程技术各个领域,如动力、电工、电子、自动控制、矿冶、金属工艺、机械制造、管理、土建、水利、教育工程等。它具有综合性强、资料来源广、地理覆盖面广、报道量大、报道质量高、权威性强等特点。

在 SCI、EI、CPCI 这三大检索系统中,SCI 最能反映基础学科研究水平和论文质量,该检索系统收录的科技期刊比较全面,可以说它是集中各个学科高质量优秀论文的精粹,该检索系统历来成为世界科技界密切注视的中心和焦点;EI、CPCI 这两个检索系统评定科技论文和科技期刊的质量标准却较为宽松。

CSSCI 是"中文社会科学引文索引"英文名称 Chinese Social Science Citation Index 的首字母缩写,由南京大学中国社会科学研究评价中心研制,1999 年完成了 CSSCI 引文数据库的构建工作,随后研制成功了 CSSCI 数据库网络版和光盘版。CSSCI 可以揭示学术发展的基本走向,为人文社会科学研究提供第一手资料的大型检索工具。

CSCD(中国科学引文数据库,Chinese Science Citation Database),由中国科学院文献情报中心研制,收入我国数学、物理学、力学、化学、天文学、地球科学、生物学、农林科学、医药卫生、工程技术、环境科学、管理科学等学科领域出版的中英文科技核心期刊和优秀期刊 1048 种。CSCD 分为核心库和扩展库。核心库的来源期刊是各学科领域中具有权威性和代表性的核心期刊,扩展库的来源期刊在大范围内遴选,是我国各学科领域较优秀的期刊。

四、期刊的影响因子

期刊的影响因子(Impact Factor,IF)是美国科学信息研究所的期刊引证报告(Journal Citation Reports,JCR)中的一项数据,是指该刊前两年发表的文献在当前年的平均被引用次数,用来评价刊物的学术水平,其计算方法是:某期刊前两年发表的论文在统计当年的被引用总次数除以该期刊在前两年内发表的论文总数。这是一个国际上通行的期刊水平评价指标。

影响因子是以年为单位进行计算的。以 2014 年的某一期刊影响因子为例,
$$IF(2014 年) = A/B,$$

其中，A＝该期刊 2012 年至 2013 年刊发的所有文章在 2014 年中被引用的次数；B＝该期刊 2012 年至 2013 年刊发的文章总数。

一种刊物的影响因子越高，也即其刊载的文献被引用率越高，说明这些文献报道的研究成果影响力大，也反映该刊物的学术水平高。

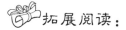拓展阅读：

提高学术文章写作水平的十条建议

迈克尔·芒格，美国杜克大学政治学系主任

大学的许多老师和管理者都需要花费大量时间写作，但我们的写作水平往往差强人意。

在大学工作的近 30 年中，我看到很多有才华的人因为不能写作或者没有写作而失败了。而有些能力平平的人就因为掌握了写作技能在学界混得还算不错。

这开始于研究生院。从那时起，你要从上课转变为写作，开始几乎正好相反的转型。许多研究生在前两年上课期间是人人都羡慕和高看的明星，但突然间他们发现自己不再是主角了。相反，那些不在乎通过认真阅读参考书目中每一页书而讨好教授的不起眼的学生突然给刊物投稿而且发表了，实现了从学生到专业学者的转变。

其实，差别并不复杂，就是因为写作水平。

下面，我提出学术文章写作的 10 条建议，它们或许能帮助人们写得稍微好一些。

一、写作是一种训练

只有通过练习才能写得更好、更快。如果你一年后要跑马拉松，你能够等待几个月后一下子跑 26 英里吗？不可能，你应该逐渐增加，每天都要跑。你或许可以先在平地上练习，慢慢再向要求更高的、难度更大的地方跑。要成为作家，就要写作。不要等待需要写书稿或写可怕的外部评审报告了才开始写作。

二、制定产出目标而不是输入目标

"我要学习三小时"是一种幻觉，而"我要写出双倍行距的三页文章"才是目标。写了三页后再做别的事，备课、上课、开会或别的什么。如果晚上你觉得还想写，当然好。如果没有写的意愿，至少你要写点什么。

三、找到一种声音，不要仅仅满足于"发表"

詹姆斯·布坎南在 1986 年获得诺贝尔经济学奖。他向求职者提的问题之一是"10 年后可能还有人阅读的你的作品是什么？100 年后呢？"有人曾问过我这个问题，这确实让人感到恐惧，也令人尴尬，因为我们多数人不这样想。我们关心的是"发表"，就好像文章和观点或论证没有任何关系似的。矛盾的是，你越是竭力想"发表"，你就越发表不了什么东西。而当你真正对所写的东西感兴趣时,写作往往就变得更容易一些。

四、给你自己时间

许多聪明人往往用善意的谎言欺骗自己,比如"我在最后时刻能做得最好"。瞧瞧,根本不是那回事。谁也不能在压力下有更好的表现。当然,你是聪明人,但如果你要撰写一个艰深的问题,怎么可能就在会议的前一天晚上思考一下就能做出重要贡献呢?作家坐在书桌前一连几个小时绞尽脑汁思考。他们提出问题,在喝酒或吃饭时与聪明人交谈,长时间散步,然后再一挥而就一个章节。不要担心写出来的东西不好,不能马上使用。你在写文章的时候可能有新的想法出现,而不仅仅是把思想写下来。那些几十年后仍然有人读的文章和书是由那些坐在书桌前的人写出来的,他们强迫自己把深刻的思想转变成文字,然后再让这些文字引导出更多的思想。如果你给自己充足的时间,写作可能有神奇的魔力,因为你能把自己思想中特定时刻的想法的形象刻画出来,让在时间和空间上都非常遥远的地方的人看得到。

五、还未写出来的著作都是最精彩的

没有写出来的东西越多,就越精彩。我们都遇见过那些口若悬河、令人钦佩的研究生或者老师。他们对什么问题都能回答,会告诉他们要写什么东西,内容将多么精彩。但几年过去了,再问他"你在写什么书?"时,他们仍然给出同样的答案,200字的答案。当你真正在写作,为了成功努力工作时,你会感到自己太愚蠢、水平太臭、疲惫不堪。如果你没有这样感觉,那说明你还不够努力。

六、找一个谜语

描绘或者甚至设想你的著作是在猜谜。有很多有趣的谜语:甲和乙从同一个假设开始却得出了相反的结论,怎么回事?这里有三个似乎都不一样的问题,奇怪的是,它们是同一个问题伪装出来的,我来告诉你这是为什么。理论预测了某个结果,但我们观察到了其他内容。是理论错误还是我们忽略了某些因素?不要被这些模式所限制,但它们在把你的研究呈现给受众时非常有帮助,无论是演讲的听众还是文章读者。

七、写作优先,有多余时间再做其他事

我碰巧是个喜欢起早的人,所以总是在早上写作。然后才上课、开会或做文字工作。你或许是"夜猫子"或在这两个极端之间的某个地方。不管怎样,要确保把精力最旺盛的时间留给写作。不要在忙完别的事后再写作,也不要安慰自己有了整块儿时间后再写作。先写作,有时间再做其他事。

八、你的思想不一定都很深刻

许多人感到沮丧,因为他们在自己感兴趣的大问题上提不出有说服力的分析,因此什么也不写。其实,刚开始要从小事谈起。奇妙的是,你可能发现自己已经在登山途中走了

很长的路,继续长时间埋头一步一步写下去。重新描述问题,准确定义术语,了解论证如何起作用等是很困难的,除非你实际上把它们写出来。

九、你最深刻的思想往往是错误的,或至少不完全是对的

尤其是在问题很难的时候,准确地提出问题或疑问不是轻而易举的事。当刚入学的研究生说他们知道自己希望研究的东西或毕业论文要写的内容时,我总是暗自发笑。几乎所有最优秀的学者在研究和写作的切身经历中都经历过重大改变。他们都是在做中学,有时候了解到自己错了。

十、一次次地编辑你的作品

文章写出来后请他人看看。当你实在厌恶自己的写作时,不妨与同事或导师交换论文,相互批改。你需要克服可能遭到批评和回绝的恐惧。谁的初稿都不好,成功的学者和失败者的区别不一定是他们写得好,常常是这些人的编辑工作做得好。

如果你写作时遇到麻烦,那说明你写得不够多。在我看来,一下子写很多页轻而易举,虽然我不可能成为作家,毕竟我文笔不好。但是,因为考虑了这些建议,并试图按这些建议来做,我已经达到了轻松对付自己和职业所需要的写作的地步。希望读者也能从中受益。

(文章载于《高等教育纪事报》2010年12月6日,原标题 10 *Tips on How to Write Less Badly*,吴万伟译,这里做了一些改编)

附表 1

标准正态分布函数表

$$F_0(u) = P(Z < u) = \frac{1}{\sqrt{2\pi}} \int_{-\infty}^{u} e^{-\frac{x^2}{2}} dx \quad (u \geq 0)$$

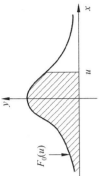

u	0.00	0.01	0.02	0.03	0.04	0.05	0.06	0.07	0.08	0.09
0.0	0.5000	0.5040	0.5080	0.5120	0.5160	0.5199	0.5239	0.5279	0.5319	0.5359
0.1	0.5398	0.5438	0.5478	0.5517	0.5557	0.5596	0.5636	0.5675	0.5714	0.5753
0.2	0.5793	0.5832	0.5871	0.5910	0.5948	0.5987	0.6026	0.6064	0.6103	0.6141
0.3	0.6179	0.6217	0.6255	0.6293	0.6331	0.6368	0.6404	0.6443	0.6480	0.6517
0.4	0.6554	0.6591	0.6628	0.6664	0.6700	0.6736	0.6772	0.6803	0.6844	0.6879
0.5	0.6915	0.6950	0.6985	0.7019	0.7054	0.7088	0.7123	0.7157	0.7190	0.7224
0.6	0.7257	0.7291	0.7324	0.7357	0.7389	0.7422	0.7454	0.7486	0.7517	0.7549
0.7	0.7580	0.7611	0.7642	0.7673	0.7703	0.7734	0.7764	0.7794	0.7823	0.7852
0.8	0.7881	0.7910	0.7939	0.7967	0.7995	0.8023	0.8051	0.8078	0.8106	0.8133
0.9	0.8159	0.8186	0.8212	0.8238	0.8264	0.8289	0.8315	0.8340	0.8365	0.8389
1.0	0.8413	0.8438	0.8461	0.8485	0.8508	0.8531	0.8554	0.8577	0.8599	0.8621
1.1	0.8643	0.8665	0.8686	0.8708	0.8729	0.8749	0.8770	0.8790	0.8810	0.8830
1.2	0.8849	0.8869	0.8888	0.8907	0.8925	0.8944	0.8962	0.8980	0.8997	0.90147
1.3	0.90320	0.90490	0.90658	0.90824	0.90988	0.91149	0.91309	0.91466	0.91621	0.91774
1.4	0.91924	0.92073	0.92220	0.92364	0.92507	0.92647	0.92785	0.92922	0.93056	0.93189
1.5	0.93319	0.93448	0.93574	0.93699	0.93822	0.93943	0.94062	0.94179	0.94295	0.94408
1.6	0.94520	0.94630	0.94738	0.94845	0.94950	0.95053	0.95154	0.95254	0.95352	0.95449
1.7	0.95543	0.95637	0.95728	0.95818	0.95907	0.95994	0.96080	0.96164	0.96246	0.96327
1.8	0.96407	0.96485	0.96562	0.96638	0.96721	0.96784	0.96856	0.96926	0.96995	0.97062
1.9	0.97128	0.97193	0.97257	0.97320	0.97381	0.97441	0.97500	0.97558	0.97615	0.97670
2.0	0.97725	0.97778	0.97831	0.97882	0.97932	0.97982	0.98030	0.98077	0.98124	0.98169
2.1	0.98214	0.98257	0.983C0	0.98341	0.98382	0.98422	0.98461	0.98500	0.98537	0.98574

续表

u	0.00	0.01	0.02	0.03	0.04	0.05	0.06	0.07	0.08	0.09
2.2	0.98610	0.98645	0.98679	0.98713	0.98745	0.98778	0.98809	0.98840	0.98870	0.98899
2.3	0.98928	0.98956	0.98983	0.9^{2}0097	0.9^{2}0358	0.9^{2}0613	0.9^{2}0863	0.9^{2}1106	0.9^{2}1344	0.9^{2}1576
2.4	0.9^{2}1842	0.9^{2}2024	0.9^{2}2240	0.9^{2}2451	0.9^{2}2656	0.9^{2}2857	0.9^{2}3053	0.9^{2}3244	0.9^{2}3431	0.9^{2}3613
2.5	0.9^{2}3790	0.9^{2}3963	0.9^{2}4132	0.9^{2}4297	0.9^{2}4457	0.9^{2}4614	0.9^{2}4766	0.9^{2}4915	0.9^{2}5050	0.9^{2}5201
2.6	0.9^{2}5339	0.9^{2}5473	0.9^{2}5604	0.9^{2}5731	0.9^{2}5855	0.9^{2}5975	0.9^{2}6093	0.9^{2}6207	0.9^{2}6319	0.9^{2}6427
2.7	0.9^{2}6533	0.9^{2}6636	0.9^{2}6736	0.9^{2}6833	0.9^{2}6928	0.9^{2}7020	0.9^{2}7110	0.9^{2}7197	0.9^{2}7282	0.9^{2}7365
2.8	0.9^{2}7445	0.9^{2}7523	0.9^{2}7599	0.9^{2}7673	0.9^{2}7744	0.9^{2}7814	0.9^{2}7882	0.9^{2}7943	0.9^{2}8012	0.9^{2}8074
2.9	0.9^{2}8134	0.9^{2}8193	0.9^{2}8250	0.9^{2}8305	0.9^{2}8359	0.9^{2}8411	0.9^{2}8462	0.9^{2}8511	0.9^{2}8559	0.9^{2}8605
3.0	0.9^{2}8650	0.9^{2}8694	0.9^{2}8736	0.9^{2}8777	0.9^{2}8817	0.9^{2}8856	0.9^{2}8893	0.9^{2}8930	0.9^{2}8965	0.9^{2}8999
3.1	0.9^{3}0324	0.9^{3}0646	0.9^{3}0957	0.9^{3}1260	0.9^{3}1553	0.9^{3}1836	0.9^{3}2112	0.9^{3}2378	0.9^{3}2636	0.9^{3}2686
3.2	0.9^{3}3129	0.9^{3}3363	0.9^{3}3590	0.9^{3}3810	0.9^{3}4024	0.9^{3}4230	0.9^{3}4429	0.9^{3}4623	0.9^{3}4810	0.9^{3}4911
3.3	0.9^{3}5166	0.9^{3}5335	0.9^{3}5499	0.9^{3}5658	0.9^{3}5811	0.9^{3}5959	0.9^{3}6103	0.9^{3}6242	0.9^{3}6376	0.9^{3}6505
3.4	0.9^{3}6633	0.9^{3}6752	0.9^{3}6869	0.9^{3}6982	0.9^{3}7091	0.9^{3}7197	0.9^{3}7299	0.9^{3}7398	0.9^{3}7493	0.9^{3}7585
3.5	0.9^{3}7674	0.9^{3}7759	0.9^{3}7842	0.9^{3}7922	0.9^{3}7999	0.9^{3}8074	0.9^{3}8146	0.9^{3}8215	0.9^{3}8282	0.9^{3}8247
3.6	0.9^{3}8409	0.9^{3}8409	0.9^{3}8527	0.9^{3}8583	0.9^{3}8637	0.9^{3}8689	0.9^{3}8739	0.9^{3}8787	0.9^{3}8834	0.9^{3}8879
3.7	0.9^{3}8922	0.9^{3}8964	0.9^{4}0039	0.9^{4}0426	0.9^{4}0799	0.9^{4}1158	0.9^{4}1504	0.9^{4}1838	0.9^{4}2159	0.9^{4}2468
3.8	0.9^{4}2765	0.9^{4}3052	0.9^{4}3327	0.9^{4}3593	0.9^{4}3848	0.9^{4}4094	0.9^{4}4331	0.9^{4}4558	0.9^{4}4777	0.9^{4}4988
3.9	0.9^{4}5190	0.9^{4}5385	0.9^{4}5573	0.9^{4}5753	0.9^{4}5926	0.9^{4}6002	0.9^{4}6253	0.9^{4}6406	0.9^{4}6554	0.9^{4}6696
4.0	0.9^{4}6833	0.9^{4}6964	0.9^{4}7090	0.9^{4}7211	0.9^{4}7327	0.9^{4}7439	0.9^{4}7546	0.9^{4}7649	0.9^{4}7748	0.9^{4}7843
4.1	0.9^{4}7934	0.9^{4}8022	0.9^{4}8106	0.9^{4}8186	0.9^{4}8263	0.9^{4}8338	0.9^{4}8400	0.9^{4}8477	0.9^{4}8542	0.9^{4}8605
4.2	0.9^{4}8665	0.9^{4}8723	0.9^{4}8778	0.9^{4}8832	0.9^{4}8882	0.9^{4}8931	0.9^{4}8978	0.9^{5}0226	0.9^{5}0655	0.9^{5}1066
4.3	0.9^{5}1460	0.9^{5}1837	0.9^{5}2199	0.9^{5}2545	0.9^{5}2876	0.9^{5}3193	0.9^{5}3497	0.9^{5}3788	0.9^{5}4066	0.9^{5}4332
4.4	0.9^{5}4587	0.9^{5}4831	0.9^{5}5065	0.9^{5}5288	0.9^{5}5502	0.9^{5}5706	0.9^{5}5902	0.9^{5}6089	0.9^{5}6268	0.9^{5}6439
4.5	0.9^{5}6602	0.9^{5}6759	0.9^{5}6908	0.9^{5}7051	0.9^{5}7187	0.9^{5}7313	0.9^{5}7442	0.9^{5}7561	0.9^{5}7675	0.9^{5}7784
4.6	0.9^{5}7888	0.9^{5}7987	0.9^{5}8081	0.9^{5}8172	0.9^{5}8258	0.9^{5}8340	0.9^{5}8419	0.9^{5}8494	0.9^{5}8566	0.9^{5}8634
4.7	0.9^{5}8699	0.9^{5}8761	0.9^{5}8821	0.9^{5}8877	0.9^{5}8931	0.9^{5}8983	0.9^{5}0320	0.9^{5}0789	0.9^{5}1235	0.9^{5}1661
4.8	0.9^{6}2007	0.9^{6}2453	0.9^{6}2822	0.9^{6}3173	0.9^{6}3508	0.9^{6}3827	0.9^{6}4131	0.9^{6}4420	0.9^{6}4656	0.9^{6}4958
4.9	0.9^{5}5208	0.9^{5}5446	0.9^{5}5673	0.9^{5}5889	0.9^{6}6094	0.9^{6}6289	0.9^{6}6475	0.9^{6}6652	0.9^{6}6821	0.9^{6}6918

附表 2

t 分布双侧临界值表

$$P(|t| > t_{\alpha/2}(m)) = \alpha$$

α \ m	0.9	0.8	0.7	0.6	0.5	0.4	0.3	0.2	0.1	0.05	0.02	0.01	0.001
1	0.159	0.325	0.510	0.727	1.000	1.376	1.963	3.087	6.314	12.706	31.821	63.657	636.619
2	0.142	0.289	0.445	0.617	0.816	1.061	1.386	1.886	2.920	4.303	6.925	9.925	31.598
3	0.137	0.277	0.424	0.584	0.765	0.978	1.250	1.638	2.353	3.182	4.541	5.841	12.924
4	0.134	0.271	0.414	0.569	0.741	0.941	1.190	1.533	2.132	2.776	3.747	4.604	8.610
5	0.132	0.267	0.408	0.559	0.727	0.920	1.156	1.476	2.015	2.571	3.365	4.032	6.859
6	0.131	0.265	0.404	0.553	0.718	0.906	1.134	1.440	1.943	2.447	3.143	3.707	5.959
7	0.130	0.263	0.402	0.549	0.711	0.896	1.119	1.415	1.895	2.365	2.998	3.499	5.405
8	0.130	0.262	0.399	0.546	0.706	0.889	1.108	1.397	1.866	2.306	2.896	3.355	5.041
9	0.129	0.261	0.398	0.543	0.703	0.883	1.100	1.383	1.833	2.262	2.821	3.250	4.781
10	0.129	0.260	0.397	0.542	0.700	0.879	1.093	1.372	1.812	2.228	2.764	3.169	4.587
11	0.129	0.260	0.396	0.540	0.697	0.876	1.088	1.363	1.796	2.201	2.718	3.106	4.437
12	0.128	0.259	0.395	0.539	0.695	0.873	1.083	1.355	1.782	2.179	2.681	3.055	4.318
13	0.128	0.259	0.394	0.538	0.694	0.870	1.079	1.350	1.771	2.160	2.650	3.012	4.221
14	0.128	0.258	0.393	0.537	0.692	0.868	1.076	1.345	1.761	2.145	2.624	2.977	4.140
15	0.128	0.258	0.392	0.536	0.691	0.866	1.074	1.341	1.753	2.131	2.602	2.947	4.073
16	0.128	0.258	0.392	0.535	0.690	0.865	1.071	1.337	1.746	2.120	2.583	2.921	4.015
17	0.128	0.257	0.392	0.534	0.689	0.863	1.069	1.333	1.740	2.110	2.567	2.898	3.965
18	0.127	0.257	0.392	0.534	0.688	0.862	1.067	1.330	1.734	2.101	2.552	2.878	3.922
19	0.127	0.257	0.391	0.533	0.688	0.861	1.066	1.328	1.729	2.093	2.539	2.861	3.883
20	0.127	0.257	0.391	0.533	0.687	0.860	1.064	1.325	1.725	2.086	2.528	2.845	3.850

续表

α m	0.9	0.8	0.7	0.6	0.5	0.4	0.3	0.2	0.1	0.05	0.02	0.01	0.001
21	0.127	0.257	0.391	0.532	0.686	0.859	1.063	1.323	1.721	2.080	2.518	2.831	3.819
22	0.127	0.256	0.390	0.532	0.686	0.858	1.061	1.321	1.717	2.074	2.508	2.819	3.792
23	0.127	0.256	0.390	0.532	0.685	0.858	1.060	1.319	1.714	2.069	2.500	2.807	3.767
24	0.127	0.256	0.390	0.531	0.685	0.857	1.059	1.318	1.711	2.064	2.498	2.797	3.745
25	0.127	0.256	0.390	0.531	0.684	0.856	1.058	1.316	1.708	2.060	2.485	2.787	3.725
26	0.127	0.256	0.390	0.531	0.684	0.856	1.058	1.315	1.706	2.056	2.479	2.779	3.707
27	0.127	0.256	0.389	0.531	0.684	0.855	1.057	1.314	1.703	2.052	2.473	2.771	3.690
28	0.127	0.256	0.389	0.530	0.683	0.855	1.056	1.313	1.701	2.048	2.467	2.763	3.674
29	0.127	0.256	0.389	0.530	0.683	0.854	1.055	1.311	1.699	2.045	2.462	2.756	3.659
30	0.127	0.256	0.389	0.530	0.683	0.854	1.055	1.310	1.697	2.042	2.457	2.750	3.646
40	0.126	0.255	0.388	0.529	0.681	0.851	1.050	1.303	1.684	2.021	2.432	2.704	3.551
60	0.126	0.254	0.387	0.527	0.679	0.848	1.046	1.296	1.671	2.000	2.390	2.660	3.460
120	0.126	0.254	0.388	0.526	0.677	0.845	1.041	1.289	1.658	1.980	2.358	2.617	3.373
∞	0.126	0.253	0.385	0.526	0.674	0.842	1.036	1.282	1.645	1.960	2.326	2.576	3.291

习题参考答案

习 题 九

1~3 略

4. 答案：平均价格 = $\dfrac{\text{销售额}}{\text{销售量}}$ = $\dfrac{48\,000+6\,4000+50\,000+54\,000}{\dfrac{4\,800\,000}{115}+\dfrac{6\,400\,000}{100}+\dfrac{5\,000\,000}{120}+\dfrac{5\,400\,000}{100}}$

$= \dfrac{216\,000}{41\,739+64\,000+41\,667+54\,000} = 107$

5. 答案：(1) 合格率 = $\dfrac{\text{合格数}}{\text{总产量}} \times 100\% = \dfrac{1925}{1950} \times 100\% = 98.72\%$

(2) 废品率 = $\sqrt[4]{\dfrac{475}{500}} \times 100\% = 98.726\%$

6. 答案：平均价格 = $\dfrac{\text{销售额}}{\text{销售量}}$

9 月平均价格 = $\dfrac{\sum M}{\sum \dfrac{M}{x}} = \dfrac{48}{4} = 12(元)$

10 月平均价格：$\overline{X} = \dfrac{\sum M}{\sum \dfrac{M}{x}} = \dfrac{47}{4} = 11.75$ 元

9 月出厂价格高，因 9 月与 12 对应的权数最大，而 10 月与 11 对应的权数最大。

7. 答案：$\sigma_1 = 20$，$\nu_1 = \dfrac{\sigma_1}{\overline{x}_1} \times 100\% = 28.57\%$

$\sigma_2 = 2$，$\nu_2 = \dfrac{\sigma_2}{\overline{x}_2} \times 100\% = 2.86\%$

$\nu_2 < \nu_1$ 故第二组平均数的代表性高于第一组。

习 题 十

1~4 略

5. 答案：(1) 点估计：$\mu = 1.71$

(2) 区间估计：查表知，$z_{a/2}=2$，又：

$$\sigma_x = \sqrt{\frac{\sigma^2}{n}} = \frac{s}{\sqrt{n}} = \frac{0.9}{\sqrt{30}} = 0.03$$

$\bar{x}$：$\bar{x} \pm z_{a/2} \cdot \sigma_x = 1.71 \pm 2 \times 0.03$ 得 μ：$1.65 \sim 1.77$

6. 答案：(1) 点估计：平均时间：$\mu = 18$ 分钟

(2) 区间估计

$$\sigma_x = \sqrt{\frac{\sigma^2}{n}\left(1-\frac{n}{N}\right)} = \sqrt{\frac{25}{324}(1-19\%)} = 0.25$$

将 $\bar{x}=18$，$z_{a/2}=2$ 和上式的值代入下式即得。

$$\bar{x} - z_{a/2} \cdot \sigma_x < \mu < \bar{x} + z_{a/2} \cdot \sigma_x$$

7. 答案：$p = \frac{400}{625} = 0.64$ $z_{a/2} = 3$

(1) 点估计：$P = 64\%$

(2) 区间估计：$z_{a/2} = 3$

$$\sigma_p = \sqrt{\frac{p(1-p)}{n}} = \sqrt{\frac{0.64 \times 0.36}{625}} = 0.0192$$

则 P：$p \pm z_{a/2} \times \sigma_p = 0.64 \pm 0.0576$

∴ P：$0.5824 \sim 0.6976$

8. 答案：(1) 点估计：$P = 64\%$，

(2) 区间估计：$z_{a/2} = 2$

$$\sigma_p = \sqrt{\frac{p(1-p)}{n}\left(1-\frac{n}{N}\right)} = \sqrt{\frac{0.64 \times 0.36}{144} \times (1-36\%)} = 0.032$$

P：$p \pm z_{a/2} \times \sigma_p = 0.64 \pm 0.064$

习 题 十 一

1、2 略

3. 解：H_0：$\mu = 3850$，H_1：$\mu \neq 2820$

$$z = \frac{\bar{x} - \mu}{\sigma/\sqrt{n}} = \frac{\bar{x} - \mu}{s/\sqrt{n}} = \frac{3850 - 2820}{4260/\sqrt{400}} = 4.836$$

$Z_{a/2} = 1.96$，$z = 4.836$ 落在拒绝域内，故拒绝 H_0，即认为今年游客的开支与两年前相比有变化。

4. 解：H_0：$\mu = 1200$，H_1：$\mu \neq 1200$

$$z = \frac{\bar{x} - \mu}{\sigma/\sqrt{n}} = \frac{4.484 - 4.55}{0.108/\sqrt{9}} = -1.83$$

$Z_{a/2} = 1.96$，$z = 2.54$ 落在接受域内，故接受 H_0，即认为含碳量符合规定的标准。

5. 解：(1) $p = \dfrac{240}{400} \times 100\% = 60\%$

假设 $H_0: P = 0.64, H_1: P \neq 0.64$

$$Z = \dfrac{p - P}{\sqrt{\dfrac{P(1-P)}{n}}} = \dfrac{-0.04}{0.024} = -1.66$$

当 $\alpha = 5\%, Z_{\alpha/2} = 1.96$ 落在接受域内

故认为该主持人的估计基本可信。

6. 解：$p = \dfrac{51}{60} = 0.85, n = 60, \alpha = 0.05$

$H_0 P \leqslant 0.75, H_1: P > 0.75$

$$Z = \dfrac{p - P}{\sqrt{\dfrac{P(1-P)}{n}}} = \dfrac{0.85 - 0.75}{\sqrt{\dfrac{0.75(1-0.75)}{51}}} = 1.79$$

当 $\alpha = 0.05$ 时，$Z_\alpha = 1.645 < Z = 1.79$

即 Z 落在拒绝域内，故拒绝 H_0，接受 H_1，说明原来的估计可信。

习 题 十 二

1~4 略

5. 答案：(1) 标准方程是

$a = -1.82 \quad b = 77.37 \quad y_c = 77.37 - 1.82x$

(2) 产量每增加 1000 件，单位成本下降 1.82 元。

6. 答案：(1) $b = 2.1 \quad a = 2.6 \quad y_c = 2.6 + 2.1x$

(2) $x = 7$ 时，$y_c = 17.3$（百公斤）

7. 答案：(1) $\hat{y} = -0.68 + 0.614x \quad y = -38.99 + 1.161x$

(2) 固定资产投资额为 98 千万元时 GDP 是 74.788。

8. 答案：(1) 用对称性编码简捷法：$\hat{y} = 98.85 + 2.66x$

(2) 2016 年的预测值是 122.79。

9. 答案：(1) 画图略，呈线性相关

将数据代入标准方程有 $a = 2.6, b = 2.1$

得回归方程：$y_c = a + bx = 2.6 + 2.1x$

(2) $s_{yx} = \sqrt{\dfrac{\sum y^2 - a\sum y - b\sum xy}{n}} = 0.6164$

参 考 文 献

伊丽莎白森·奥沙利文. 公共管理研究方法(第5版). 北京:中国人民大学出版社,2014.
威廉·劳伦斯·纽曼. 社会研究方法:定性研究与定量研究(第6版). 北京:人民邮电出版社. 2010.
艾尔·巴比. 社会研究方法(第11版). 北京:华夏出版社,2009.
范柏乃,蓝志勇. 公共管理研究与定量分析方法(第2版). 北京:科学出版社,2013.
风笑天. 社会研究方法. 北京:中国人民大学出版社,2013.
张建民. 公共管理研究方法. 北京:中国人民大学出版社,2012.
仇立平. 社会研究方法. 重庆:重庆大学出版社,2008.
卢现祥,朱巧云. 新制度经济学(第2版). 北京:北京大学出版社,2014.
道格拉斯·C.诺思. 制度、制度变迁与经济绩效. 上海:上海人民出版社,2014.
河连燮. 制度分析:理论与争议(第2版). 北京:中国人民大学出版社,2014.
罗杰·B.迈尔森. 博弈论——矛盾冲突分析. 北京:中国人民大学出版社,2015.
迪克西特,斯克丝,赖利. 策略博弈(第3版). 北京:中国人民大学出版社,2012.
罗伯特·吉本斯. 博弈论基础. 北京:中国社会科学出版社,1999.
加里·金,罗伯特·基欧汉,悉尼·维巴. 社会科学中的研究设计. 上海:格致出版社,2014.
陈其荣,曹志平. 科学基础方法论:自然科学与人文社会科学方法论比较研究. 上海:复旦大学出版社,2004.
Neuman W L. Social research methods: Quantitative and qualitative approaches (7th Edition) [M]. Boston: Allyn and Bacon, 2010.
Bryman A. Social research methods[M]. Oxford University Press, 2012.
Fowler F J. Survey research methods (Applied social research methods)[M]. Thousand Oaks, CA: Sage Publication, 2002.
Bailey K. Methods of social research[M]. Simon and Schuster, 2008.
Gomm R. Social research methodology: A critical introduction[M]. Palgrave Macmillan, 2008.
Punch K F. Introduction to social research: Quantitative and qualitative approaches [M]. Sage Publication, 2013.
Babbie, Earl R. 2013. The Practice of Social Research(13th edition)[M]. International edition. New York: Wadsworth, Cengage Learning.